教育部人文社会科学研究专项任务项目（中国特色社会主义理论体系研究）以人民为中心视域下绿色发展理念研究（18JD710069）资助

学者文库

山东师范大学马克思主义理论**学者文库**

以人民为中心视域下绿色发展理念研究

刘斌 著

人民出版社

序

刘斌的这部书稿《以人民为中心视域下绿色发展理念研究》是教育部人文社会科学研究专项项目（中国特色社会主义理论体系研究：以人民为中心视域下绿色发展理念研究，项目号：18JD710069）的重要研究成果。该书稿从以人民为中心的视角，研究和阐述了中国共产党绿色发展理念的缘起、形成、演进、人民性内涵以及实践路径。该书稿特别重视从“民生需要满足”的角度研究绿色发展理念，将中国特色社会主义事业“五位一体”总体布局中的社会建设（主要是民生领域）与生态文明建设紧密结合起来，做了较为充分的论述与研究，值得肯定。

书稿较为系统地梳理了国内外关于绿色发展的主要研究著作、期刊论文和相关历史文献，梳理概括了研究中取得主要成果，分析了研究中存在的不足和问题，特别是以马克思主义的立场、观点、方法辨析了在实现绿色发展问题上的不同观点。

书稿论述了绿色发展理念中蕴含的以人民为中心的思想，认为中国共产党为人民谋幸福的初心使命决定了绿色发展理念的人民性，同时绿色发展实践又能够满足人民日益增长的美好生活需要。

书稿把绿色发展理念的形成发展放在马克思主义中国化发展过程中和中国革命、建设的历史进程中进行比较系统地考察，深刻揭示了绿色发展理念在党的思想史上的重要地位与意义。

书稿阐明了绿色发展理念是辩证唯物主义指导形成的科学理论，是对中国古代生态思想的辩证扬弃，是中国共产党科学认识人类发展与环境问题的理论成果。

书稿较为系统地阐述了绿色发展理念蕴含的人民性内涵，强调绿色发展理念为民、富民、健民、聚民、育民、乐民的品格要求推进绿色发展，进而不断满足人民的物质需求、环境需求、健康需求和心理需求。

书稿提出绿色发展理念的实践路径，尤其重视分析资本与绿色发展的辩证统一关系，对在社会发展实践中贯彻绿色发展理念，具有较强的现实借鉴意义。

书稿的创新点：一是按照以人民为中心的观点，特别重视从民生需要满足的视域研究和阐述了中国共产党的绿色发展理念；二是从历史的角度梳理了绿色发展理念的形成和演进。

中国社会科学院当代中国研究所：

2020.9.21

目　录

导 论

一、研究目的与研究意义

中国共产党是以马克思主义为指导的无产阶级政党，这决定了它全心全意为人民服务的宗旨。不论是在新民主主义革命时期，还是在现代化建设时期，“中国共产党始终代表最广大人民根本利益，与人民休戚与共、生死相依，没有任何自己特殊的利益，从来不代表任何利益集团、任何权势团体、任何特权阶层的利益。”① 中国共产党领导革命与建设的价值目标促进民族独立、人民解放、满足人民需要。新时代，中国人民的物质文化需要的满足水平不断提高，幸福指数不断提升。同时，由于国内外形势发生了深刻变化，中国的民生发展也遭遇到前所未有的挑战。

首先，改革开放以来，虽然人民物质生活水平普遍改善，但也不可避免地出现了贫富分化现象，直接影响了普通民众的民生幸福感受。改革开放为中国经济社会发展提供了历史契机，中国共产党抓住历史战略机遇期，实现了经济的跳跃式发展。与物质财富的几何级增长相同步，贫富差距日益扩大。我们说贫穷不是社会主义，平均主义不是社会主

---

① 习近平：《在庆祝中国共产党成立 100 周年大会上的讲话》，《求是》2021 年第 14 期。

义，同时贫富分化严重也不是社会主义。因此，在这个过程中，党关于发展民生的指导思想一直在与时俱进地发展，从"效率优先、兼顾公平"到"公平与效率并重"，体现了中国共产党正视问题、解决问题的品质。当然，我们也必须注意到，中国发展水平与发达国家的差距还是非常大的，进一步推进经济社会发展仍然是非常紧迫的历史任务。这就要求党在重视效率的条件下做好民生工作，要求学者们研究民生问题，做实现路径方面的实践性研究。

其次，环境污染严重影响了中国经济社会的可持续发展进而要求推进绿色发展，实现可持续发展，本质上是为了进一步推进民生工作。严重的环境污染情况是中国经济快速发展的后果之一，同时，这种环境危机也反作用于中国社会。第一，环境危机严重影响了人民群众的生命健康，近几年与环境相关的特定病种的就医率和死亡率有明显上升趋势。第二，环境危机严重影响了中国经济的可持续发展，由于矿产资源、水资源、土地资源、空气资源遭到严重的破坏和掠夺式开发，中国经济可持续发展的空间日益萎缩，中国经济发展方式转型成为社会关注的话题。第三，环境危机严重影响了中国进一步融入国际社会。发达资本主义国家不但构建绿色贸易壁垒，而且利用环境问题限制中国的发展权。

再次，中国经济发展需要新的增长点。发展是解决一切问题的关键，在中国经济较为落后的情况下，发展就显得更加重要、更加迫切。由于粗放式经济发展不能持续推行，我们就必须寻找新的经济增长点，既保持中国经济的持续发展，又解决中国当前遇到的诸多问题，尤其是解决我们时刻关注的民生问题。

面对新形势、新任务与新挑战，以习近平同志为核心的中共中央坚持实事求是，研究新问题，构建新理论，制定新政策，推进新实践。首先，始终坚持以人民为中心的根本立场，坚持紧紧依靠人民创造历史，牢记初心使命，把人民放在心中最高位置，体现出新时代党治国理政的根本逻辑。其次，坚持探索新时代中国经济社会永续发展的方向规律与动力，提出绿色发展理念，促进实现人与自然和谐共生，促进美丽中国建设。

作为马克思主义理论及其相关专业的研究者，研究人民关心的发展问题与民生问题，研究党的发展观和民生观是非常有意义的工作。第一，推进以上研究工作，有利于人民群众充分了解现实问题及党的相关方针政策。第二，推进以上研究工作，有利于总结经验教训，为进一步推进社会发展提供智力支持。第三，推进以上研究工作也能起到密切党群关系的重要作用。

新时代，面对中国经济社会发展中出现的日益严重的生态问题，学者们潜心研究，成果丰富。参与相关研究的学者众多，涉及马克思主义理论、政治学、经济学、法学、环境学等相关学科。学者们从本学科或者跨学科的角度进行研究，形成大量研究成果，更有不少高质量的研究成果产生了很大的社会影响，并为党治国理政提供智力支持。同时，我们也必须注意到，受制于社会发展阶段、对马克思主义理解程度、对社会主义与资本主义关系的理解程度等问题的制约，学者们的研究还有不少局限性，还可以在关注社会实践的基础上进一步丰富和发展。第一，在以人民为中心视域下研究绿色发展的研究成果较少。民生问题、发展问题与生态问题是党提出并关注的社会热点问题，而且在新时代三者的联系是天然的，因此，将三者结合进行研究是必要的，是有现实意义的。第二，对党的绿色发展理念的实践性研究较少。中国共产党是执政兴国、为民富民的马克思主义政党，这决定了党的发展理念必然是价值观与方法论的统一，研究党的发展理念，必然要研究其实践性。只有研究绿色发展理念的实践性，才能理解党推动中国社会可持续发展并不断满足人民日益增长的美好生活需要的本质属性。

本研究旨在厘清绿色发展理念在形成发展和实践进程中蕴含的以人

民为中心的思想，揭示党发展观的演变着眼于为了人民、依靠人民，以及发展成果由人民共享。通过分析以人民为中心视域下绿色发展理念的生成机制、内涵要义和实现路径，揭示绿色发展理念有利于满足人民群众日益增长的美好生活需要，有利于解决新时代社会主要矛盾。

本项研究从以人民为中心的维度，进一步拓展关于绿色发展理念的学术研究，具有较强的理论意义和实践意义。

首先，理论上，中国共产党绿色发展理念是马克思主义中国化，扬弃中国传统文化，以及批判借鉴发达资本主义国家环境治理经验的创新理论成果，与丰富的中国特色社会主义建设实践紧密联系。从以人民为中心的视域研究党的绿色发展理念有利于深化马克思主义发展观研究，有利于丰富关于习近平新时代中国特色社会主义思想的研究，有利于推进党建理论的丰富发展，有利于丰富关于绿色发展理念的研究，有利于深刻论证党坚持以人民为中心，与时俱进地满足人的需要，推进人的全面发展的本质。

其次，实践上，中国共产党绿色发展理念体现了价值观与方法论的统一，从以人民为中心的视域研究党的绿色发展思想必然带有推动社会发展的实践意义。在国内，本项研究有利于明晰习近平新时代中国特色社会主义思想建设的价值目标，推动社会主义现代化强国建设；有利于提高人民群众对习近平新时代中国特色社会主义思想的理解和把握；有利于实现“绿色发展理念掌握群众”，形成全社会推动绿色发展的文化氛围；有利于推进“美丽中国”建设；本研究提出推进绿色发展的实现路径，有利于为相关部门的决策提供一定的借鉴。国际上，本项研究有利于中国为人类经济社会发展与环境治理提供中国方案，既提升中国的国际地位又推进世界和平与发展。

二、研究现状述评

以人民为中心的思想与绿色发展理念是中国共产党将马克思主义理论与新时代中国实际相结合，为促进“美丽中国”建设而提出的新理论，因此，相关学术研究主要集中在国内。

第一，学者们深入研究了以人民为中心的发展思想。1. 关于以人民为中心的发展思想的生成。学术界普遍认为习近平总书记的人民观是以人民为中心的发展思想的雏形。蔡昉认为该思想源于唯物史观和中国特色社会主义追求共同富裕的根本原则。2. 关于以人民为中心的发展思想的内涵。蔡昉认为，坚持以人民为中心的发展思想就要把实现人民幸福，增进人民福祉作为发展的目的和归宿。孙存良认为该思想最为核心的内容是坚持发展为了人民，发展依靠人民，发展成果由人民共享。3. 关于以人民为中心的发展思想的理论与实践意义。姜淑萍认为该思想能够调动全党与全体人民形成推动发展的合力。韩喜平认为该思想突破了西方发展理论狭隘的个人主义价值观的局限性，实现了对资本主义国家发展观的超越。邹绍清认为该思想有利于永葆党的先进性，筑牢执政之基。4. 关于以人民为中心的发展思想的实现路径。王增杰认为，加强和改善党的领导是践行以人民为中心发展思想的关键所在。袁北星强调，切实解决人民群众最关心的民生问题。5. 关于以人民为中心的发展思想与社会主义建设诸内容的关系。张富文认为，社会主义核心价值观为践行以人民为中心的发展思想提供了精神动力和价值支撑。韩喜平认为该思想是实现中华民族伟大复兴的目标指引与动力之源。陈鹏认为，“四个全面”战略布局蕴含着丰富的以人民为中心的思想。陈莉认为，中国精准扶贫工作体现了以人民为中心的经济发展路径。

第二，学者们对绿色发展理念进行了较为丰富的研究。1. 关于绿色发展理念的生成。刘德海认为该理念是马克思主义生态文明思想和中国优秀传统文化基因的有机融合，是党对自然规律和经济社会发展规律认识的深化。2. 关于绿色发展理念的内涵。学者们普遍认为，绿色发展理念明确回答了实现什么样的发展，怎样实现发展，发展为了谁，依靠谁等理论与实践问题。3. 关于绿色发展理念的理论和实践意义。袁倩认为该理念为“美丽世界”积极贡献中国智慧、提供中国方案。孙婉婷认为该理念有利于破解“一带一路”沿线一些国家经济发展和环境保护之间的矛盾。4. 关于绿色发展的实现路径。张乐认为，要从制度顶层设计、生态文化培育、协同治理创新及完善考评体系等层面多措并举。吴晓青则强调，增强绿色发展定力、加大环境治理力度、加快工业绿色升级、推动绿色消费革命四个方面。

第三，学者们研究了新发展理念与以人民为中心思想的关系。首先，不少学者从整体视角论述二者的关系，魏立平指出，以人民为中心的发展思想是新发展理念之魂，有利于解决新时代发展的动力、平衡、人与自然和谐、内外联动、社会公平正义等问题。李戈认为，五大发展理念的提出与贯彻，就表明了人民群众既是发展的直接参与者，又是发展的最终受益者和评判者。何艳铃认为，新发展理念为践行以人民为中心的发展思想提供了具体思路与准确方向。其次，学者们就绿色发展理念与以人民为中心思想的关系进行更具体的研究。1. 关于绿色发展理念与人的全面发展思想的关系。石书臣认为，在新时代人与自然、社会的协调发展是人的全面发展的本质要求。邹巅强调，通过全面构建经济、社会、生态协调发展，人与自然和谐共荣的发展模式，达到绿色富民、绿色兴邦，最终实现人的全面发展。文洁贤认为，绿色发展坚持人对自然问题的主体性，在对人与自然、人与人之间的关系进行积极调整和重新架构的过程中始终坚持整个生态系统的健康发展和人的绿色福利不断提升的价值追求。杨慧敏认为，绿色发展为人的自由全面发展提供永续的动力支撑。张三元认为，人的全面发展是构建绿色生活方式的动力和结果。2. 关于绿色发展理念与民生需要的关系。单孝虹认为，生态文明建设为解决民生问题、提升民生质量提供了前提和条件，民生问题的解决又反作用于生态文明建设。单孝虹认为，促进人口、资源、环境协调发展是生存、安全和发展的基础性民生需求。不少学者提出并研究绿色民生，余敏江认为，以人为本是绿色民生的人文价值诉求；普遍正义是绿色民生的核心价值取向；民生幸福则是绿色民生的终极价值目标。孙来斌强调，以先进理念、科技创新和制度保障推进生态民生建设。

第四，相关学术研究呈现以下特点和趋势。首先，研究内容日益丰富，研究视角日益拓展，将以人民为中心的思想、绿色发展理念与中国特色社会主义建设诸项事业相联系，论证理论的时代意蕴和生命力。其次，研究主体日益扩大，马克思主义理论、经济学、哲学、环境学等学科的学者在跨学科领域取得丰富的学术成果。再次，更加重视实现路径研究，重视学术研究与社会发展实践相结合。

同时，绿色发展理念作为新时代的重大理论创新，仍然需要学者们进一步深入推进研究。比如，充分论述绿色发展理念的生成机制、内涵要义与实现路径中蕴含的以人民为中心的思想；进一步分析经济发展与环境保护辩证统一关系；进一步分析绿色发展理念为全球经济发展和环境治理提供中国方案，以及反对发达国家借环境问题试图限制发展中国家发展权图谋的世界意义。

三、研究重点

第一，深刻分析绿色发展理念中蕴含的以人民为中心的思想是本项研究的重点。马克思主义以实现人的全面发展为基本目标，因此，中国社会主义建设实践自觉地渗透着以人民为中心的思想。绿色发展理念作为适应新时代，解决新时代社会主要矛盾提出的新发展理念，在其形成发展和实践的过程中无不体现着以人民为中心的思想。讲清楚为什么，以及怎样实现以人民为中心，有利于保证本项研究立论的科学性与可操作性。

第二，研究绿色发展理念的生成机制、内涵要义与实现路径是本项研究的重点。作为新时代的新发展理念，学者们尚未对其展开系统的学术研究。本项研究着眼于以人民为中心研究绿色发展理念的生成机制、内涵要义和实现路径，需要解决不少理论上的空白点，进而充分揭示绿色发展理念是系统的、有逻辑的，真正反映人民意志的发展理念。绿色发展理念的生成机制、内涵要义和实现路径互相联系，作为本课题研究的主体，必然也是本课题研究的重点。

第三，对相关文献资料及实践案例的梳理、对跨学科研究方法的运用，以及对中国国情的把握是本课题研究的难点。关于绿色发展理念及实践案例浩如烟海，既要梳理马克思主义发展观生态观及其中国化的相关文献资料，又要对中国传统生态观和西方发展观生态观批判借鉴，还要分析国内外相关实践案例，内容繁琐复杂，是对研究者的挑战。绿色发展涉及社会发展诸内容，需要借鉴马克思主义、政治学、经济学、环境学、公共卫生、社会学、文化学等相关学科的研究方法进行跨学科研究，是本课题研究的又一难点。在研究中，既要考虑中国相对于世界的特殊国情，又要考虑国内东中西部、城乡、南北以及不同产业行业中推进绿色发展的特殊性，需要较多资料和数据支撑，是对研究者的挑战。

四、研究方法

第一，立足马克思主义，坚持辩证唯物主义方法论，融合经济学、社会学、文化学、环境学等学科的研究方法，从多领域、多视角论证以人民为中心视域下绿色发展理念的生成机制、内涵要义、实践路径和发展前景。

第二，坚持理论逻辑、实践逻辑与历史逻辑相统一的研究方法，既揭示绿色发展理念继承发展马克思主义发展观生态观的历史脉络和适应新时代中国特色社会主义建设的理论创新品质，又揭示绿色发展理念洞察社会发展规律，在新时代中国特色社会主义建设中满足人民需要，促进人的全面发展，并时刻依靠人民的实践品质。

第三，坚持理论研究与案例分析相结合的研究方法，既强调绿色发展理念“为了人民，依靠人民，发展成果由人民共享”的理论向度，又要在实践中考虑中国相对于西方发达国家的特殊性，以及中国社会经济发展整体不平衡不充分的情况，考虑各省、各地区的自然与社会发展情况，考虑各行业、各阶层的承受力，结合主体功能区建设的经典案例进行分析。

第一章　绿色发展理念是以人民为中心的新发展理念

第一节　中国共产党以人民为中心思想与时俱进

人民利益是人类社会发展中民众普遍关注的重大课题，是中国共产党治国理政的主要着眼点和落脚点。人民利益，本质上就是人民群众的生存发展问题。比如，民生，作为人民利益的重要组成部分，其定义有狭义和广义之分。狭义的民生主要是指人民群众的物质生活需要，比如，吃饭、穿衣、医疗等与人民群众的生活紧密相联系的方方面面，这些均为人民群众必需的最低层次的生理需要。如果人民群众的这些基本民生要求不能得到满足，就会造成身体机能的退化甚至导致死亡。广义的民生则包括社会生活的各个方面。不但包括人的基本生理需要（即狭义的民生方面），还包括满足人的心理诸方面的需要，比如，安全、归属感、被尊重、自我价值实现等。这些是人在社会发展中不断涌现出来的较高层次的需要。如果不能满足人的较高层次的需要，不会影响人的肉体机能，但是不利于人的全面发展，进而甚至造成人类社会的畸形发展。马克思主义为人类社会指明了人的全面解放全面发展的光明前景。

"马克思、恩格斯以'现实的人'追求利益的实践活动为逻辑起点，其思想发展进程每前进一步都与人民利益问题的研究密切相关。"[①]苏俄向社会主义过渡的过程中，列宁"发现了私人利益服从共同利益的合适程度"[②]，即：在符合当时形势的前提下，找到个人利益和共同利益相结合的尺度，从根本上调整好二者之间的关系，才能保证实现人民的根本利益。中国共产党是以马克思主义为指导，谋求实现人的全面解放全面发展的无产阶级政党，因此，其在治国理政中必然坚持以人民为中心，必然会关注人的全面解放全面发展，以期在不同的社会发展阶段实现人的全面解放全面发展进程中的阶段性发展目标。中国共产党以满足人民群众的各类各层次需要为目标，党的任何工作都要直接地或者间接地为满足人民利益服务。可以说，党领导中国特色社会主义建设的重大意义就是不断满足人民物质需要，不断促进人的解放发展。

一、马克思主义关于人全面解放全面发展的理论决定了党以人民为中心思想与时俱进

马克思、恩格斯等经典马克思主义作家，通过揭示人和社会的关系，论述了马克思主义关于人的全面解放全面发展理论的内涵，其中包括人的生产活动、劳动能力、社会关系、自由个性以及人的需要，包括从个体到整体，从自然到社会的各个方面。

第一，人的劳动活动的全面发展。自由自觉的劳动是人的类特性，是人区别于其他动物的本质性特征；正是在劳动中人的类存在才得以体现，人的本质才得以反映，人才能被称之为人。人通过劳动在改造客观世界的同时推进自身地改造，在劳动的发展中推进自身的发展。人类社

① 史家亮：《价值哲学视域下中国特色社会主义理论体系人民性研究》，人民出版社2020年版，第25页。

② 《列宁选集》第四卷，人民出版社2012年版，第768页。

会发展的历史已经证明，人类在劳动中产生，人类因劳动的异化而异化，因劳动的解放而解放，因劳动的发展而发展。可见，人的劳动活动是人类社会向前发展的基础，也是人全面解放和发展的基础，是人类生存空间日益扩大的重要基础，是人类社会发展的第一需要。

第二，人的能力的全面发展。人的能力包括人的体力、智力、自然力、道德力、现实能力和内在潜力等多项。推进人的能力的全面发展既是人类社会发展的基本目标，又是人类社会永续发展的基本动力。人的能力的全面发展是人的全面发展的基本内容，又能够推进人全面发展的实现。从更具体的角度来说，人的能力的提高，可以提高人参与生产活动，扩大生产范围，丰富生产实践的能力。

第三，人的社会关系的全面发展。人是社会的存在物，人总是在一定的社会关系中生存和发展。“社会关系实际上决定着一个人能够发展到什么程度”①，个人的全面性，就是“他的现实关系和观念关系的全面性”②。从这个角度来说，人的社会关系发展到什么程度影响着人的发展水平，只有人的社会关系全面发展才有可能实现人的全面发展。人类在复杂的改造自然和改造社会的活动中形成了复杂的、丰富多彩的、多层次的社会关系，既有简单的经济关系，又有高层次的政治关系和阶级关系，人只有与社会诸方面建立起持久的可持续的关系，才能促进人的全面发展。

第四，人的自由个性的全面发展。人的个性是个人特有素质、品格、气质、性格、爱好、兴趣、特长、情感等的总和，是人全面发展的重要内容。只有人的自由个性得到全面发展，才能在体力、能力、精神风貌、行为特征诸方面塑造一个全面的人，进而表现出推动社会发展的

---

① 《马克思恩格斯全集》第 3 卷，人民出版社 1960 年版，第 295 页。

② 《马克思恩格斯全集》第 46 卷（下），人民出版社 1980 年版，第 36 页。

能力自觉性和创造性。

第五，人的需要的全面发展。人的需要的满足是人参加生产活动的基本条件，人类社会生产力的发展首先就是满足人自身的需要，进而形成人推动社会发展的更丰富的生产活动，更全面的能力，更全面的社会关系，以及更全面的个性自由。只有人的需要得到真正满足，才能创造实现人全面发展的基本条件。

在阶级社会，由于统治阶级不但不希望人得到全面发展，反而限制人的发展以期维护其阶级统治，故其不可能关注人的民生需要，即便是维护人的基本生理需要也是出于为自己提供可剥削劳动力的目的。比如，在当代资本主义国家高端的教育资源几乎完全被统治阶级垄断，而且阶层固化的形势日益明显。只有以马克思主义为指导思想的中国共产党时刻关注民生需要，努力推进不同社会发展阶段的人的解放与发展。中国共产党的理论政策有的是直接作用于满足民生，有的是间接作用于满足民生。比如，党领导新民主主义革命，从本质上就是实现民族独立和人民解放，为人的多方面需要的发展和满足奠定基础。新中国成立后，党以经济建设为工作中心，大力发展社会生产力，不断丰富社会物质、精神产品，则是直接地满足了人民群众的各类各层次民生需要。当然，由于社会发展进程的制约，党在不同时期关于促进人的解放与发展的阶段性目标也有所不同，所以，党制定的关于满足民生需要的标准也有所不同。比如，在革命战争年代，在中外反动势力对根据地封锁的大背景下，中国共产党虽然也在关注人的全面发展，但是，只能尽量保证人的基本物质需要，至于为实现人的多方面解放与发展的高层次、多样化的民生需要则几乎不能提供。社会主义建设前期，直至改革开放初期，在社会生产力取得较大发展的情况下，人民群众的基本物质需要才逐渐得到基本满足。马克思主义关于人全面发展的理论要求党与时俱进地推进人的全面发展，并通过满足民生需要为这个发展奠定基础。在社会主义建设已经取得较大成就的新时代，马克思主义的指导思想以及一定的物质基础，都要求党在新时代进一步关注并满足人民群众日益提升的民生需要。当前，社会主要矛盾已经转变为人民群众日益增长的美好生活需要与社会发展不平衡不充分之间的矛盾，因此，党不断推进发展理念创新，促进人的高层次多样化需要不断得到满足。

二、为人民服务的宗旨决定了党以人民为中心思想与时俱进

虽然中国古代就有学者提出了“民本”等概念，但是最早明确提出全心全意为人民服务思想的是中国共产党的杰出领袖毛泽东，而且阶级社会的统治阶级学者提出的“民本”思想与马克思主义者的全心全意为人民服务思想具有本质的不同。毛泽东在党的七大政治报告《论联合政府》中说：“紧紧地和中国人民站在一起，全心全意地为中国人民服务，就是这个军队的唯一宗旨。”① 他说：“共产党人的一切言论行动，必须以合乎最广大人民群众的最大利益，为最广大人民群众所拥护为最高标准。”② 党的七大通过了这一报告，并将全心全意为人民服务写进了党章。此后历届党中央、党的历次全国代表大会都强调全心全意为人民服务。

改革开放以来，以邓小平同志为核心的党的第二代中央领导集体，一切以人民的评价作为每一个党员的最高准绳。邓小平把人民的评价作为衡量党的各项方针政策的最高根本标准。邓小平“尊重群众，时刻关注最广大人民的利益和愿望，总是把是否有利于发展社会主义社会的生产力、是否有利于增强社会主义国家的综合国力、是否有利于提高人民的生活水平作为制订路线、方针、政策的出发点和归宿”③。不管是“发展就是硬道理”的理论，还是“三个有利于”的标准，还是关于社会主义本质

① 《毛泽东选集》第三卷，人民出版社 1991 年版，第 1039 页。

② 《毛泽东选集》第三卷，人民出版社 1991 年版，第 1096 页。

③ 《江泽民同志在邓小平同志追悼大会上致悼词》，《人民日报》1997 年 2 月 26 日。

的准确表述，都体现出全党领导社会发展满足人民需要的坚定信念。

以江泽民同志为核心的党的第三代中央领导集体，对全心全意为人民服务的内涵进行了大胆的理论创新。提出了为人民服务是社会主义道德的核心思想。《中共中央关于加强社会主义精神文明建设若干重要问题决议》中说：社会主义道德建设要以为人民服务为核心，为人民服务是社会主义道德的集中体现。在发展社会主义市场经济条件下，更要在全体人民中提倡为人民服务和集体主义精神，提倡尊重人，关心人，热爱集体，热心公益，扶贫帮困，为人民为社会多做好事，反对和抵制拜金主义、享乐主义和个人主义。① 在庆祝建党 80 周年的讲话中，江泽民又指出："我们党始终坚持人民的利益高于一切。党除了最广大人民的利益，没有自己特殊的利益。党的一切工作，必须以最广大人民的根本利益为最高标准……所有党员干部必须真正代表人民掌好权、用好权，而绝不允许以权谋私，绝不允许形成既得利益集体。"② 以江泽民同志为核心的党的第三代中央领导集体的全心全意为人民服务的思想集中而又全面地体现在"三个代表"重要思想中：代表最先进生产力的发展方向为满足人民高层次民生需要奠定了基础，代表最先进文化的发展方向有利于在物质文化、生理心理、政治经济社会诸方面全方位满足人的民生需要，代表最广大人民群众的根本利益既表达了满足最广泛的民生需要，又表达出特别重视作为最大多数的劳动群众的利益。

新世纪新阶段，国内外形势的重大变化推进党全心全意为人民服务的思想进一步具体化和实践化，主要反映在两个方面。首先是进一步关注基层劳动人民的各方面需要。党的十六大后，党中央更强调深入基层，更关心普通劳动群众的疾苦与需要。胡锦涛在西柏坡参观考察时指

① 《十四大以来重要文献选编》（下），人民出版社 1999 年版，第 2056 页。

② 《十五大以来重要文献选编》（下），人民出版社 2003 年版，第 1910 页。

出：全党同志尤其是“各级领导干部要坚持深入基层、深入群众，倾听群众呼声，关心群众疾苦，时刻把人民群众的安危冷暖挂在心上，做到权为民所用，情为民所系，利为民所谋”①。其次是进一步关注人民群众的新要求、新需要，尤其是新出现的社会阶层的要求与需要。随着社会生产力的发展以及自然环境、社会关系的深刻变化，人民的需要也在不断发展变化，逐渐超越最基本的物质需要水平。科学发展观着眼于社会发展中的新的现实问题和矛盾的解决，有利于全面改善和满足民生。科学发展观更加注重质量效益，以“全面协调可持续”作为贯穿中国社会发展的逻辑，进一步回答了“为谁发展”和“怎样发展”，明确规划了未来中国的发展史方向。

在新时代，社会的新变化决定了党全心全意为人民服务的思想进一步与新时代特征、形势相结合。新时代，经济社会发展方式不断调整，进入中高速发展的新常态，在中华民族由富起来到强起来的发展过程中，也面临着国内外新形势的重大挑战，中国社会主要矛盾发生全局性变化。正如习近平总书记《在党的群众路线教育实践活动工作会议上的讲话》中所说：“党要继续经受住执政考验、改革开放考验、市场经济考验、外部环境考验，就必须始终密切联系群众。”② 以习近平同志为核心的党中央不但进一步深化了关于全心全意为人民服务的理解，不但要求党要永远为人民谋福利，而且强调党的“根基在人民、血脉在人民、力量在人民”③，强调党的长期执政与为人民服务相辅相成。以此为背景，新发展理念充分论述了新时代发展的目标、方向和动力。

为人民服务要求党服务人民，依靠人民，一切以人民的利益为落脚点，以人民群众的创造力为出发点。第一，人民群众需要的发展变化决

---

① 《十六大以来重要文献选编》（上），中央文献出版社 2005 年版，第 84 页。
② 《十八大以来重要文献选编》（上），中央文献出版社 2014 年版，第 309 页。
③ 《十八大以来重要文献选编》（上），中央文献出版社 2014 年版，第 309 页。

定了党以人民为中心思想的发展变化。党以人民为中心思想的发展变化归根结底是由人民群众的需要决定的，人民群众有什么样的需要，党就要创造条件不断满足这样的需要。党局部执政以来，民众的需要发生了翻天覆地的变化，因此，党治国理政的理念也在不断变化，并在这个变化中满足了民众在不同时期的需要。新中国成立后，人民群众最大的需要就是最基本的生活保障，因此，党的发展理念就是尽可能快地多地创造物质财富，此后一直到改革开放后很长的一段时间，中央及各级地方政府都特别重视经济发展速度，重视 GDP 的数字增长。在这一进程中，人民群众最基本的民生需要也不断得到满足。如今，中国的人均 GDP、人均寿命、整体受教育程度都有了很大的提高。在新时代，人民群众需要的品质随着社会发展而提升，人民群众要求物质需要品质的提升，要求优美的生活环境，要求社会公平正义，等等。因此，党就逐渐改变了以往单纯关注 GDP 的发展理念，开始注重社会的平衡、充分发展。尤其是提出新发展理念，标志着党在顶层设计方面要实现发展方式的彻底转型，进而满足人民群众新的多层次乃至高层次需要。

第二，满足人民需要是最基本的为人民服务。为人民服务不是空洞的如空中楼阁的理论说教，而是要求在实践中从满足人民群众最基本的民生需要做起。在封建社会，也会有朴素的“民本”思想，但是，它始终是为统治阶级服务的，主要侧重于“民心可用”“民力可用”等思想的阐述。即便在发达资本主义国家，虽然各级各类候选人在竞选时会向人民群众做出大量承诺，但在上台后真正能满足人民群众需要的情况是少之又少。比如，美国总统奥巴马卸任后，据民调显示，2/3 受访者称奥巴马未能执行承诺。[①] 中国共产党把全心全意为人民服务作为宗旨，

---

① 《奥巴马即将卸任，民调显示 2/3 受访者称奥巴马未能执行承诺》，央视网，2017 年 1 月 11 日，见 http://news.cctv.com/2017/01/11/ ARTIGogdNHdZiopkDJs-R8gns170111.shtml。

这就要求党时刻关注人民需要，比如，要切实为民生工作做出成绩。不但要关注整个人民群体的需要，更要关注贫富分化背景下贫困群体的基本民生需要，还要关注先富起来的一部分民众的高层次需要。新时代尤其是要将满足最广大劳动群众的美好生活需要作为工作重点，这就为党的民生工作提出新的挑战。在社会发展实践中，改革开放以前，中国整体处于落后贫困状态，社会贫富差距较小，党的关于社会发展的思想观点主要着眼于社会整体，对社会不同群体的不同需要关注较少。新时代，情况发生重大变化，作为人民的整体有一个较为平均的适合绝大多数民众的需要水平。同时，较高收入群体的需要层次也更高，由于他们享有更多的话语权，必然更加受到关注和重视。较低收入群体的需要层次虽然不高，但是，由于其欠缺话语权，在生产力水平较低的社会发展阶段很难得到关注与救助。党的发展理念适应时代变化，不断创新丰富完善。首先是通过经济发展满足最广大劳动人民的美好生活需要，其中最关键的是做好精准扶贫工作，要使“小康路上一个都不能掉队”①，同时，还要利用市场机制满足富裕群体的差异化高层次需要。只有满足所有群体的需要，才是真正的全心全意为人民服务。

第二节　人民需要多样化促进绿色发展理念形成与发展

“需要—发展—需要—发展”是一个无限的良性循环进程，人的需要的多样化、高层次发展，促进社会持续发展。同时，中国共产党加强

① 《国家主席习近平发表二〇一七年新年贺词》，新华网，2016 年 12 月 31 日，见 http://www.xinhuanet.com/politics/2016-12/31/c_1120227034.htm。

和改善发展理念的顶层设计，有利于加速这个循环，推进人类社会全面发展。

一、生产力发展推动人的需要多样化

人的需要的满足程度，归根到底是由社会生产力的发展程度决定的，有什么样的生产力条件就能满足与之相适应的人民需要，也会激发出人民更高层次的民生需要。同时，这个规律也不是绝对的。在阶级社会，人的需要是被异化的，统治阶级由于占有了大量的社会财富，因此，其需要远远高于社会平均水平，其需要被满足的程度和水平也会远远高于社会平均水平。而处于被统治地位的普通群众则是走向另外一个极端，由于其劳动财富被统治阶级无偿占有，所以不少群众的基本民生需要都不能得到充分满足，不少民众需要的满足状况是低于社会平均水平的。只有到了社会主义共产主义社会，从按劳分配逐渐走向按需分配，人的需要的满足程度和水平，才逐渐实现基本一致。

在前工业时代，人类社会的主要任务就是通过发展生产力，提高社会财富数量以满足人民群众的基本物质需要。在这方面，最重要的手段是不断开发和利用自然资源，比如，通过焚烧森林等手段开垦良田，这是对自然最直接的索取。也有的统治者会通过调整统治方式促进生产力发展，比如，在中国古代每个封建王朝的前期都会轻徭薄赋，分田地，促进社会发展。受制于极端落后的社会生产力，人民的需要也非常简单，民生需要主要局限于最基本的生理层次，就是实现吃饱穿暖的需要。而统治阶级的需要则明显地更加丰富多彩。他们不但在生理需要的质量上远高于被统治阶级，而且他们更容易被尊重，更容易自我实现，是被统治阶级无法比拟的心理需要满足。

在工业时代，社会财富已经被极大丰富地创造出来，已经能够在一定程度上满足人民群众的物质需要，这种满足情况主要发生在发达资本主义国家。比如，在美国，1971 年，其中产阶级群体人数占比达到 61%，即便是随后有所降低，2014 年依然占比达 50%。他们不仅能够消费最基本的物质产品，所消费物质产品的质量不断提高，而且其心理需要、精神需要被满足的程度越来越高。比如，消费更健康的有机绿色的食物；比如，使用更高端的更好用的电子产品，还有谋得更好的职位，实现了自我价值以及被尊重；等等。但是，在发展中国家和地区，包括发展中的资本主义国家、社会主义国家、君主制国家，由于受到发达资本主义国家的长期掠夺，以及自身施政能力等问题，有的国家发展停滞，有的国家甚至仍然处于非常落后的状态。发展中国家和地区的生产力水平与发达国家相比，差距巨大，但其民众的需要却因为世界形势的重大变化而发生重大变化。比如，发展中国家和地区的富裕群体的需要逐渐向发达国家看齐，但是这些国家的主要人群的基本需要以及被满足状况并没有较大改善。另外，即便是在发达资本主义国家，我们也可以发现其人民需要被统治阶级异化了。工人阶级中的一部分上升为“打工皇帝”，跻身于所谓的成功人士阶层，他们逐渐成为工人贵族阶层，不但不再代表工人阶级的利益，反而逐渐与资产阶级合流。再看发达资本主义国家的教育发展情况，从统计数据来看是教育的普及化逐渐满足了民众受教育的要求，但是，统治阶级又单独享受着紧缺的精英化优质教育，大多数被统治阶级只能成为适应现代工业发展具有一定知识技术的劳动者。而且，教育的洗脑式欺骗更加严重。民众通过教育不但没有健全自己的人格，反而逐渐丧失了自己的革命精神。

在社会主义中国，生产力的发展是普惠于人民群众的，所以，真真切切地有利于形成人民需要多元化全面化发展的局面。在中国，生产资料的全民所有决定了发展的成果为人民群众共享。首先，生产力的快速发展，人民的工资及其他投入迅速增加，进而使人民共享生产力发展成果。这最鲜明地体现于人民收入的提高。1990 年，全国城镇人均年收入仅 1516.21 元，其中食品支出占 45.71%，医疗保健支出占 1.51%；到 2011 年，全国城镇人均年收入增加到 23979.20 元，其中食品支出占 22.96%，医疗保健支出占 4.04%。其次，通过国有经济，集中发展有利于满足人民群众根本需要的事业。比如，强大的国有经济推进了全国交通网络的建设，而且国有企业上缴的利润也是国家财政的重要来源，有利于专项解决各类人民的利益问题。这些建设活动说明经济发展在物质需要、精神需要、健康需要等方面越来越多地满足了人民群众的各层次需要。当然，这种新需要的满足又会创造出更高的更广泛的更全面的人民需要。

二、人民需要多样化要求推进绿色发展实践

人民需要的发展变化是推进社会发展的基本动力，人民需要的发展变化要求人民群众主动参与生产斗争，在生产实践中逐渐自我满足、自我实现。人民有什么样的需要，就会形成与之相适应的生产斗争实践，进而逐渐满足人民的需要。

在阶级社会，要分两个层面分析其民众需要的满足情况。首先，民众需要的发展变化要求民众在生产实践中提升技术手段，促进社会生产力的发展。在中外古代社会的发展过程中，大多数的生产技术改进都是普通民众在生产劳动中创新形成的。比如，中国古代人民发明了金属冶炼技术，以及各种各样的灌溉技术。这些技术的进步促进劳动生产率提高，促进了社会财富增加，虽然不免大部分社会财富被统治阶级无偿占有，但总能够在一定程度上改善基本民生。其次，鉴于社会矛盾尖锐化，统治阶级出于维护阶级统治的需要，也会在不触动其根本利益的情况下主动改善基本民生，再加之统治阶级本身亦有不断提高生活水平的需要，因此，统治阶级领导、推进技术进步的情况也不少。尤其是在当代，科学技术已经越来越为专业人士所独有，而且科学研究

是耗费人力物力财力相当巨大的工作，因此，统治阶级依托政府财政，依托大企业的财力推进技术进步，进而推动社会生产力发展就显得更加重要。

同时，人民需要又分为有形的和无形的两种。有形的，有具体指向的需要比较容易满足。比如，在经济发展程度落后的情况下，民众最基本的要求就是吃饭穿衣，所以，发展的指向也会非常明确——增加社会财富，解决民众的吃饭穿衣问题。在环境污染非常严重的情况下，民众要求蓝天白云，所以，发展中的措施指向也会比较明确——就是治理环境污染保护环境。比较难的是解决无形的无具体指向的需要。通过手机由功能机到智能机的发展历程，可以很明显地看出其中的情况。当功能机基本普及的情况下，民众关于手机发展的新期待并没有明确的指向，但是不可否认，人民需要新的创意，并形成新的满足。在科学技术快速发展的今天，由于科学技术逐渐掌握在少数精英人士手里，大多数人并不了解新科技的发展情况和发展方向，人民群众由于缺少相关的知识与实践，其想象力越来越落后于某些专业人士，只是民众的这种无穷尽的需要提升，仍然推动专业人士将新科技应用于生产生活，并不断颠覆人民群众的想象力。

在社会主义社会，执政党坚持以人民为中心，人民需要的发展变化要求执政党的发展理念适时发展变化，当人民对良好生态的需要日益紧迫，必然推动执政党形成绿色发展理念。正如前面所述，只有在社会主义社会，才能实现真正的人民需要多样化，而这种多样化需要又推进社会的进一步发展以满足这种需要。改革开放以来，中国人民的需要及其满足情况经历了日益发展，日益多样化的进程。在改革开放初期，人民需要主要着眼于物质上量的增加，因此，党的发展理念亦主要着眼于物质财富的增量。在新时代，民众的民生需要非常复杂，既有物质上质的提升要求，又有教育、医疗、健康、自我实现等各方面的心理需要，还有极端贫困地区对物质需要量上的持续增加。既有先富起来的群体对高层次高质量需要的期待，又有落后地区解决基本生存问题的历史欠账，最主要的是广大劳动群众处于需要从低层次到高层次的转变中。做好民生工作是党治国理政的基本要求，因此，习近平总书记强调："抓民生要抓住人民最关心最直接最现实的利益问题，抓住最需要关心的人群，一件事情接着一件事情办、一年接着一年干，锲而不舍向前走。"① 特别是针对那些生活上有困难、实际面临急需解决问题的群众，更要格外给予关注、关爱，作为党的领导干部要想群众所想、解群众所急、帮群众所需，千方百计帮人民群众排忧解难、抓好民生工作。习近平总书记要求广大党员干部要充分认识目前民生工作的复杂性、艰巨性。②

面对新形势和新问题，党的十九大将新时代社会主要矛盾概括为人民日益增长的美好生活需要和不平衡不充分的发展之间的矛盾。为了解决这个主要矛盾，党创新提出五大发展理念，绿色发展理念作为其中非常重要的一环，既致力于经济的可持续发展，满足不同群体对物质财富的不同层次需要，又彰显公平正义，改善自然环境，维护民众健康，能够满足民众更高层次的民生需要。

第三节　贯彻绿色发展理念不断满足人民需要

不断满足人民需要，是新中国成立以来中国共产党治国理政的重要目标。改革开放以来，中国共产党在艰苦探索中形成的中国特色社会主

① 中共中央宣传部编：《习近平总书记系列讲话重要读本（2016 年版）》，学习出版社、人民出版社 2016 年版，第 215 页。

② 马德坤：《习近平关于社会治理的理论创新与实践探索》，《中国高校社会科学》2017 年第 3 期。

义理论体系蕴含着鲜明的人民性价值取向。中国特色社会主义理论体系以人民根本利益为出发点，关注个体利益与关注整体利益有机结合，关注满足人民现实利益与着眼人民长远利益有机结合，“造福中国人民与造福各国人民有机统一”①。绿色发展理念是中国特色社会主义理论体系的重要组成部分，它继承发展了中国特色社会主义理论体系的人民性价值取向，必然促进经济社会全面快速发展，不断满足人民的美好生活需要。满足人民需要的举措，可以从三个方面进行阐释。首先是可持续中高速发展，实现 GDP 持续提升，为满足人民群众的各层次需要奠定物质基础。其次是在现有的发展水平下合理调整分配机制，既要保障广大人民群众的生活水平持续改善，更要关注贫困人口对基本物质民生的迫切要求，还要保障富裕群体高层次需要的满足。再次是针对新时代的社会主要矛盾，积极落实绿色发展理念，在推进绿色发展实践中不断满足人民群众更广泛、更全面的需要。

一、绿色发展理念与绿色发展的内涵

在党的十八届五中全会上，习近平总书记提出创新、协调、绿色、开放、共享五大发展理念，将绿色发展理念确定为关系我国发展全局的一个重要理念，作为“十三五”乃至更长时期指导我国经济社会发展的一个基本理念，体现了我们党对经济社会发展规律认识的深化。绿色发展理念是马克思主义生态文明理论同我国经济社会发展实际相结合的创新型发展理念，是深刻体现新阶段我国经济社会发展规律的重大理念。②

绿色发展理念发展了马克思主义的生产力观点。习近平总书记指

① 史家亮：《价值哲学视域下中国特色社会主义理论体系人民性研究》，人民出版社 2020 年版，第 275 页。

② 《坚持绿色发展——“五大发展理念”解读之三》，《人民日报》2015 年 12 月 22 日。

出："纵观世界发展史，保护生态环境就是保护生产力，改善生态环境就是发展生产力。"他还强调，"要正确处理好经济发展同生态环境保护的关系，牢固树立保护生态环境就是保护生产力、改善生态环境就是发展生产力的理念"。绿色发展理念强调生态环境是生产力的重要因素。保护生态环境要提高科技创新能力，与科学技术是第一生产力的观点不谋而合。保护生态环境还要培育民众的生态自觉，与人是生产力三要素最活跃的要素相统一。保护生态环境要求淘汰落后的生产工具，创新先进生产工具。由上述可见，绿色发展理念极大地丰富了生产力三要素的内涵，丰富和发展了马克思主义的生产力理论。

绿色发展理念阐明了生态环境与经济发展的关系。生态环境与经济发展是辩证统一的关系，任何的经济发展都以开发利用生态环境为代价，而过渡开发利用生态环境又会对经济永续发展造成负面影响，实现二者统一是人类社会的重要奋斗目标。长期以来，粗放式经济发展模式以增加生产要素和扩大生产规模来拉动经济发展，不可避免地造成了资源的过度开发利用进而导致对资源环境的破坏。然而，经济发展、GDP数字的加大，并不是我们追求的全部。在物质财富迅速增加的情况下，我们还要注重社会进步、文明兴盛的指标，特别是人文指标、资源指标、环境指标。比如，生态红线是国家生态安全的底线和生命线，不能突破。绿色发展理念强调尊重自然发展规律，进一步阐明了保护生态环境与促进经济发展的辩证统一关系的具体内涵，为新时代新发展提供新的指引。

绿色发展理念体现了党以人民为中心的情怀。正己治民，善政养民，合理利用自然资源，使人们生活富足，是我国悠久的政治文化传统。习近平总书记一再强调生态环境是满足人民需要的重要内容。"良好生态环境是最公平的公共产品，是最普惠的民生福祉"。"建设生态文明，关系人民福祉，关乎民族未来"。"环境就是民生，青山就是美丽，蓝天也是幸福。”这些话语回应了人民对良好生态环境的渴望和诉求，充分体现了建设生态文明与增进民生福祉的关系。[①] 绿色发展理念以推进经济社会永续发展为价值目标，强调合理利用自然资源，促进人民生活富足，满足人民多方面需要，进一步体现出党以人民为中心的先进品质。

绿色发展是在区别于传统发展模式基础上的一种发展模式创新，是建立在生态环境容量和资源承载力的约束条件下，将环境保护作为实现可持续发展重要支柱的一种新型发展模式。具体来说包括以下几个要点。一是要将环境资源作为经济社会发展的内在要素；二是要把实现经济、社会和环境的可持续发展作为绿色发展的目标；三是要把经济活动过程和结果的“绿色化”“生态化”作为绿色发展的主要内容和途径。面对生态问题日益严重的境况，世界重要国家和地区均特别重视绿色发展。但是，由于各国各地区发展程度、指导思想等方面的差异，不同国家所推崇的具体发展模式亦有差异。中国的绿色发展以绿色发展理念为指导，符合中国发展现状与发展规律。

绿色发展是“很大的政治”。2013 年 4 月 25 日，习近平总书记在中央政治局常委会会议上指出：“如果仍是粗放发展，即使实现了国内生产总值翻一番的目标，那污染又会是一种什么情况？届时资源环境恐怕完全承载不了。……经济上去了，老百姓的幸福感大打折扣，甚至强烈的不满情绪上来了，那是什么形势？所以，我们不能把加强生态文明建设、加强生态环境保护、提倡绿色低碳生活方式等仅仅作为经济问题。这里面有很大的政治。”任何政党的前途和命运最终都取决于人心向背，中国共产党也不例外。党要巩固执政地位，就必须夯实执政基础，而最牢固的基础，就是广泛、深厚、可靠的群众基础，就是人民的拥护和支持。党坚持践行绿色发展理念，满足人民群众关于优美生态环

① 《准确把握绿色发展理念的要义》，《经济日报》2017 年 8 月 7 日。

境的紧迫需要，进而能形成广泛的、深厚的、可靠的群众基础。

绿色发展事关人民福祉、民族未来。中国近代以来的历史无可辩驳地告诉后人，发展理念正确，才能国家富强、民族复兴、人民幸福；发展理念错误，即使国力一时称雄世界也难持久，终究会重陷衰败。中国共产党人的初心使命是为中国人民谋幸福，为中华民族谋复兴。我们党的一切工作，都是为了满足人民群众日益增长的物质和文化需要，为了不断提高人民的幸福感。正如习近平总书记所指出的：“我国生态环境矛盾有一个历史积累过程，不是一天变坏的，但不能在我们手里变得越来越坏，共产党人应该有这样的胸怀和意志。”我们必须从政治的高度来深刻认识绿色发展的重大意义，坚决用党中央和习近平总书记治国理政新理念新思想新战略指导自己的一切工作，下决心走绿色发展之路，为建设一个美丽富强的中国，实现中华民族永续发展，作出当代共产党人应有的贡献。①

二、绿色发展是新时代持续满足人民需要的重要举措

绿色发展理念是以经济建设为中心的发展观。因此，绿色发展就具有了持续满足人民需要的品质。第一，绿色发展强调经济的可持续发展，强调经济总量的持续增加，为可持续改善民生奠定了最基本的物质基础。贫穷不是社会主义。人类社会发展的历程证明，在生产力落后的情况下，建立满足每个人需要的平均体系是不可能实现的。不管是西欧关于空想社会主义的实践，还是中国太平天国建立“有田同耕，有饭同食，有衣同穿，有钱同使；无处不均匀，无处不保暖”的理想社会的幻想，都无一不以失败告终。因此，人类社会的发展规律证明了在生产力水平较低的条件下，建立普惠平均的民生体系是违背社会发展规律的。

① 《从政治高度深刻认识绿色发展理念重大意义》，《光明日报》2016 年 4 月 10 日。

这种普惠式民生体系只能在生产力的持续发展中逐渐实现，在社会主义共产主义建设中逐渐实现。改革开放以来，中国共产党特别重视经济发展的速度与质量，并不断调整发展理念和策略，以期促进经济社会的快速持续发展。从“发展就是硬道理”到“三个代表”重要思想，从“科学发展观”到新发展理念，我国经济总量由 1978 年的 3645 亿元增加到 2018 年的超过 90.03 万亿元，这些成就是中国改善民生的经济基础。比如，以国家的巨大财政收入促进了社会基础设施建设，不但使一部分人先富起来，而且中国的贫困人口大幅度减少。以最低工资标准为例，2010 年山东一类地区的最低工资标准仅为 920 元 / 月，到 2017 年增加到 1810 元 / 月，几乎翻了一番。新时代，党提出绿色发展理念，就是要求在降低能耗排放的前提下进一步推进经济社会的可持续发展，为在新时代满足人的持续提高的各层次需要奠定基础。

第二，绿色发展有利于调整贫富差距，改善民众生活水平。当前的贫富差距是较低生产力水平上快速发展的必然现象。在改革开放初期，为了充分发挥人力资源、资本等要素的积极性，提出了“让一部分人先富起来”，“效率优先，兼顾公平”等政策，以此为基础，为经济的迅速发展提供了优越的条件，取得了大幅增加社会物质财富的良好效果。与此同时，中国的贫富差距也在不断扩大。1981 年，中国的基尼系数为 0.288，2008 年攀升到 0.491，随后逐年下降，2015 年为 0.462，2016 年又提升为 0.465。当然，我国基尼系数持续在高位盘旋有客观原因。首先，这是发展中国家和地区生产力快速发展中的必然现象，对比近年来发展迅速的中国、印度、巴西等国家，其基尼系数均持续处于高位。其次，这与中国人口众多有着必然联系，通过研究世界上的人口大国，基尼系数一般均处高位。比如，人口在 10 亿以上的中国、印度的基尼系数较高无须论证。人口在 3 亿规模的美国，2015 年的基尼系数为 0.479，人口在 1.27 亿的日本近几年的基尼系数均不到 0.3。这说明发展中大国贫富分化严重是较普遍的现象，发达国家的情况只是相对较好。再次，我们也必须关注中国不同地区之间的发展条件和发展基础，以及分配制度等原因，比如，中国西部山区很多地方根本不具备快速发展的条件，这种情况也加大了中国的基尼系数。虽然基尼系数处于高位有一定的客观原因，但是，并不是说中国要放任基尼系数提升而不作为。相反，作为社会主义国家，中国特别重视并试图解决这一现实问题。在新时代，绿色发展理念不但要求进一步调整经济结构，而且特别重视对落后地区自然资源的合理利用，形成精准扶贫的概念。比如，在自然资源环境优美的地域，根据实际情况发展旅游业，有利于促进当地经济发展，增加民众收入。正如习近平总书记所说，“绿水青山就是金山银山”。绿色发展也是在“公平”日益受到重视的情况下提出的，其本身就是对分配制度的重大调整。比如，发展绿色科技，将极大地调整资本与人力资源的关系，提升人力资源对资本方的议价能力，进而提升人力资源的劳动力价格。同时，绿色发展理念还要求进一步重视并区分各地区发展条件，发展基础的差异，推进主体功能区建设，使全国各地的发展更加平衡，更加符合当地实际。

第三，绿色发展有利于更广泛更全面的满足民生需要。由于人的需要是不断发展的，党关于满足人的需要的各项工作也要与时俱进。改革开放以来的社会发展实践中，党推动社会发展并不断满足人民群众的物质需要，同时已经凸显出相对于资本主义社会的巨大优势。在新时代，人民群众的各层次需要进一步发展，由此党提出并贯彻绿色发展理念。首先，绿色发展理念维护经济社会可持续发展的良好局面，这是满足人民群众各层次需要的基础。其次，在绿色发展实践中，着眼于治理和保护环境，有利于满足人民群众对优美的生活环境的需要。再次，面对环境污染导致的越来越多的生命健康危害，绿色发展促进环境改善又可以满足人民群众的健康需要。最后，绿色发展进程中将创造更多的产业发展机会，创造有利于人全面解放全面发展的社会关系、政治关系和阶级关系，进而促进人的全面解放全面发展。

三、绿色发展理念促进满足人民群众日益增长的美好生活需要

在新时代，面对社会主要矛盾的历史性全局性变化，以习近平同志为核心的党中央特别重视人民利益与人民需要，要求不断满足人民群众日益增长的美好生活需要。绿色发展理念作为五大发展理念的重要组成部分，具备满足人民群众日益增长的美好生活需要的特质。

第一，绿色发展理念促进中国可持续发展，支撑了人民群众追求物质生活持续改善的愿景。在自然环境遭到越来越严重破坏的情况下，人类的可持续发展受到威胁。如果人类的生存都构成威胁，自然也就不能奢谈美好生活。因此，实现可持续发展是持续满足人民需要的基本保障。绿色发展关注影响人类社会生死存亡的环境问题，构建人与自然和谐相处的环境，不但有利于提高资源利用率，保障人类社会可持续的在自然界获得生存的物质基础，而且降低排放污染，推进环境治理，为人类的生命健康塑造良好的自然环境。绿色发展理念着眼于生态环境对经济发展的全方位的可持续的支撑。其中最主要的是满足占人口绝大多数的劳动人民的物质改善需要，随着经济社会的可持续发展，将不断提升这部分群体的物质需要的满足情况。最关键的是精准扶贫，推进较贫困地区的发展，通过发展适合当地情况的产业实现当地群体的脱贫致富。还要保护、鼓励对环保产业的投资，进一步增加先富起来的群体获得更多的物质收益。

第二，绿色发展理念促进满足人民对优美生活环境的需要。人类总是要生活在一定的自然环境中的，自然环境是否优美直接关系到人类的生活质量和生命健康。人类诞生伊始就与自然界发生着各种各样的联系，神话传说中的仙境莫不是风景优美之地，中国古代也特别推崇人与

自然的和谐共生。现代科技进一步论证了优美的生活环境对人以及社会发展的积极意义。面对环境污染越来越严重的局面，人对优美环境的需要越来越迫切。绿色发展理念以治理和保护环境为基本内容，自然能够不断满足人民对良好环境的需要。

第三，绿色发展理念促进满足人民群众对生命健康的需要，既包括生理的健康需要，又包括心理的健康需要。优美的环境有利于人的身心健康，相反恶劣的环境则会给人的健康带来危害。工业污染引发的环境问题对人生命健康的危害是有目共睹的，不但导致人类的发病率就医率日益提高，而且严重影响着人的心理健康。通过绿色发展实践改善人类的生存环境，能够有效地抑制人发病率与就医率的提高。由于中国制造业的规模非常庞大，绿色发展的正面影响将更突出，必然能够极大提升人的生命健康方面的满足状况。

第四，绿色发展理念促进满足人的心理需要。心理需要是人在生理需要满足基础上逐渐形成的更高层次的需要，它更深刻地表达了人类对美好生活，对全面解放全面发展的向往。绿色发展理念以人民为中心，在满足人的心理需要方面大有作为。绿色发展改善生活环境，维护人民的生命健康，满足民众的安全需要。绿色发展开拓新产业，实现人的新价值，满足人被尊重的需要和自我实现的需要。通过绿色发展，人的心理需要得到全方面的满足，使人发展成为具有完善人格的个体，进而有利于推进人的全面解放全面发展。

第五，绿色发展理念有利于拓展中国人的生存空间。在环境污染全球化的当代社会，全球环境治理已经迫在眉睫，其中的利益博弈与一个国家和地区的排放权、发展权密切相关，进而这又关系到一个国家和地区民众需要质量的发展和改善程度。绿色发展理念有利于全世界尤其是发展中国家和地区坚定经济发展的信心与决心，为此形成统一战线，并坚决要求发达国家承担更多的环保责任。相反，如果以单纯的环境保护思想参与到全球环境治理中，就会很容易被抽象的、片面的自然中心主义思想渗透。中国以绿色发展理念引领自己的环境外交，有利于进一步拓展中国可持续发展的空间，有利于推动广大发展中国家和地区认清本国经济发展的迫切性与必要性，形成符合本国实际的环境治理模式。当今世界，发展中国家和地区团结起来反对发达国家对发展中国家和地区的生态掠夺，必然对中国的绿色发展产生积极影响，并进一步拓展中国人的生存与发展空间。

第二章　绿色发展理念的演进

第一节　1921—1949 年：新民主主义革命时期中国共产党的发展观与生态观

社会发展与生态治理是相辅相成的统一体。但是，由于历史、现实等原因，中国共产党成立后的很长时间里，并没有将二者统一到中国的社会发展中，形成适合中国生态治理形势的发展观。

中国的经济社会是从非常落后的水平快速发展起来的，中国共产党的执政经验更是从社会生产力水平极端落后的农村革命根据地（如赣南闽西、陕甘宁边区等）开始的。这些情况决定了党的发展观、生态观与工业国家和地区，与大城市占重要地位的国统区相比有很大差异。

在新民主主义革命时期，中国共产党就已经认识到生态治理对社会发展的重大意义，已经形成了初步的环境保护思想，在局部执政中逐渐实践并取得了一定成效。

一、中国共产党成立初期对生态环境重要性的认识

1921 年，中国共产党成立。由于帝国主义和中华民族的矛盾、封

建主义和人民大众的矛盾是整个中国近代社会的主要矛盾，因此，这个时期党关于环境保护的言论较少。但是，早期的马克思主义者熟读马克思主义经典著作，并从马克思主义关于环境的思想中逐渐形成符合当时中国国情的环境治理思想，对这个时期党从环境角度论述发展问题起到了很大的促进作用。在这方面，影响比较大的是中国共产党创始人李大钊。

五四运动后，李大钊是最早形成并信仰马克思主义思想的先进知识分子，马克思主义促使他更深刻地理解中国社会发展问题，自然包括对中国环境问题与发展问题进行初步思考。1919年9月21日，李大钊在《新生活》第5期上发表《北京市民应该要求的新生活》一文，就已经比较深刻地剖析了当时北京市民天天生活的"苦闷、干燥、污秽、迟滞、不方便、不经济、不卫生、没有趣味"的环境。李大钊认为这种环境不利于人的生存发展，他进一步说："我们要是长久生活在这种生活里，恐怕要死；就是不死，也没有什么生趣。"①同时，李大钊也提出了改善环境问题的基本方法。比如，他认为"妨害卫生及清静的工厂，不许设在住宅区域附近"，认为"街口巷里的屎尿，应严加取缔。臭气熏天的厕所，应该改造。设备适于清洁的厕所，应该添设"，认为"街旁的树木，应该多栽"②，他还在北京大学强调"幸勿在各阅览室内吸食纸烟，以防火险，并重公众卫生"③。李大钊关于环境的思考代表了当时党内的较高水平，对党局部执政后，进一步创新发展观，促进社会发展，有积极意义。

二、中国共产党在土地革命战争时期的发展观与生态观

土地革命战争时期，中国共产党以井冈山革命根据地为起点，开始

① 《李大钊全集》第三卷，人民出版社2013年版，第52页。
② 《李大钊全集》第三卷，人民出版社2013年版，第54页。
③ 《李大钊全集》第三卷，人民出版社2013年版，第131页。

进入局部执政的新时期。在局部执政过程中，由于根据地主要集中于农村，甚至是条件比较恶劣的山区，恶劣的自然环境导致根据地的工农业生产非常落后。因此，党关于治理环境，促进发展的思想，就逐渐由理论走向积极的实践，并在实践中发展。比如，中央苏区作为党中央驻地关于环境治理的理论创新与实践最为凸显。

首先，中央苏区逐渐认识到保护环境的重要性。对于处于艰苦山区的革命根据地，生态环境具有特别重要的意义。由于根据地以农业生产为主，甚至在很大程度上处于靠天吃饭的境地，因此，任何的生态破坏，比如暴雨、泥石流等，都会严重影响社会生产。面对严峻的环境保护态势，根据地党、军队和人民特别重视防范自然灾害。1934 年，毛泽东在《我们的经济政策》中就指出:“森林的培养，畜产的增殖，也是农业的重要部分……水利是农业的命脉。”①

其次，颁行法律法规及相关政策制度保障环境保护工作的顺利推进。土地革命战争时期，党逐渐实现了环境保护的法治化、制度化。1930 年，在中央苏区颁布的《苏维埃土地法》中就提出:“松杉等项山林……要用木料时，经区苏维埃政府批准，可以采用。柴火山由苏维埃政府公禁公采。”1931 年 11 月召开的中华苏维埃第一次全国代表大会通过了《土地法》，其中第十三条规定:“地方苏维埃，如在该地环境允许条件下，可进行开垦荒地、改良现有的与建立新的灌溉、培植森林等事业。”为了保护山林树木，1934 年，苏维埃中央人民委员会颁布第二号命令——《山林保护条例》。规定:“凡属国家管理的山林，不准任何私人砍伐。如工农贫民为建造或修理房屋及制器具而本人无树可用的，在得当地苏维埃批准之后可准其缴纳相当价值向公山购买。但购买五根以下的由乡苏维埃批准，五根以上的由苏区批准。河堤及大路旁边的树

① 《毛泽东选集》第一卷，人民出版社 1991 年版，第 131—132 页。

木，均归当地苏维埃管理，非有特别原因（如妨碍生产）不得砍伐。绝对禁止放火烧山。……凡违反本条例的规定，任意砍伐树木的应依照以下规定处罚之：（甲）按照树价加倍赔偿给该项树木的所有者。（乙）砍伐树木的主要负责人处以一个月以上的强迫劳动。（丙）如因砍伐树木而发生灾害情形者，处以一年以上三年以下劳役。”

另外，各级地方机构也根据本地的实际情况颁行环境保护的法律法规。江西省工农兵第一次代表大会通过的《土地问题决议案》强调：“反对那种破坏森林的办法，实行以乡为单位组织培植委员会，专为做培植森林事宜，实行所有的荒山地种树木，已有的森林不准任意破坏。”闽西苏维埃政府作出《山林之保护》规定：“为保护水源防止山崩调节气候储藏富源起见，由各乡政府规定禁例，厉行禁山。杉、竹、梓一律禁止砍伐。”1934 年 4 月，会昌县高排区地主钟三寿，因自己茶山木梓山都被分给了雇农贫农，对此记恨在心，“于是便用放火烧山的阴谋来企图报复”，暗中纵火烧掉山林 196 块，山林大片被毁。后经中央土地部派人查出后于 1934 年 4 月 6 日在“群众公审大会上把他枪决了”。暂且不论执行枪决是否得当，从该县严格处理，足见环境保护对于根据地生产生活的重大意义，可见根据地各级党组织对环境保护的重视程度。

再次，掀起环境保护运动。党充分发挥人民群众在环境保护中的主体作用，以环境保护运动的方式将广大人民群众组织起来，形成环境保护的高潮，起到了良好效果。环境保护运动主要从植树造林方面展开。1932 年 3 月 16 日，中华苏维埃共和国人民委员会公布的《关于植树运动的决议案》，是中国革命历史上第一个关于植树运动的文献。该决议案把清明节定为植树节，规定每个少先队员、共青团员需植树十棵。1934 年 1 月，毛泽东在第二次全国苏维埃代表大会上强调：“森林的培养……也是农业的重要部分。应当发起植树运动，号召农村中每人植树十株。”与此同时，中华苏维埃共和国中央土地部发出通知，要求各级土地部“加紧植树运动的宣传，计划具体的进行方法。”“各乡设立一个植树委员会……村亦组织分会，要求每人至少植树 5 株以上。”为了搞好植树运动，党还发起竞赛比赛，进行评比检查。“发展林业生产，以革命竞赛的方式发动个人与个人，乡与乡，区与区，县与县，各种生产的比赛，个人或某区生产比一般的特别好者，政府可酌量情形奖励，鼓励群众努力耕种。”毛泽东同志也表示：“以前的奖品多是奖旗、奖状，今年决定奖耕具、农具，如锄头、犁头、谷箩等。有成绩的，一定要给以实物的奖品，省苏准备用一笔大款来奖励。”

党的生态治理工作成绩是显著的。根据 1934 年对中央苏区部分县植树造林数目的统计，兴国、宁化、瑞金等 18 个县平均植树达 236007.6 株（棵）。由于山林的增加，政府不但收入了一部分山林税，而且用木材从白区换回大量的物资，不仅直接增加群众的物质收入，而且提高了党局部执政的信心与威望。

三、中国共产党在抗日战争时期、解放战争时期的发展观与生态观

长征结束后，党中央到达陕北并最终稳定下来，当地自然环境依然比较恶劣，再加上人口的急剧膨胀加剧了当地环境的恶化，并进一步影响了当地经济社会的发展。这些情况促使中国共产党开始更加积极关注环境的治理和保护工作。陕甘宁边区是中共中央驻地，是党在局部执政时期最稳定的根据地，因此，党的发展观和生态观的理论与实践在陕甘宁边区表现最为突出。

陕甘宁边区的恶劣环境是由历史地理以及当时发展经济中的过度开发等原因造成的。从历史地理环境来看，陕甘宁边区位于黄土高原中北部，虽然其东部、南部有黄河、渭河流经，但是北部却与鄂尔多斯沙漠地带相连接，西面又紧邻甘宁高原和六盘山，常年的雨水冲刷，再加上

当地人的过度开垦，造成植被被严重破坏，水土流失特别严重。这种情况导致当地生产力落后，人民群众的生活水平极低。从进一步开发的角度来看，主要由于边区人口的快速增加，以及军备筹粮等原因。1937年，陕甘宁边区刚刚建立时，人口大约为125万（根据相关资料计算得出）。为了推进边区发展，及抗日战争的胜利进程，当时边区政府在人口问题上的指导思想是"增加人口，发展生产"。陕甘宁边区政府特别重视引进外来人口，并给予合理的安置。1943年2月22日，《解放日报》也说："我们不怕来的人多，愈多愈好，我们只怪历史上给延安县遗留的人口太少，给我们发展生产许多困难。假如在两三年后，延安人口达到十万以上，那我们的工作将是另一番现象。"① 据统计，到1945年，陕甘宁边区共迁入26.7万人，迁出5万人，净增人口21.7万，② 再加之边区政府承担着支援广大战斗部队部分生活战斗物资的任务，进一步增加了陕甘宁边区的生产压力，由此一度造成滥垦荒地、滥伐森林、过度放牧等现象，进一步恶化了陕甘宁边区的自然环境。

当陕甘宁边区各项事业逐渐步入正轨，党关于环保的工作也逐渐提上日程。第一，要对边区的环境状况有一个清楚的全面的认识。边区先后多次组织党政机构及科技工作人员对边区的自然环境状况进行调研。1940年5月，边区组织了森林考察团，并撰写了《陕甘宁边区森林考察团报告书》。另外还有蚕桑考察团，以及对煤田、油田的调查勘探。通过这些调查研究，党和政府较全面地了解了当地的环境资源状况，有利于促进环境问题的解决。

第二，为了保护陕甘宁边区的自然环境，边区政府颁布保护环境的政策法规，明确了权利、义务甚至处罚标准，逐渐使环境保护制度化、

① 《一支生产劳动军在延安——延安县的移难民》，《解放日报》1943年2月22日。转引自秦燕：《陕甘宁边区时期农业开发政策的环境效应》，《开发研究》2006年第4期。

② 秦燕：《陕甘宁边区时期农业开发政策的环境效应》，《开发研究》2006年第4期。

系统化。仅在抗日战争时期，陕甘宁边区政府颁布的保护森林的政策法规就至少有《严禁部队滥伐森林事》《陕甘宁边区森林保护条例》《陕甘宁边区植树造林条例》《陕甘宁边区林务局组织章程（草案)》等。这些政策法规指出了保护森林的重要性，调动了民众保护森林、植树造林的积极性。

第三，在常规性的政策法规之外，边区还大力开展植树造林活动，组织党政机关工作人员及民众两部分力量打植树造林的攻坚战。边区政府组织了林务局，由其筹建农场，开展植树造林活动。比如，在延安有光华农场，该农场还专门设立了林业组，其主要任务就是研究林业生产的技术问题，尤其是研究在干旱的丘陵地带开展人工造林的技术，以及抗旱抗风优秀树种的培育。他们培育的优秀种苗适应当地的气候环境，有利于森林面积的恢复。边区政府坚持发动人民群众开展植树造林运动。比如 1938 年 2 月，边区政府发布了《关于发动党政军民工作人员植树造林的请示报告》，《报告》论述了广泛发动人民群众植树造林的重要性与必要性。1939 年 3 月，边区政府又发布了《关于发动植树造林运动及报告生产运动情况的通令》。依靠群众、发动群众是马克思主义政党的基本品质，中国共产党发动群众植树造林，有利于提高森林的覆盖率，有利于推进环境保护。

第四，边区还特别重视水利建设。其中比较有针对性的就是水土保持工作，以肥沃地力。比如有的地方修埝地，把山洪泥土用人力打成的坝棱圈围，而容积与沉淀在原来耕地的低洼处。这样就可以把原来的低洼之地变成很肥沃的一小块土地，它的产量甚至比普通土地高一倍。还有的地方搞拍畔，把耕地的沟畔或靠大路的边沿，打起较高的土棱，进而保持耕地面积，防止耕地内的泥土和肥料被山洪冲跑，也可以隔断耕地外边的野草向内繁殖。另外，修水壕、打坝堰、溜炭等都是比较有效的水土保持方法。

通过以上措施，陕甘宁边区的生态环境得到了一定的治理和保护，对边区经济发展有积极影响。但是，也必须要承认在残酷的革命战争环境下，党领导下的陕甘宁边区政府提出的环境治理措施，很难得到较好地执行，因此，效果也会有所折扣。与陕甘宁边区的情况类似，党的根据地一般生存、生产条件都比较恶劣，保护环境责任重大，而成效受到当时当地社会主要矛盾的制约。但是，党关于环保的理论与实践，为新中国成立后的环境治理积攒了宝贵的经验。

抗日战争时期，党在陕甘宁边区的施政实践中，逐渐形成了比较适应当时战争形势的环境保护思想，并促进了当地经济的发展。到解放战争时期，党的解放区日益扩展，尤其是许多新解放区在打败国民党军队的过程中不断建立起来。在这一过程中，各地主要是把党中央和陕甘宁边区关于环境保护的思想在本地予以贯彻。

党领导新民主主义革命的进程中，提出了环境保护的相关思想，有利于党的根据地（解放区）经济的发展。但是，从全国来看，还不可能将环境保护与经济发展紧密结合起来形成绿色发展理念，即便是在党的根据地（解放区），也只能是在一定程度上关注环境保护，而不能将其作为主要任务。这些说明日渐没落的封建主义制度不可能促进中国的绿色发展，日益深化的半殖民地性质也不可能促进中国的绿色发展。

生产关系与生产力是人类社会发展中的基本矛盾，先进的生产关系促进社会生产力发展，落后的生产关系阻碍社会生产力发展。封建主义制度是人类社会发展的必经社会形态。封建主义制度是远远高于奴隶制度的社会形态，相对于奴隶社会，封建主义制度创造了更高的社会生产力。在中国，到明清时期，封建生产关系越来越成为阻碍社会生产力的重要因素。这种落后的生产力，导致民众很难从现有的社会生产中获得充分的民生需要的满足，只能求助于对自然环境的进一步开发甚至是破坏。这种落后的生产关系，导致民众根本不能形成关于环境保护与经济发展的辩证关系的正确认识。当然，也必须要强调，小农生产条件下，人类对自然环境的索取是有一定限度的，只是造成局部区域较严重的环境破坏，而且这与我们今天讲的工业污染有很大区别。

半殖民地的社会性质导致了中国不可能形成绿色发展理念。首先，在半殖民地的中国，控制中国政治、经济和文化的是帝国主义国家。不管是晚清政府、北洋军阀政府，还是发动反革命政变后统治中国的国民党政府，都是大地主大资产阶级掠夺人民群众的代理人，都是帝国主义国家侵略中国掠夺中国的代理人。他们对内掠夺剥削人民群众，对外与帝国主义国家相勾结，与帝国主义签订不平等条约，将中国独立发展的命脉交到帝国主义国家手中，使帝国主义国家进一步控制了中国的经济命脉。帝国主义国家不允许中国真正发展起来，当然也就绝对不允许中国实现绿色发展。

其次，民族资产阶级不能领导中国革命取得胜利，当然也就不能进一步为绿色发展开辟道路。从整个世界来说，资产阶级革命推翻了落后的封建主义制度，资产阶级开辟了工业化大生产的新的发展道路。同时，这条道路的不足也日益显露。比如，对自然资源的过度开发利用。欧美发达国家，在 19 世纪就已经意识到生态危机的严重性，并开始颁布一系列政策法律法规。到 20 世纪后期，终于实现其国内生态环境的基本好转。从世界近现代史发展的维度，资本主义制度是其他国家包括中国近代先进分子追求的目标。但是，中国又有特殊的国情，中国的民族资产阶级比较弱小，不能担当领导中国革命的责任和使命。中国的民族资本主义经济落后。据统计，新中国成立时现代工业产值仅占工农业总产值的 17%，钢产量只有 15.8 万吨，人均钢产量仅为印度的 59.28%，更只为美国的 0.44%。由于缺乏坚实的经济基础，必然不利于资产阶级革命的发生发展。中国民族资产阶级具有两面性，不能提出彻底的坚定的革命纲领。由于中国的特殊国情，民族资产阶级对西方帝国主义和本国大地主大资产阶级，既有矛盾斗争的一面，又有妥协依赖的一面。这种妥协依赖导致民族资产阶级一方面不敢与其敌人彻底决裂；另一方面又将人民群众视为对手，因此，其不敢放手发动广大人民群众。另外，由于民族资产阶级没能建立起自己的武装力量，这进一步决定了其在与残酷的反动势力作斗争时必然会遭受失败。由于民族资产阶级必然不能领导中国革命取得胜利，进而必然不会有资产阶级的绿色发展道路。

无产阶级领导新民主主义革命胜利为绿色发展奠定基本条件。中国近现代历史的发生发展必然推动无产阶级登上历史舞台。首先是提出了彻底的反帝反封建的革命纲领。前述的资产阶级（包括民族资产阶级、大资产阶级等）因为有自己的阶级私利，必然导致其反帝反封建的思想非常不彻底。无产阶级本身一无所有，再加之以马克思主义为行动指导，因此，其没有本阶级的私利，进而能够以广大人民群众，以中华民族的利益为基本考量，并提出最低纲领和最高纲领。其次，中国共产党提出群众路线，为新民主主义革命注入基本动力。人民群众是历史的创造者，这至少包括两个方面内容：人民群众是智慧的源泉、人民群众是创造历史的主体。中国共产党引领革命发展的智慧来自于人民群众。中国共产党自成立以来，就与人民群众打成一片，坚持从群众中来到群众中去，在人民群众的生产实践中获取推动革命发展的智慧。中国共产党坚持人民战争，认为人民群众是中国革命的主体，在与反动势力斗争的过程中坚持发动人民战争，使反动势力陷入人民战争的汪洋大海。再次，中国共产党提出统一战线，为新民主主义革命注入新的动力。政策和策略是党的生命。资产阶级革命和农民阶级革命失败的非常重要的原因就是思想僵化、斗争策略僵化。中国共产党研究中国国情，研究中国社会主要矛盾，与一切可以团结的力量结成统一战线，保障了新民主主义革命的胜利，并为绿色发展奠定了独立自主的政治基础。从世界历史的发展来看，独立自主是一个国家和地区经济健康发展的基本条件，除了某些特例，几乎没有国家在被侵略中得到了健康发展。最发达的欧美国家莫不是独立自主的国家，近代以来的殖民地半殖民地国家莫不是遭受严重侵略和掠夺。中国新民主主义革命的胜利不但扫除了大地主大资产阶级反动统治对经济社会发展的阻碍，也粉碎了帝国主义继续掠夺中国的图谋。新民主主义革命的胜利为绿色发展奠定了一定的文化基础。新民主主义革命的过程也是马克思主义逐渐大众化的过程。受到马克思主义的教育，人民群众日益放弃剥削阶级的思想，并逐渐塑造形成新的社会主义价值观。以社会主义价值观为核心的社会主义文化关注人的需要，关注人的发展，关注经济社会的快速发展，关注人与自然的和谐共生，为绿色发展奠定了文化基础。

第二节　1949—1978 年：工业化发轫时期中国共产党的发展理念

由于新中国成立初期的环境污染没有超过中国环境的整体容纳度，没有严重危及人的生命健康，进而造成党的发展观与生态观一度发展缓慢。直到 20 世纪 70 年代，以官厅水库污染事件为标志，工业造成的生命财产损失推动党警醒，进而推动党的发展观与生态观逐步转型。

新中国成立初期，由于连年战争，以及帝国主义在中国的过度掠夺，中国的自然环境已经非常脆弱，主要体现在大江大河泛滥严重，森林覆盖率较低，对自然灾害的防御能力非常低，进而严重影响经济社会尤其是农业经济的发展。已经有着丰富的局部执政经验的中国共产党，对以上情况给中国发展尤其是农业发展带来的不利影响非常重视，进而推进了一系列的治理行动。但是，面对 5 亿人口改善民生的急迫要求，以及推进工业现代化的历史要求，又不得不加强对自然环境的开发和利用，逐渐造成环境的工业化污染，并开始影响人民群众的生命健康。由于在工业化发轫时期，工业化污染尚未影响中国的整体发展，所以在一个较长的时期内，虽然中国共产党对工业污染的认识逐渐发展，但是，这个发展进程较为缓慢，而且并没有以此为基础彻底调整发展观。

一、新中国成立初期，中国共产党对恶劣自然环境的初步治理

新中国成立后，毛泽东特别重视环境治理，主要包括三个方面内容：大力兴建水利设施，防止自然灾害；掀起并推动爱国卫生运动；保护自然环境，发展可再生能源；等等。毛泽东高度重视大江大河的治理，以淮河治理为例，1950 年七八月间，淮河流域发生特大洪涝灾害，人民群众的生命财产损失严重。毛泽东一开始就希望能够从根本上治理好，1950 年 7 月 20 日，毛泽东作出批示："除目前防救外，须考虑根治办法，现在开始准备，秋起即组织大规模导淮工程，期以一年完成导淮，免去明年水患。"① 在毛泽东的指导下，1950 年 10 月 14 日，政务院发布了《关于治理淮河的决定》，制定了在淮河的上中下游按不同情况实施蓄泄兼筹的方针。到 1957 年冬，国家共投入资金 12.4 亿元，治理大小河道 175 条，修建水库 9 座，库容量 316 亿立方米，还修建堤防 4600 余公里，极大地提高了淮河防洪泄洪能力，进而保障了淮河流域工农业生产的有序健康推进。毛泽东特别重视自然资源的重复利用，比如他提到沼气时说："沼气又能点灯，又能做饭，又能作肥料"②。

以毛泽东的环境治理思想为指导，中国共产党对恶劣自然环境进行了艰苦而又卓有成效的治理工作。同时，由于发展工农业经济以及人们

① 《建国以来毛泽东文稿》第 1 册，中央文献出版社 1987 年版，第 440 页。

② 国家经贸委可再生能源发展经济激励政策研究组：《中国可再生能源发展经济激励政策研究》，中国环境科学出版社 1998 年版，第 4 页。

谋生的需要，并没有完全遏制住粗放型开发利用自然资源的势头，进而造成新的环境破坏。比如，对鄱阳湖生态系统的破坏就是比较突出的表现。鄱阳湖属于长江中下游流域农业经济比较发达的地区。新中国成立后，为了保证粮食产量，当地的围垦造田一度非常严重，新中国成立初期，曾经出现了三次大规模的围垦运动。据统计，1957 年湖水面积 5050 平方公里，到 1976 年则锐减到 1246 平方公里。① 这种围垦严重破坏了湖泊的蓄水能力、调水能力以及净化环境的能力，使得当地极易发生严重的洪涝灾害。这种围垦虽然在一时增加了粮食产量，但是频繁爆发的洪涝灾害又造成粮食减产、绝产，甚至影响人们的生命财产，其负面影响延续数十年。

新中国成立初期，以毛泽东同志为核心的党的第一代中央领导集体的生态保护思想，重视治理恶劣的自然环境，属于传统的人与自然关系调整的重要方式，这与当时人们对自然资源的开发利用程度有关。

虽然如此，新中国成立初期中国共产党的生态思想依然深刻启示着后来人。首先是其哲学思想深刻指导后来人随着社会发展时刻关注人类与自然关系的发展变化，同时其治理实践更是启迪后来人积极作为。

二、中国共产党关于工业化污染认识的发展

中国共产党对工业污染的认识是逐渐丰富的，新中国成立后的工业化发轫阶段属于初级阶段。新中国成立后，党很快确立了以重工业为中心的发展思路。新中国是在一穷二白的基础上搞社会主义建设，不管是经济极端落后的现实，还是被殖民侵略的历史，以及党为人民服务的本质，都要求中国共产党积极领导现代工业建设，尤其是要优先发展重工

① 鄢帮有：《新中国60年来鄱阳湖的生态环境变迁与生态经济区可持续发展探析》，《鄱阳湖学刊》2009 年第 2 期。

业。1956年9月27日，刘少奇在《中国共产党第八次全国代表大会关于政治报告的决议》中就指出，“我国在近百年间，经济和文化的发展远落在世界先进水平之后，广大的觉悟的爱国人民一直要求把我国从落后的农业国变为先进的工业国”，因此“必须在三个五年计划或者再多一点的时间内，建成一个基本上完整的工业体系，使工业生产在社会生产中占主要地位，使重工业生产在整个工业生产中占显著的优势”。① 与党的经济发展政策相适应，“一五计划”优先发展重工业，以苏联帮助中国设计的156个建设项目为中心，为建立现代工业体系奠定了基础。为了迅速推进工业化进程，党比较轻率地发动了“大跃进”运动、“大炼钢铁运动”。暂且不论当时工业化进程对经济社会发展的正反两方面的影响，仅仅从生态视角，现代工业的粗放式发展，很快造成部分地区严重的环境破坏和工业污染。

新中国的工业化迅速推进，由于工业布局相对集中，技术水平有限，开始造成局部的污染问题，并影响到当地人民群众的生活甚至生命财产安全。但是，如何治理甚至预防工业污染的理论与实践的发展却长期滞后。

1956年，卫生部成立了卫生监督室，并于1956年颁布了《工业企业设计暂行卫生标准》《关于城市规划和城市建设中有关卫生监督工作的联合指示》，1957年发布了《注意处理工矿企业排除废水、废气问题的通知》，另有《保护森林暂行条例》《矿产资源保护试行条例》《中华人民共和国水土保持暂行纲要》等等。同时，各级地方政府也根据自身情况制定防止污染的细则，不但更有针对性，而且大多数比中央的规定更加严格。比如1960—1965年间，哈尔滨先后颁布了管控工业“三废”、

① 《中国共产党第八次全国代表大会关于政治报告的决议》，《人民日报》1956年9月28日。

生活污水的文件法规。1965 年 12 月，南京市提出“新建、扩建、改建单位的‘三废’处理设施应作为生产工艺的一部分，在设计、施工时一并安排，并将设计文件报‘三废’管理部门，会同卫生、公安、劳动部门签署意见。城建、设计、施工部门应加以监督”①。

这些政策举措体现了各级党政机关关于工业污染的认识越来越深刻，但是远未实现治理的制度化与系统化。同时，中央及各级地方政府也下了很大力气以期解决环境污染问题。但是，从全国来看，非常积极地推进环境治理的地方及企业占比偏低，而且面临着技术落后、经验不足、执行不力等各种原因，而且在某些特定阶段，会遭到严重冲击。比如，“大跃进”时期，全国大炼钢铁，大办“五小企业”，共计建成简易炼钢炼铁炉 60 多万个，小炉窑近 6 万个，小火电站 4000 多个，小水泥厂 9000 多个，这些小企业导致环境污染程度短时间内迅速提高。又比如“文化大革命”时期，“四人帮”以唯心主义认识问题，认为社会主义国家不会出现环境污染，认为工业污染是资本主义社会特有的现象，进而导致环境保护事业的停滞。这都在很大程度上冲击了环境保护事业的发展。

到 20 世纪 70 年代，工业污染态势得到了党中央及党的重要领导人的关注，进而实现了中国环保事业的第一次飞跃。这也是由各方面原因共同促成的。比如，国内环境对人民群众健康的危害越来越大，北京官厅水库污染就是其中影响比较大的事件，还有西方国家的环境危机及其治理成就的影响。在其中起到了重要的推动作用的是周恩来总理。周恩来总理是比较早关注工业污染问题的党的中央领导人之一。1970 年 12 月，周恩来总理特意约请来华访问的专门从事公害问题研究的日本记者

① 张连辉：《新中国环境保护事业的早期探索——第一次全国环保会议前中国政府的环保努力》，《当代中国史研究》2010 年第 4 期。

长谈，并请他为国家机关和各部委负责人讲课。[①]1970—1974年间，周恩来总理在讲话中至少31次强调环境保护问题。

以1971年末的官厅水库死鱼事件为契机，中国共产党发展理念开始转型。由于该水库是北京市主要的供水水源地，水源污染不但造成大量鱼类死亡，而且造成饮用该水源的群众普遍出现中毒症状。再加之1972年6月，第一次联合国人类环境会议召开的影响，党和政府不但对官厅水库污染进行了卓有成效的治理，而且于1973年8月召开了第一次全国环境保护会议，确定了“全面规划、合理布局、综合利用、化害为利、依靠群众、大家动手、保护环境、造福人民”的环境保护工作方针，并制定了《关于保护和改善环境的若干规定》。1975年7月19日，陈云视察高邮油田时也说：“注意环境污染问题，在生产设计的同时就要做好防止污染的设计，不要等到事后再解决。”[②]各级党政机关的觉醒，推动了当时环境保护运动的高涨。比如，从中央到地方开始成立专门的环保机构。1971年，国家计划委员会成立“三废”领导小组，各地也仿效成立，开展了污染调查，对全国的环境污染情况做了大致梳理。这些反映出当时污染问题的严重性，向人们揭示了治理污染的紧迫性。同时污染排放的管控更加严格，不但“工厂建设和‘三废’利用同时设计，同时施工，同时投产”的要求在全国推广，而且对一些重污染，不利于工艺改造的产业进行搬迁，同时各种环保研讨会召开，为全国的环境治理献计献策。

改革开放以前，党关于社会发展与生态环境关系的认识日益深化。虽然受制于中国生产力落后的现实，中国的发展方式不能真正实现转变，但是，从认识论的角度实现了质的飞跃。从对工业污染欠缺了解到

① 曲格平：《新中国环境保护工作的开创者和奠基者——周恩来》，《党的文献》2000年第2期。

② 《陈云年谱》（下），中央文献出版社2000年版，第198页。

逐渐将工业污染与社会发展和人民生活结合起来思考。从治理官厅水库污染事件的实践来看，中国共产党高层对环境污染事件既有态度，又有行动，成效良好。但是由于受到极左思潮的干扰，“四人帮”甚至叫嚣环境问题是资本主义国家特有的社会现象①，对于环境保护缺乏统一指导、统一思想和统一行动，进而导致生态治理很难成为全党的共识。

第三节　1978—1992年：中国共产党发展理念的转型

改革开放是中国共产党发展理念丰富创新的重要转折点。改革开放前，由于生产力水平低下，恶劣的自然环境尤其是频繁发生的自然灾害严重影响了人民群众的生产生活。当时中国普遍处于征服与治理恶劣自然环境的阶段。同时，不可否认在20世纪70年代初也出现了治理官厅水库污染等重大事件，标志着党与治理污染相适应的现代发展理念开始萌芽，但是由于生产力水平低下、“文化大革命”的极左思潮等因素的制约，该理念在当时尚未成为全党的共识。改革开放以后，党将工作中心转移到经济建设，实现了经济发展与生态思想发展的双重成就。一方面，大规模的工业建设造成了越来越多的环境污染问题；另一方面，全党也不断继承和发展马克思主义生态思想，并批判借鉴发达国家关于环境治理的经验和教训。以邓小平、陈云等一批老革命家为代表，提出适合中国国情的环境保护的思想和观点，并影响了全党的行动，标志着中国共产党发展理念的转型。

---

① 刘建伟：《建国后陈云对环境问题的思考》，《西华大学学报（哲学社会科学版）》2014年第3期。

一、改革开放初期中国共产党对生态环境的考察

改革开放以来，中国工业经济迅速发展，正如党的十二大提出了到20世纪末“力争使全国工农业的年总产值翻两番”的目标，“促进社会主义经济的全面高涨”,① 这都在客观上造成国内工业污染日益加剧。再加上发达国家环境治理经验的影响，以邓小平同志为核心的党的第二代中央领导集体特别重视生态环境问题。

在改革开放初期，邓小平就发表了一系列关于生态保护的讲话，主要包括走法治化生态建设道路，生态建设与经济效益平衡发展等内容。邓小平尤其关注森林绿化与经济效益的平衡。1981年9月，邓小平指出:“中国的林业要上去，不采取一些有力措施不行，是否可以规定每人每年都要种几棵树，比如种三棵或五棵树，要包种包活，多种者受奖，无故不履行此项义务者受罚。可否提出个文件，由全国人民代表大会通过，或者由人大常委会通过，使它成为法律。及时施行，总之，要有进一步的办法。”② 当年12月，第五届全国人大四次会议通过了《关于开展全民义务植树运动的决议》。次年，国务院颁布了《关于开展全民义务植树运动的实施办法》，将群众性植树活动首次以国家法定形式固定下来。邓小平考察峨眉山风景区时也指出:“风景区造林要注意林子色彩的完美……还有经济效益。”③ 在考察杭州九溪时他同样指出:“水杉树好，既经济又绿化环境，长粗了还可以派用处，有推广价值。泡桐树也是一种经济林木，泡桐树长得快，板料又好。”④ 纵观邓小平的生态思想，他特别重视生态法治，他的思想适应了中国特色社会主义建设的新需要，

---

① 《全面开创社会主义现代化建设的新局面——在中国共产党第十二次全国代表大会上的报告》,《人民日报》1982年9月8日。

② 《邓小平论林业与生态建设》,《内蒙古林业》2004年第8期。

③ 孟红:《邓小平的植树情结》,《文史月刊》2004年第12期。

④ 李明华等:《邓小平林业发展观探析》,《林业经济》2001年第10期。

有利于形成环境保护的新局面。从生态与经济对立统一的维度来说，当时中国仍然面临着较重的经济发展任务，生态保护要从属于经济发展，因此，邓小平特别要求森林绿化要重视经济效益。从特别重视林业发展的维度来说，邓小平已经认识到生态治理的突破口。森林是陆地最大的生态系统，发展林业，提高森林覆盖率是开展环境保护的关键内容。作为第二代领导集体重要成员的陈云也特别关注环境问题，他重视植树绿化，主张保护水资源，提倡循环利用矿产资源。他说："像植树造林、治理江河、解决水力资源、治理污染、控制人口这类问题，都必须有百年或几十年的计划。"① 他认为"治理费要放在前面，否则后患无穷"。② 这一时期，全党关于工业污染的认识根据社会情况不断发展。邓小平、陈云等中央领导同志始终关注经济发展与环境容纳程度的协调问题，希望不走西方发达国家"先污染，后治理"的老路，是极富远见的。

二、中国共产党发展观转型的原因

第一，改革开放初期中国共产党的发展观是对马克思主义发展观与生态观的继承和发展。马克思主义发展观与生态观是中国共产党提出现代发展观的理论基础。马克思、恩格斯虽然没有详细论述关于生态的观点，尤其是在如何解决生态问题方面论述较少，但是，他们的哲学、政治经济学观点都深刻体现了对生态本质的关注。从唯物辩证法的维度，人类社会对物质财富的追求必然会引起生态环境的巨大破坏，同时人类反思的社会意识，又会反作用于人类社会发展。这种辩证统一的互动必然推动人类社会由"必然王国"发展到"自由王国"。正如学者邓晓芒所述："马克思主义的生态主义并不应当只被看作马克思恩格斯的一

① 《陈云年谱》（下），中央文献出版社 2000 年版，第 270 页。

② 《陈云年谱》（下），中央文献出版社 2000 年版，第 308 页。

种被忽视、被掩盖了的隐蔽思想，而应当看作在理论上大大超出当代生态主义的一种严密的生态哲学，它可以纠正当代生态主义的某种‘见物不见人’的偏向。”① 从马克思主义政治经济学的维度，马克思、恩格斯的生态思想散见于他们的著作中，比如，《乌培河谷来信》《英国工人阶级的状况》《自然辩证法》《资本论》等经典文献总结概括了资本主义社会生态环境的主要问题：工人生活工作环境恶化，空气、水资源污染严重，森林土地遭到严重破坏，气候变迁等。尤其是《资本论》认为资本主义以空前的规模和速度占有、掠夺地球资源，具有反人类、反自然的本质特征，造成人与人矛盾的加剧，造成人与自然矛盾的加剧。基于对资本主义逐利思想的深刻认知，马克思、恩格斯在其著作中蕴涵着解决生态危机的根本路径：消灭私有制，建立共产主义制度。

毛泽东、邓小平、陈云等领导同志继承发展了马克思主义实事求是的光辉。在新民主主义革命时期，革命政权就颁布了不少旨在保护环境的政策法规。新中国成立后，党对现代工业的高能耗高排放问题非常重视，虽然“文化大革命”时期的极左思潮造成恶劣影响，但是粉碎“四人帮”后，对环境保护关注度较低的形势很快得到扭转。党的十一届三中全会要求“进一步继承和发扬毛泽东同志所倡导的马克思主义学风，即坚持唯物主义的思想路线……解放思想，努力研究新情况新事物新问题，坚持实事求是、一切从实际出发、理论联系实际的原则”②。思想解放运动推动全党正确认识社会发展中的各种问题，既能够向西方发达国家借鉴经验教训，又能够关注并解决实际问题。在生态思想方面，全党扫清了极左思潮下“四人帮”否定社会主义工业污染的重大认识问题，

① 邓晓芒：《马克思人本主义的生态主义探源》，《马克思主义与现实》2009 年第 1 期。

② 《中国共产党第十一届中央委员会第三次全体会议公报》，《人民日报》1978 年 12 月 24 日。

不但认识到工业污染是经济社会发展的必然，而且提出总结经验教训，学习发达国家的生态技术和生态法治，不走发达国家“先污染，后治理”的老路的思想。

第二，改革开放初期中国共产党发展理念转型是工业污染日益严重的必然。快速工业化是环境破坏的最直接原因。改革开放以来，中国面临着经济发展的重大战略机遇期，一方面是中国下决心引进西方科学技术，推动社会主义经济迅速发展，实现工业化和现代化。另一方面发达国家则是转移输出高能耗高排放技术的“去工业化过程”（当然这些高能耗高排放技术对当时中国还是相对先进的）。比如，1980 年，我国工业制品出口额仅 90.1 亿美元，2009 年增长到 11384.8 亿美元，[①] 增长 126 倍。自从党的十一届三中全会将党的工作中心转移到经济建设上，党的方针政策积极围绕经济建设制定和展开。党的十二大提出“城乡人民的生活必须在生产发展的基础上逐步改善”[②]，党的十三大认为“改革和开放，冲破了僵化的经济体制，使经济活跃起来”，并提出了“三步走”的发展战略。[③] 到 20 世纪 90 年代初，在苏联解体、东欧剧变，国内外环境恶化的大背景下，更加凸显发展经济的紧迫性。党的发展理念引领了国民经济的迅速增长，尤其是工业产值迅速增加。2010 年，中国的制造业产值超过美国成为世界最大的工业制造国。由于经济的发展速度远远超过环境的可容纳程度，环境问题越来越严重地表现出来。根据《1992 年中国环境状况公报》的数据，1990 年，我国大中城市大气污染较重，小城镇有加重趋势，当年全国共发生污染事故 3462 起，比上一年增加 3.9%。

---

① 《中国经济年鉴 2010》，中国经济年鉴社 2010 年版，第 907 页。

② 《全面开创社会主义现代化建设的新局面——在中国共产党第十二次全国代表大会上的报告》，《人民日报》1982 年 9 月 8 日。

③ 《沿着中国特色的社会主义道路前进——在中国共产党第十三次全国代表大会上的报告》，《人民日报》1987 年 11 月 4 日。

另外，水资源污染、噪声污染、工业固体废物生产都比较严重。① 严重的环境状况引起全党关注。1992 年，党的十四大报告第一次高规格提出“加强环境保护”，要求“增强全民族的环境意识，保护和合理利用土地、矿藏、森林、水等自然资源，努力改善生态环境”。② 改革开放初期的 14 年是经济快速发展的 14 年，这是历史与现实的必然要求，当然也不可避免地造成了环境破坏。由于全党工作中心及社会主要矛盾的影响，直到党的十四大，生态保护才逐渐成为全党的重点议题。

第三，中国共产党发展理念转型还得益于积极批判借鉴西方发达国家关于环境治理的经验教训。二战以后，高能耗、高排放的现代工业首先在欧美、日本等发达国家引起了重大的生态危机。当时比较著名的生态危机事件有：比利时马斯河谷烟雾事件、美国多诺拉烟雾事件、伦敦烟雾事件，洛杉矶光化学烟雾事件、日本水俣病事件、日本釜山骨痛病事件、日本四日市哮喘病事件、日本米糠油事件、北美死湖酸雨事件等。这些生态危机事件席卷了主要的资本主义国家。越是发展迅速的国家和地区，越是多发生重大生态危机事件。严重的生态危机迫使主要发达国家于 20 世纪五六十年代开始制定并完善了环保法规。比如，日本于 20 世纪 50 年代以后颁布了一系列全国性环保法令，包括《工业用水法》《关于公用水域水质保护法》《关于限制工厂排水等法律》《关于水洗煤炭业的法律》《关于限制建筑物采用地下水法》《防止公害视野团体法》《大气污染防治法》等数十部法律。美国从 20 世纪 70 年代初开始，先后制定了一系列环境保护法案，并于 80 年代后期初见成效。中国对生态危机的关注与对外开放有着紧密的联系。早在 1978 年 9 月，邓小平在视察本溪、唐山时就提出学习外国环境保护经验，他说：“现在资本主义管理讲美

① 《1992 年中国环境状况公报》，《环境保护》1993 年第 7 期。

② 《加快改革开放和现代化建设步伐　夺取有中国特色社会主义事业的更大胜利——在中国共产党第十四次全国代表大会上的报告》，《人民日报》1992 年 10 月 21 日。

学，讲心理学，讲绿化。美观使人感到舒适，会影响人们的情绪，这不是没有道理的。”① 同时，邓小平大力推进新时期的生态法治建设，他说：“要集中力量制定刑法、民法、诉讼法和其他各种必要的法律，例如，工厂法、人民公社法、森林法、草原法、环境保护法、劳动法、外国人投资法等等，经过一定的民主程序讨论通过，并且加强检察机关和司法机关，做到有法可依，有法必依，执法必严，违法必究。”②1987 年末，第二次全国环境保护会议将保护环境作为基本国策，环境立法进入迅速发展阶段。据统计，到 1991 年，全国共颁布 12 部环境法律，20 多部有关环境保护的行政法规，20 多件部门规章，以及大量的地方法规。主要有：《海洋环境保护法》《水污染防治法》《大气污染防治法》《森林法》《草原法》《渔业法》《矿产资源法》《土地管理法》《水法》等。

改革开放初期，中国面临的国内外条件，主客观条件较改革开放以前发生了重大变化，因此，全党高度重视环境问题。但是，由于经济发展依然是压倒一切的经济问题、民生问题和政治问题，党的发展理念尚处于初步转型阶段，尚需要理论与实践的进一步推动。

第四节　1992—2012 年：绿色发展理念萌芽

一、中国共产党对生态环境认识的深化

20 世纪 90 年代到 21 世纪前十年，随着中国工业化进程加速，生态危机越来越多地呈现出来，成为全党面临的重大课题。自从党的十四大将环境保护作为 20 世纪 90 年代的重要任务之后，党的十五大报告进

① 《邓小平年谱（1975—1997）》（上），中央文献出版社 2004 年，第 386 页。

② 《邓小平文选》第二卷，人民出版社 1994 年版，第 146—147 页。

一步提出，“必须实施可持续发展战略……正确处理经济发展同人口、资源、环境的关系。资源开发和节约并举，把节约放在首位，提高资源利用效率”。① 江泽民在庆祝中国共产党成立八十周年大会上的讲话提出，“要促进人和自然的协调与和谐”，“努力开创生产发展、生活富裕和生态良好的文明发展道路”。② 党的十六大报告更加正视“生态环境、自然资源和经济社会发展的矛盾日益突出”的现状，要求“走出一条科技含量高，经济效益好，资源消耗低、环境污染少、人力资源优势得到充分发挥的新型工业化路子”。③ 党的十七大报告进一步强调“坚持全面协调可持续发展”，要求“坚持生产发展、生活富裕、生态良好的文明发展道路，建设资源节约型、环境友好型社会，实现速度和结构质量效益相统一、经济发展与人口资源环境相协调，使人民在良好生态环境中生产生活，实现经济社会永续发展”，“必须把建设资源节约型、环境友好型社会放在工业化、现代化发展战略的突出位置”，要求“加强能源资源节约和生态环境保护，增强可持续发展能力”。④

与全党高度重视生态环境相一致，中共中央领导同志更是从各个层面作出指示，指引中国环境治理的方向。江泽民明确提出了可持续发展的观点。江泽民认为“在现代化建设中，必须把实现可持续发展作为一个重大战略”。⑤ 他说：“环境保护很重要，是关系我国长远发展的全局性战略问题”，“那种以盲目扩大投资规模、乱铺摊子为基础的经济增

① 《高举邓小平理论伟大旗帜，把建设有中国特色社会主义事业全面推向二十一世纪——在中国共产党第十五次全国代表大会上的报告》，《人民日报》1997 年 9 月 22 日。

② 《在庆祝中国共产党成立八十周年大会上的讲话》，人民出版社 2001 年版，第 52 页。

③ 《全面建设小康社会，开创中国特色社会主义事业新局面——在中国共产党第十六次全国代表大会上的报告》，《人民日报》2002 年 11 月 18 日。

④ 《高举中国特色社会主义伟大旗帜，为夺取全面建设小康社会新胜利而奋斗——在中国共产党第十七次全国代表大会上的报告》，《人民日报》2007 年 10 月 25 日。

⑤ 《论有中国特色社会主义（专题摘编）》，中央文献出版社 2002 年版，第 279 页。

长，其增长速度越快，资源浪费就越大，环境污染和生态破坏就越严重，发展的持续能力也就越低。这是不可取的。”① 并提出了“保护环境的实质就是保护生产力”② 的重要观点。江泽民特别重视生态法治建设，不但在任期间出台、修订了《环境保护法》《森林法》《大气污染防治法》《水污染防治法》《海洋环境保护法》等重要的法律法规，而且明确指出：“严格执行土地、水、森林、矿产、海洋等资源管理和保护的法律。”③ 同时，江泽民还特别重视通过国际合作推进生态治理，1995 年 10 月 24 日，江泽民在联合国成立 50 周年特别纪念会议上的讲话指出，生态环境恶化是事关人类生存和发展的全球性问题，强调“共同对付人类生存和发展面临的挑战”④。

进入新世纪，以胡锦涛同志为总书记的党中央更加重视环境问题，并在诸多方面提出重要思想指导生态建设实践。首先是提出了科学发展观的重要发展理念，强调全面、协调、可持续，强调“经济发展和人口、资源、环境相协调，不断保护和增强发展的可持续性”。⑤ 胡锦涛的科学发展观是对江泽民可持续发展思想在方法论意义上的进一步深化，为解决日益严重的环境危机提供了更多的思路和更广阔的空间。其次，以胡锦涛同志为总书记的党中央提出了构建资源节约型社会和环境友好型社会的重要思想。强调“必须把建设资源节约型、环境友好型社会放在工业化、现代化发展战略的突出位置”⑥。而建设生态文明就是要形成

---

① 《江泽民文选》第一卷，人民出版社 2006 年版，第 532、533 页。

② 《新时期环境保护重要文献选编》，中央文献出版社、中国环境科学出版社 2001 年版，第 385 页。

③ 《江泽民文选》第二卷，人民出版社 2006 年版，第 26 页。

④ 《江泽民文选》第一卷，人民出版社 2006 年版，第 480 页。

⑤ 《十六大以来重要文献选编》(上)，中央文献出版社 2005 年版，第 851 页。

⑥ 《高举中国特色社会主义伟大旗帜，为夺取全面建设小康社会新胜利而奋斗——在中国共产党第十七次全国代表大会上的报告》，《人民日报》2007 年 10 月 25 日。

"节约能源资源和保护生态环境的产业结构、增长方式、消费模式。"① 再次，中共中央在新世纪提出发展环保产业和循环经济，逐渐减轻环境压力。以胡锦涛同志为总书记的党中央面对日益严重的生态危机，提出了更加科学化，颇具可操作性的生态发展理念，对中国特色社会主义的可持续发展注入不竭动力。

1992—2012 年，20 年间为了将党的环境保护政策、思想贯彻落实，并形成全国重视环境的局面，国务院相继召开 4 次全国环境保护会议。从提出"保护环境就是保护生产力"的著名论断，到提出"动员全社会的力量做好环保这项工作"的思想，进而要求"充分认识我国环境形势的严峻性和复杂性……切实做好环境保护工作"②，再到强调"坚持在发展中保护、在保护中发展"③。标志着中国共产党关于发展理念在方法论意义上的重大突破。不但通过各种途径将环境治理上升为国民思想和行动，更注重环境保护与绿色治理在社会主义中国的统一关系，目标是既要发展好，又要治理好。

20 年的改革开放实践推动全党正确处理经济发展与环境治理的辩证统一关系。党的环境治理极大地延缓了环境危机的快速蔓延，并在局部形成较好效果，这是党不断丰富完善发展理念的价值所在。如果从具体原因的角度进行分析，既有改革开放初期原因背景的延续，又出现了许多新情况和新问题，推动全党深入思考绿色发展问题。

---

① 《高举中国特色社会主义伟大旗帜　为夺取全面建设小康社会新胜利而奋斗——在中国共产党第十七次全国代表大会上的报告》，《人民日报》2007 年 10 月 25 日。

② 《历届全国环境保护会议主要内容》，《中国资源综合利用》2006 年第 5 期。

③ 周生贤：《认真贯彻落实第七次环保大会精神，以优异成绩迎接党的十八大胜利召开》，《环境保护》2012 年第 1 期。

二、绿色发展理念萌芽的原因

第一，绿色发展理念萌芽是由生态危机日益严重的现实决定的。1992—2012 年，中国坚持将经济建设作为全党的工作中心，除却上述贫穷落后等因素，国际环境巨变等国际原因也日益重要起来。正如党的十四大报告指出的："我国近代的历史和当今世界的现实都清楚表明，经济落后就会非常被动，就会受制于人。"① 从 1992 年的"银河号"事件到 1996 年台海危机，再到 1999 年中国驻南联盟大使馆被炸，落后就要受制于人，进而必然推动全国人民发展经济、推进工业化的高潮。从生态情况来看，这一时期的中国与二战之后的发达国家相似，快速的工业化超越了生态自我净化的能力，也在一定程度上超越了人类自我反思的能力，进而导致中国的污染数据及损失成倍增长。

1989—2008 年环境污染损失测算结果（10^9 元）②

年份	环境污染损失（1988 年价格）	环境污染损失（当年价格）	环境污染损失（2008 年价格）
1989	83.01	97.95	243.87
1990	90.20	109.73	265.00
1991	90.26	113.54	265.18
1992	95.45	127.75	280.42
1993	99.87	153.32	293.42
1994	104.59	199.26	307.28
1995	111.92	249.69	328.82
1996	109.09	263.58	320.50
1997	117.51	291.87	345.24
1998	114.11	281.16	335.25
1999	110.10	267.48	323.47

① 《十四大以来重要文献选编》（上），人民出版社 1996 年版，第 16 页。

② 肖士恩：《中国环境污染损失测算及成因探析》，《中国人口·资源与环境》2011 年第 12 期。

续表

年份	环境污染损失（1988 年价格）	环境污染损失（当年价格）	环境污染损失（2008 年价格）
2000	113.37	276.53	333.08
2001	116.24	285.51	341.51
2002	121.74	296.63	357.67
2003	127.42	314.19	374.36
2004	133.75	342.67	392.95
2005	145.79	380.24	428.33
2006	171.64	454.36	504.26
2007	183.91	510.21	540.32
2008	192.39	565.23	565.23

从污染的具体数据来看，由于当时对燃煤产生的 SO_2 尚未采取有效措施，导致我国形成大面积的酸雨区，遍及华南、华东、华北、华中、西南的大部分地区。工业固体废物产出方面，2000 年为 8.16 亿吨，2007 年则达到 17.56 亿吨。根据学者肖士恩的研究，“我国经济总量与环境污染损失之间存在长期均衡关系，经济总量的增长是环境污染问题的基础性原因，或者说我国环境污染整体情况随经济增长仍有扩大的趋势”①。

环境问题是关系到可持续发展的重大政治问题，不但影响到人民群众的民生福祉，更影响中华民族伟大复兴的进程。全党只有紧紧抓住保护环境这个主题，才能为经济社会的可持续发展注入新的活力。

第二，绿色发展理念萌芽是由环境污染造成人民群众生命财产损失日益严重决定的。中国共产党是无产阶级的先锋队组织，是社会主义建设的领导力量，其宗旨即为人民服务。如前文所述，北京处理官厅水库

① 肖士恩：《中国环境污染损失测算及成因探析》，《中国人口 · 资源与环境》2011 年第 12 期。

污染事件的实践就深刻体现了中国共产党为人民服务的宗旨。时至20世纪90年代到21世纪前十年，环境污染的广度和深度进一步扩展，也越来越多地影响着人民群众的身体健康。环境污染造成的民生问题时刻牵动着全党。

2004年大气污染造成的3城市健康经济损失计算示例①

城市	社会经济环境基础信息			医疗基础信息			健康结局危害量			健康经济损失（万元）			
	人口（万人）	人均GDP（元）	PM10年均浓度（Ug/m³）	现状死亡率（1/10万）	慢支患病率（%）	呼吸循环系统疾病住院人次	过早死亡人数（人）	呼吸循环系统疾病超住院人次	慢支超发病人数（人）	过早死亡	住院休工	患慢支失能	合计
唐山	296.9	157.5	112	497.28	3.3	35092	1943	2724	1356	88393	445	30638	122984
邯郸	139.1	114.3	113	497.28	3.3	16441	914	1288	316	29248	148	10159	41215
承德	45.7	33.6	68	471.37	3.3	5402	216	239	308	7050	28	2166	9416

以2004年唐山、邯郸、承德三个城市的健康经济损失为例，大气污染造成的健康经济损失是非常明显的，而且越是经济发达，由于对环境破坏更大，损失也就更大。另据WHO研究表明，中国每年因室内空气污染所导致的超额死亡人数达11.1万人，超额门诊、急诊病人达65万人次，这导致健康危害的经济损失高达107亿美元。②基于可持续发展与民生健康的双重考虑，全党特别重视生态治理，相应的政策法律法规也频繁出台。据统计，仅20世纪90年代针对环保问题出台5部法律，修改3部法律，国务院制定修改了20多件法规，制定或修改环境标准

① 於方：《2004年中国大气污染造成的健康经济损失评估》，《环境与健康杂志》2007年第12期。

② 於方：《2004年中国大气污染造成的健康经济损失评估》，《环境与健康杂志》2007年第12期。

200多项，并试点逐步推广排污许可制度。进入21世纪，环境保护工作进一步推进，并更多地涉及实践操作方面，对抑制环境恶化起到了一定作用。2003—2006年，国家环保总局等7个部门持续开展全国性整治违法排污企业保障群众健康的专项活动。2005年1月18日，国家环保总局一次性叫停了30个违法建设项目。这些措施在一定程度上抑制了生态环境迅速恶化的局面。

第三，绿色发展理念萌芽是由环境污染的全球化决定的。现代工业全球化直接造成了环境污染及生态治理的全球化。不管是以中国为代表的发展中国家和地区迅速工业化的过程，还是发达国家“去工业化”的过程，都促使环境污染从主要集中于发达国家蔓延到世界各个角落（当然发达国家的生态环境已经得到了较好治理），因此，生态治理成为全世界共同关注的重要议题。

中国作为负责任的发展中大国，积极参与全球性环境议题，并支持相关举措。从1992年6月里约热内卢召开的环境与发展大会，到1997年日本京都召开的《联合国气候变化框架条约》第三次缔约方大会，再到2001年12月哥本哈根召开的《联合国气候变化框架条约》第15次缔约方会议暨《京都议定书》第五次缔约方会议，再到2011年德班世界气候会议。中国不但积极参与并提出可行性的对策建议，而且以负责任的态度筹划本国的节能减排措施。比如，京都会议后，中国政府随即制定了《中国21世纪议程——中国21世纪人口、环境、发展白皮书》。中国积极参与世界环境议题，赢得国际赞誉，既有利于推动国内环境治理，又推动中国积极参与国际事务。

另外，由于中国依然处于世界资本主义经济体系，自身污染的加剧也加深了发达国家对中国的“贸易歧视”。欧美发达国家尤其是美国以生态环境等因素制造贸易摩擦的贸易保护主义事件越来越多。

2000—2008 财年国际贸易委员会受理中国产品不公平贸易诉讼案例一览表①

年份	纸浆类	化学制品	钢铁	铝	玻璃	其他	合计	
							中美摩擦案例数	美与所有国家案例数
2000	0	5	3	0	0	3	11	78
2001	0	3	6	0	1	3	13	140
2002	0	3	7	0	1	4	15	143
2003	0	8	7	1	0	1	17	42
2004	1	4	3	1	0	5	14	69
2005	4	3	1	0	0	5	13	36
2006	1	2	1	0	0	3	7	21
2007	2	6	4	0	0	2	14	34
2008	2	10	7	0	0	4	23	63
合计	10	44	39	2	2	30	127	626

注：(1）该案例仅计算中国大陆地区，不含中国香港、中国澳门和中国台湾。(2）每财年国际贸易委员会标明的案例都算 1 例，即使与上一财年重复。(3）同一财年中重复的案例仅算 1 例。

从列表可知，中美贸易摩擦多集中于美国产业界所认同的易发生“碳泄漏”的产业。中国作为高排放产业转移的重要目的地，极易成为发达国家要求征收碳关税的对象，这将极大提高国内生产成本，造成出口压力。面对发达国家的贸易保护主义，中国只有积极参与，积极应对并实现产业升级，才能抵制发达国家的不公平对待。

纵观 1992—2012 年间中国环境问题的发展及生态治理的进步。首先，我们并没有完全规避发达国家“先污染后治理”的老路。我们的生态治理基本处于被动应付的范畴，随着环境问题加剧，生态治理逐渐形成全党的重大战略。同时，污染的广度、深度、造成的经济损失、对民众健康甚至生命的影响都在不断扩展。其次，我们的生态治理也取得了

① 李淑俊：《气候变化与美国贸易保护主义——以中美贸易摩擦为例》，《世界经济与政治》2010 年第 7 期。

巨大成效。虽然发达国家曾经发生的各种环境问题在我国较短时间内集中出现，但是根据各种数据的统计，中国并没有出现发生于发达国家20世纪中后期的造成严重生命财产损失的重大污染事件。并且，我们在局部及部分生态治理中已经取得了较大的成效，有利于中国可持续发展。

第五节　2012年以来：绿色发展理念形成

一、绿色发展理念的提出

党的十八大以来，以习近平同志为核心的党中央领导中国共产党在绿色发展道路上进行了更深刻的研究和探索，提出了许多新理论，推动了许多新实践。首先是高举绿色发展的大旗。党的十八届五中全会将绿色发展理念作为五大发展理念之一确定下来，是对马克思主义发展观与生态观，对中国共产党发展观与生态观的进一步继承和发展，既准确到位地描述了中共中央对生态危机的关注和治理决心，又以通俗易懂的言辞启迪民众的重视，与西方的“绿党”既有异曲同工之妙，又在政治、经济等领域高于对方。其次，确立了生态文明建设为重要内容的五位一体的中国特色社会主义建设总体布局，这标志着生态建设已经成为中国特色社会主义建设的核心话题，与之前时代相比有了质的提高。

中国共产党绿色发展理念日益成熟是历史与逻辑的统一，是社会发展的必然。得益于改革开放以来的快速发展与积累，中国已经具备了较彻底治理生态危机的经济基础，而且马克思主义发展观与生态观也必然指导中国生态治理取得重大成效。同时，日益严重的环境污染也推动了更有效的环境保护措施的出台。

二、绿色发展理念形成的原因

第一，从生产力发展的角度，中国的经济总量稳居世界第二，尤其是工业制造业产值于2010年跃居世界第一，为当代中国的生态治理奠定了经济基础。

首先，从主要发达国家的生态治理实践来看，国家GDP尤其是人均GDP指标是决定一个国家环境治理成败的重要原因。主要发达国家均于20世纪五六十年代开始大规模推进生态治理并取得明显成效，正是因为当时主要发达国家的人均GDP超过1000美元甚至更高。比如，美国历史上曾经掀起三次环境保护运动，只有发端于20世纪中期的第三次环境保护运动取得胜利。英国在工业革命初期就颁布了治理污染的法案，依然没有阻挡1952年伦敦烟雾事件等重大环境危机事件的发生，直到20世纪中后期才不断治理并好转。

1950—1980年主要发达国家GDP总量与人均GDP①

国别	年份	GDP总量（亿美元）	人均GDP（美元）
美国	1950	3001.98	1979
	1960	5284	2912
	1970	10380	5063
	1980	28625	12598
日本	1950	109.69	131
	1960	444.75	473
	1970	2047.88	1964
	1980	10710	9220
德国	1950	231.67	494
	1960	725.73	1309
	1970	2088.67	2634
	1980	9196.51	11616

① 《世界经济统计摘要》，人民出版社1985年版，第6—21页。

续表

国别	年份	GDP 总量（亿美元）	人均 GDP（美元）
英国	1950	361.14	718
	1960	734.96	1403
	1970	1306.82	2348
	1980	5659.54	10050

二战以后，主要发达国家均经历了迅速发展的历程。30 年间主要发达国家的 GDP 及人均 GDP 数倍甚至数十倍增长，这成为主要发达国家严格治理环境污染的底气所在。

其次，经济发展推动了人类反思意识的发展。社会存在决定社会意识，人类社会的发展程度决定了人类反思意识的发生发展。从主要发达国家的生态危机及治理实践来看，20 世纪从前期到中期，虽然已经出现了较多的环境危机事件，但是，人们对财富的追求依然远远大于民众的健康感受，而且国力竞争也不允许人们放慢发展速度，同时，生态保护的新技术也较少。到 20 世纪六七十年代，背景已经彻底改变，（一）经济发展到一定程度后，人们日益关注生活质量的提高；（二）严重的生存危机甚至影响到人类社会的可持续发展；（三）一大批环保科技开始应用到工业生产领域；（四）一大批新型民族国家接收了发达国家急需治理又不可替代的高排放产业等。发达国家的生态危机治理至此才有了实质性的进展。虽然原因多种，仅从社会意识发展的角度，如果人类不能深刻把握社会发展规律，在人们更加关注财富数量的背景下，必然很难积极反思工业化的负面影响。

作为从一穷二白基础上发展起来的新中国，必然要根据实际情况正确认识经济发展与生态治理的辩证统一关系。改革开放以来相当长的一段时间，以邓小平、江泽民、胡锦涛同志为主要代表的中国共产党人都非常关注环境保护和生态治理，提出切实有效的政策对策，并颁布了各级各类环保法案政策。但是，由于发展压倒一切，提高人民生活水平压倒一切，由于工业化带来的生态危机尚未真正显现，从企业到民众甚至政府都没有对环保事业投入较多精力，这与美国的前两次环境保护运动相似。时至21世纪，中国已经具备了推动生态危机治理的经济实力，民众、政府甚至企业都开始关注这对矛盾的另一方面。从GDP总量来看，中国已经成为世界第二大经济体；从人均GDP来看，2010年为4434美元，2015年为8016美元。如果仅看单纯的名义GDP和人均GDP数字，已经达到甚至超过20世纪50—70年代主要发达国家的水平。如果从实际发展程度以及购买力的角度来计算，也几乎相当于当时主要发达国家的水平。按照林毅夫根据国际通用的2005年购买力平价计算人均GDP，2015年中国的人均GDP相当于美国1968年水平的1/5①，虽然与美国差距巨大，但是与当时的日本、德国、英国等发达国家基本处于一个区间内。如果再考虑到中国GDP总量很高，新时代的背景下中国已经发展了较多的高科技企业，有了在世界占有一席之地的大型国企，有了数量庞大的追求生活质量的中等收入群体。众多因素的叠加，进一步论证了中国当前的发展水平已经基本达到甚至超过了20世纪50—70年代主要发达国家的发展水平。在这个背景下，中国有能力在发展与生态的矛盾悖论中进一步关注生态环境，关注民生，关注经济社会的可持续发展。

第二，以生产力发展为契机，中国科技实力得到快速提升。发达国家的生态治理是环保科技发展的重要成果。二战后，环保技术飞速发展，进而带动环保产业迅速发展。环保产业具有高科技、高附加值的特点，这既是发达国家的主要增长点，也使发达国家持续保持对发展中国家和地区的优势。以美国为例："1970年美国环保产业总产值390亿美元，占其GDP的0.9%，2003年美国环境产业的总产值为3010亿美元，

① 《对话林毅夫：中国的奇迹》，2015年博鳌亚洲论坛分论坛，2015年3月27日。

占当年美国GDP的2.74%，30年增长了近8倍，年均增长率近7%，而同期美国GDP年均增长率为2%—3%。2010年美国环保产业总产值达到3570亿美元，吸收就业人数539万人。”① 这组数字充分说明美国在应对生态危机方面是走在世界前列的。由于严苛的法律以及全社会对可持续发展的清醒认识，美国不少重污染企业也在主动谋求转型。比如，美国最大的化学工业企业杜邦公司，从20世纪70年代开始逐渐确立了“安全、健康、尊重待人和保护环境”的企业发展理念，逐步退出了低附加值、高污染的传统化工领域，其核心产业转而进入精细化工和高科技材料方向。这些数据及事例充分说明，面对日益严重的生态危机，民众的环保运动、政府的政策引导以及企业自身发展的预期，推动了发达国家在环境保护技术的储备创新等方面走在世界前列，推动了发达国家的环境改善及民众生活质量的提高。

改革开放以来，经过40多年的引进、吸收和创新，中国的科技实力有了突破性的发展。以环保技术为例，《水污染防治先进技术汇编》（水专项第一批）收录了7个领域283项先进技术。②《水体污染控制与治理科技重大专项第一阶段专利成果汇编》收录了729项发明专利，443项实用新型专利。③ 仅2015年上半年我国就发布各类国家环境保护标准1890项。④ 中国环保农药申请量从1985年的194件上升到

---

① 赵行姝：《以环境保护创造社会财富——美国发展环保产业的经验》，《中国金融》2006年第19期。

② 环境保护部，住房城乡建设部：《关于发布〈水污染防治先进技术汇编（水专项第一批）〉的函》，2015年3月18日，见 http://www.zhb.gov.cn/gkml/hbb/bh/201503/t20150324_298001.htm。

③ 环境保护部，住房城乡建设部：《关于发布〈水体污染控制与治理科技重大专项第一阶段专利成果汇编〉的函》，2015年4月28日，见 http://www.zhb.gov.cn/gkml/hbb/bh/201505/t20150507_301165.htm。

④ 《充分释放环保科技红利——2015年上半年环保科技标准工作综述》，2015年8月11日，见 http://www.mep.gov.cn/xxgk/hjyw/201508/t20150811_307983.shtml。

2008 年的 1889 件，而且开始形成国内申请占主体的新格局。① 除上述以外，控制机动车排放污染技术、造纸工业废水污染防治技术、生活垃圾污染防治技术、SO_2 污染防治技术、印染酿造皮革污染防治技术、有毒有害废物污染防治技术等等都受到环保部门、企业和科技学者的重视并取得重大突破。同时，环保产业飞速发展，我国环保企业的数量从 2005 年的 2764 家升至 2014 年的 50234 家，10 年增长了 18 倍，2008 年我国环保产业产值超过 9000 亿元，2010 年预期超过 11000 亿元。② 同时，国有大型企业特别重视环保技术创新，在环保与产值上逐渐做到双丰收。以上海宝钢为例，宝钢高度重视节能环保、生态环境和可持续发展，以建成世界一流的清洁生产示范企业为目标，编制《绿色制造发展规划（2013—2018）》，不断研发、推广滚筒钢渣处理技术等专有技术或领先节能环保技术，使宝钢成为行业内高能效、低排放的佼佼者。

与发达国家生态治理过程伴随着向发展中国家和地区转移高排放产业不同，中国的绿色发展主要靠自身的技术进步。我们不但要建设一大批具有世界先进水平的环保示范企业，推动新能源发展，更要逐步淘汰一大批落后产能，推动经济社会的可持续发展。

第三，中国的环境保护政策及法律法规制定和执行发展到新阶段。20 世纪 60—80 年代，美国政府主要采取"命令 + 控制"的环保政策，通过颁行一系列强制性法令，增加环保产品与服务的需要，刺激环保产业发展。③ 这些环保措施推动了美国环保产业的发展，比如，大气污染

---

① 庞利萍：《从环保农药专利分析看行业发展》（下），《中国化工报》2013 年 2 月 8 日。

② 《2010 年中国环保产业产值预期将超过 11000 亿元》，《人民日报 · 海外版》，2009 年 10 月 13 日。

③ 高明等：《美国环保产业发展政策对我国的启示》，《中国环保产业》2014 年第 3 期。

控制技术、污水处理技术、可再生能源利用技术等均在这一时期得到迅速发展。此后，美国的政策也越来越完善，经济、税收、财政等手段得到更多的利用并推动了环保产业的进一步发展。同时，美国还设立了不同类型的数量众多的环保组织，以美国的十大环保组织会员数为例，"在1965年还不到50万，1985年升至330万，1990年则达到了720万"①。这些环保组织涉及各个领域，经费日益充足，与反环保势力进行了激烈的斗争，不但推动了生态环境的改善，而且不断制度化，成为美国经济发展的重要力量。

党的十八大以来，中国也基本形成了相似的环境保护局面。颁布了日益完善的法律法规，尤其是重新修订的《中华人民共和国环境保护法》于2015年1月1日开始实施。以2015年为例，环保部以新环保法实施为契机，"以偷排、偷放等恶意违法排污行为和篡改、伪造监测数据等弄虚作假行为为重点，依法严厉查处环境违法行为"，仅国家层面就对"151个不符合条件项目环评文件不予审批"。② 同时，党特别重视社会组织的发展及其作用的发挥。"改革开放初期，党和政府对社会组织持积极态度，采取了'先发展'的思路，释放了社会组织活力。社会组织治理环境的宽松，促使其数量迅猛增加。"③ 在环境保护方面，民间环保组织亦得到蓬勃发展。一方面是中国已经建立了数千个民间环保组织，全职、兼职的从业人员达数十万，尤其是其较高的学历提升了中国民间环保运动的水平。另一方面，一些国际环保组织也越来越多关注中国的生态问题。虽然许多国际环保组织因不了解中国国情而提出不切实际的

---

① Benjamin Kline: *First along the River: A Brief History of the U. S. Environmental Movement*, San Francisco: Acada Books, 2000.

② 《十八大以来我国生态环境保护取得明显成效》，《光明日报》2015年10月10日。

③ 马德坤：《新中国成立以来社会组织治理的政策演变、成就与经验启示》，《山东师范大学学报（社会科学版）》2020年第2期。

对策建议甚至行动，造成了一些负面的影响，但是仍然不能忽视其推动中国生态治理的客观作用。

第六节　绿色发展理念的演进规律

绿色发展理念是人类历史发展的必然产物，有其自身形成演进的规律。

一、绿色发展理念的形成发展演进是由社会发展进程决定的

社会存在决定社会意识，人的思想意识总是要与一定的社会发展进程相适应。同时，世界各国各地区的生产力发展水平是不平衡的，有时差距很大。在生产力非常落后的古代社会，人类处于相对的隔绝状态，人的思想文化也相对独立，有的国家和地区发展快一些，有的国家和地区发展慢一些，而且先进的思想对落后地区思想的影响较小。当然，随着社会生产力的发展，这种影响日益增强。在工业化时代，全球更加紧密地联系在一起，一个国家和地区的发展理念不但受到本地发展情况的制约，也越来越受到其他国家和地区，尤其是发达国家思想的影响。

第一，在经济落后的国家和地区不会形成绿色发展理念。前文已经比较详细地分析了古代以及近代中国乃至整个世界的发展进程。在这个相当长时期的历史进程中，人民群众的基本物质需要得不到根本满足，人类主要着力于通过粗放型的发展提升社会财富。因此，全世界各国各地区的发展观不可能彻底转向绿色发展，只是在其中出现越来越丰富的环境治理和环境保护思想，这些思想对局部地区的环境治理起到过一定的促进作用，但是不能对人类社会发展方向的整体转型起到决定作用。

新中国成立后，也经历了这样一个经济发展积累的过程。一直到改革开放初期，虽然中国共产党已经深刻认识到工业污染的严重性，以及环境保护的重要性，但是，如何在经济发展中将二者统一起来的问题仍然没有得到根本的解决，或者说没有找到积极的恰当的方法。只有随着经济的发展，科技水平进一步提高，人的需要层次有了提升，党治国理政的思路和能力有了提升，才能提出绿色发展理念，并推进社会的可持续发展。

第二，在发达资本主义国家不能形成绿色发展理念。如前所述，奴隶制社会、封建制社会，以及落后的资本主义国家，由于生产力水平落后，是根本不具备形成绿色发展理念的经济条件的。在发达资本主义国家，其经济基础有了极大的改善，为发展观的转型奠定了基础，但是，仍然不能产生先进的与时俱进的绿色发展理念。首先，这是由资本的暴力增殖属性决定的。这种属性决定了资本必须尽可能地开发利用自然资源并通过“生产—消费—生产”的无限循环剥夺劳动者的剩余价值，比如，资本要求无止境的“高生产—高消费—高生产”，进而形成一个恶性循环，直到自然资源被开发掠夺殆尽。而绿色发展理念要求高质量的有序生产到适度消费再到高质量的有序生产，这样一个良性的循环过程，必然会影响到资本的增殖效率。其次，这是由资本对国家权力的控制所决定的。在资本主义制度下，为了满足资本的增殖需要，就形成了追求“小政府”的新自由主义思想，这种纯粹的市场行为会造成对自然资源的重大浪费。而绿色发展理念要求充分发挥国家、社会乃至相关社会组织对市场的调控或影响，引导全社会为预期的绿色发展目标而奋斗。在社会主义国家，共产党的核心领导作用以及顶层设计，能够有力地消除资本的掣肘，就成为绿色发展的政治保障。再次，在资本主义制度下，资本会导致消费异化的现象。消费异化主要表现为：超过自己经济能力的奢侈消费，非适度的重复消费，甚至违法违规违背社会公序良俗的消费等内容。这些情况在本质上都是由资本造成的，最终的目的是要传导到资本增殖的层面。而在社会主义国家，讲究人的适度消费，进而能够保护或合理利用各种自然资源。可见，在剥削制度下，受制于资本的统治地位及暴力增殖属性，不可能形成真正的符合人类发展方向的绿色发展理念。

第三，在唯心主义思想占统治地位的国家和地区不可能形成绿色发展理念。唯心主义思想会导致人对世界形成片面的或者绝对的看法，不能正确认识世界。特别是近代以来，“我们主要以自然科学的方式来解释和说明自然，在这种科学主义的自然观中，人类的自发性不占据任何位置并且居于自然的领域之外。”[①] 由此导致西方国家形成了错误的发展观与生态观，比如，人类中心主义思想和自然中心主义思想。前者是造成全世界自然环境遭到严重破坏的重要原因，后者则是片面认识环境问题。比如，绿色和平组织在不少发展中国家和地区不顾当地的发展实际而片面采取某些不当的环保措施，甚至有时是为了某些资本集团的利益。唯心主义思想不承认人类在创造历史中的主体地位，所以它在思考问题时，很少从人的全面发展的角度思考问题。又比如，绿色和平组织就很少考虑发展中国家和地区迫切需要发展的实际，他们批评发展中国家和地区的环境污染而又不顾当地民生改善的迫切需要，他们组织的抗议活动也经常引发暴力冲突，因此受到不少国家的排斥。辩证唯物主义要求全面辩证认识世界，因此，要把环境保护与经济发展，长远利益和眼前利益结合起来，全盘考虑，进而形成真正的绿色发展理念。

第四，中国的发展进程决定了可以形成并不断完善绿色发展理念。

---

① 王增福：《经验的概念化与第二自然：麦克道尔论心灵与世界关系的文本学研究》，人民出版社 2019 年版，第 191 页。

中国作为世界上最大的发展中国家，虽然在经济发展水平上仍然处于不平衡不充分的阶段，但也是在世界上仅有的具备形成并不断完善绿色发展理念基本条件的国家。马克思主义的指导地位，党的领导可以有效制衡资本的暴力增殖属性，而较高的发展水平为低能耗低排放的绿色科技的发展提供了可能。这些都决定了中国绿色发展理念形成具有必然性。

二、绿色发展理念在人类社会发展实践中日益丰富

任何理论都是在丰富的社会发展实践中形成发展的。有什么样的社会实践就会有什么样的理论，人类在具体的社会实践中创造出具体的适合具体情况的发展观。

第一，在前工业时代，当时的社会实践不会推进形成绿色发展理念。绿色发展理念是人类在与环境破坏的斗争中不断形成的新的发展观，因此，如果人类社会发展实践中，没有环境保护的社会实践或者环境保护实践非常少，就不可能形成绿色发展理念。在前工业时代，人类虽然努力发展社会生产力，但是，关于环境保护的思想和实践还是比较少的。而且当时的环境问题总体来说是局部的，不会影响整个人类社会的发展，因此，人类的主要实践任务是向自然界索取，在某种意义上也可以说是在加快破坏自然。到了工业时代早期，也不会形成绿色发展理念。英国工业革命将世界推向工业时代。在早期，人们总是聚焦于物质财富的巨大增长，虽然环境危机已经日益严重起来，已经有不少先进人士对工业污染的认识非常深刻。比如，马克思在他那个年代已经深刻认识到环境问题将影响整个社会的可持续发展，但是，全社会并没有将环境治理当做重要的任务，甚至为了资本的正确目的而加快开发、索取自然。这些社会实践自然也不会推进形成绿色发展理念。

第二，在阶级社会，不承认人民群众在社会发展实践中的主体地位，就不会形成绿色发展理念。绿色发展理念在本质上是为人民群众服

务的，它着眼于人民群众需要什么，进而通过推进社会发展为人民群众创造他们需要的物质文明成果与精神文明成果。在阶级社会，统治阶级认为社会发展是由英雄人物创造的，他们夸大作为统治阶级领导社会发展的作用，进而所形成的发展观也是为统治阶级服务的。不管是在封建社会还是在资本主义社会，英雄史观都处于主导地位，强调统治阶段领导社会发展方向及创造历史的地位，人民群众则处于无能、无力，以及被充分奴役的地位。比如，工业革命后的资本主义社会虽然创造了大量的社会财富，但是，这些社会财富大部分被统治阶级占有，而且资本创造大量社会财富的目的就是要被统治阶级占有。即便是在人民群众掌握了一些财产的情况下，资本又通过制造异化消费使这些财富回流到资本家手中。在当代，发达资本主义国家确实经历了比较深刻的环境保护运动，但是他们始终没有将环境保护作为重要的工作，尤其是他们一系列环境保护的工作不是为了满足人民群众的需要，而是为了满足资本的持续增殖，满足资本家财富持续增长的需要。即便是推进了环保产业的大发展，在本质上也是增加了一个有利于资本暴力增殖的行业。这些当然不会促进绿色发展理念的形成发展。

第三，在科学技术不发达的社会不能形成绿色发展理念。科学技术是第一生产力，一定的科学技术水平是绿色发展理念形成的重要条件。如果没有一定的人群参与科学技术生产实践，不能创造出低能耗低排放的绿色科技，当然也不会形成绿色发展理念。在改革开放以前的中国，科学技术水平落后，国家既不能大幅提升对科技研究的投入，高等教育机构也不能培养出较多的科技工作者，其他发展中国家和地区的情况也大体如此。世界上主要的科技创新几乎被发达国家所垄断。我们讲绿色发展，不是恢复到以前因工业落后而低能耗低排放的时代，因为减少了物质生产不但不能满足人民群众不断增长的物质需要，也会造成人类社会的倒退，不符合人类的根本利益。绿色发展是利用高科技的低能耗低排放技术，在维护经济社会可持续发展的基础上减少对自然资源的开发甚至破坏。因此，只有在绿色科技投入产出实现良性循环的情况下才能自然引导社会进入绿色发展时代。在绿色科技不发达的国家和地区，如果非要降低能耗和排放，势必会造成物质生产减少的情况，这与绿色发展理念的本质是相违背的。

第四，中国在丰富的社会实践中逐渐形成绿色发展理念。马克思主义承认人民群众的主体地位，马克思主义政党以满足人民群众的需要作为自己的使命，同时也积极发动人民群众创造历史促进绿色发展理念形成。新中国成立后，尤其是改革开放以来，党领导人民群众掀起环境保护运动，促进教育普及、促进高等教育大众化，为科学技术的发展提供了保障。新时代我们的环境治理业已取得重大成就，经济社会中高速持续发展，科技成果井喷，为绿色发展理念的形成发展奠定了实践基础。

三、绿色发展理念推动人类社会永续发展

公平正义是人类社会发展的基本目标，如果一个社会能够逐渐实现公平正义，则必然永续发展。相反，则会造成越来越多的社会矛盾，不利于社会永续发展。

第一，绿色发展理念首先要实现人与自然关系的公平正义，能够在环境的持续好转中促进社会的永续发展。从人类社会发展的角度来说，绿色发展理念以经济建设为中心，深刻认识到中国持续发展的重要性，而且在国际社会上，坚决维护发展中国家和地区尤其是我国的排放权与发展权，揭露发达国家试图限制发展中国家和地区发展并控制掠夺发展中国家和地区财富的阴谋。从环境治理的角度来说，中国的环境保护工作已经处于攻坚阶段，不但关于环境保护的机构设置不断升格，而且中央和各级地方也充分重视，并发动一个又一个攻坚战，比如面对 SO_2 导致大面积酸雨而且日益严重的情况下，集中开展燃煤治理，在北方尤

其是京津冀雾霾日益严重的情况下集中开展废气排放治理。这些工作初见成效。在国际上，中国积极参与全球的环境治理，宣讲环境保护的全球性、重要性与紧迫性，宣传中国的绿色发展实践与成就。中国关于全球环境治理的理念照顾到整个世界的利益，尤其是中国在全球的减排行动中以身作则，得到很多国家支持，为实现真正的全世界的人类发展与自然环境的统一协调奠定了基础。

第二，绿色发展理念强调国家、政府利用财政税收等政策积极调控发展方式，促进发展方式转型，这有利于制衡资本劣性，消解社会矛盾，促进经济社会有序发展。中国在当前发展阶段必须积极利用资本，以活跃经济，促进发展，但是对资本劣性也必须时刻保持警惕。改革开放以来，资本的发展造成了许多社会矛盾。首先是资本对资源的掠夺，进而形成对环境的污染，严重影响了人民群众的生活质量。其次是资本的暴力增殖造成严重的贫富分化。这些都加剧了社会矛盾。从环境治理的维度，绿色发展理念控制资本的暴力增殖属性，引导或者倒逼其向绿色产业转移。在资本重构的过程中，必然会形成吸引人力资源的新面貌，人民群众在与资本方的议价中能力增强，既促进了环保产业的发展，又满足了人民的多层次需要。从全球维度，发达国家资本对世界经济的控制力日益增强的背景下，如何制衡发达国家资本需要更多的智慧和毅力，中国的绿色发展理念强调发达国家参与全球环境治理的责任与义务，为人类可持续发展开辟了美好的前景。

第三，绿色发展理念满足了人民群众的需要，能够激发人民的主体意识，促进人民积极主动创造历史。中国改革开放之所以取得伟大历史成就，就是因为它满足了人民群众日益增长的物质文化需要，激发了人民群众为满足自身需要而创造历史的积极性和主动性。绿色发展理念也有利于开创这样一个新时代。绿色发展理念能够满足民众的各层次民生要求。通过研究国内外发展方式转型的进程可以发现，如果不积极治理环境污染，人类就不能持续发展，如果环境治理的方式不当，也会造成各种各样的社会问题，不利于社会发展。中国的绿色发展理念从国内讲就是要服务人民，依靠人民，服务人民对环境改善、生活改善的需要，依靠人民贯彻绿色发展理念，开展绿色发展实践，最终实现中华民族永续发展。从国际来说，绿色发展理念反对发达国家全球环境治理思想中的霸权图谋，强调满足全世界尤其是发展中国家和地区的发展需要与环保需要，必然促进人类社会可持续发展。

第三章　绿色发展理念的生成机制

社会发展理念是由社会发展进程决定的，在不同的社会发展阶段，由于社会发展实践不同，人类的知识结构和认知能力不同，就会形成不同的社会发展理念。绿色发展理念是中国共产党在中国特色社会主义建设实践中，主动推进发展理念创新，逐渐形成的适合新时代社会发展规律的新发展理念。在绿色发展理念形成过程中，党的基本指导思想，人类创造的关于社会发展的既有文明成果，以及丰富的社会实践，起到了共同的催化促进作用。

第一节　哲学与科学：绿色发展理念是马克思主义群众观指导形成的科学理论

任何科学理论都是在一定的哲学思想指导下形成的。只有以正确的哲学观为指导才能形成科学的理论。错误的哲学观（比如唯心主义思想）必然指导形成错误的理论。当然，也不可否认即便是唯心主义思想也能够在某些历史条件下起到推进社会发展的作用，但是它经不起历史和实践的长期检验。

一、马克思主义群众观是绿色发展理念形成发展的哲学基础

哲学是系统化、理论化的世界观、价值观和方法论。哲学依靠理论的逻辑分析系统回答关于世界发展中的最一般的问题，比如世界的形成与发展，世界的本源问题，人类研究问题的基本逻辑思维方法等。哲学的发展进程要受到人类社会发展程度的制约。在社会生产力较低的情况下，由于人类对自然以及人类社会诸现象不能形成正确的认识，也就不能形成正确的哲学思想。哲学是对自然科学与社会科学等知识的概括总结，因此哲学的发展离不开科学的发展。在哲学发展的过程中，首先形成的是唯心主义哲学，在科学水平落后的情况下，人类将不能解释的自然与人类社会现象归之为“神”的力量。其后，又有机械唯物主义与辩证法思想出现。直到近现代自然科学与社会科学出现，马克思恩格斯深刻分析了自然、人类社会以及自然与人类社会的关系，创立了辩证唯物主义与历史唯物主义。历史唯物主义是马克思主义哲学中关于人类社会发展一般规律的理论，马克思主义群众观是其中非常重要的内容。马克思主义群众观是对人类社会发展主体、发展动力、发展目的等方面的正确论述，决定了以人民为中心的科学理论的形成发展。

科学是探索自然与人类社会各类发展规律的知识。科学知识分布于人类社会活动的各个方面，反映了人类社会不断进步，不断提升与自然互动能力的过程，科学既可以反映自然与人类社会的整体情况，又可以反映某一时间某一区域的情况。科学总是要在一定的哲学思想指导下才能正确反映社会与自然的发展规律。在唯心主义思想盛行的年代，科学发展非常缓慢，因此迷信思想非常严重。辩证唯物主义与历史唯物主义出现后，人类深刻认识到自然与人类社会是可知的，才推动了各项科学事业的迅速发展。马克思主义尤其是其中的群众观深刻认识了社会发展动力，发展进程和发展方向诸问题，是发展以人民为中心的科学事业的指导思想。

哲学与科学是辩证统一的关系，是普遍与特殊的关系。正确的哲学观能够推动人类社会正确地认识人类社会发展中的诸问题，推动人类社会发展。中国共产党以马克思主义群众观为指导，这为其提出科学的以人民为中心的绿色发展理念奠定了哲学基础和思想保障。

以马克思主义群众观为指导，才能深刻认识人类社会发展与自然环境的辩证统一关系，否则就会陷入人类中心主义或者自然中心主义，并最终滑入唯心主义。前者造成人类自以为是，后者造成人类面对自然无能为力。这些都不是解决人类社会发展与自然关系的正确理念。在西方发达国家，因为资产阶级唯心主义居于统治地位，即便有学者提出正确的思路，也很难成为国家的政策。在中国，中国共产党作为执政党，坚持以人民为中心，才能将绿色发展理念上升为执政党、政府、社会、人民、企业普遍遵循的发展理念，成为推进社会发展的指导思想。

以马克思主义群众观为指导，才能深刻认识经济社会发展与环境保护的关系。环境污染是人类社会发展阶段性的产物。从人类的经济社会发展实践历程来看，发达国家在推进经济社会快速发展过程中曾经酿成不少重大环境污染事件，中国从中吸取了很多经验和教训。与此同时，推进经济社会发展是环境治理的根本出路。经济社会发展不但能够提升关于环境保护的创新型技术，而且能够全面提升人们的环保意识。马克思主义群众观深刻洞察了人民群众在生产力发展中的决定性作用，以发展作为解决各类社会问题的根本手段，最终实现经济社会发展与环境保护的统一，无疑会受到人民群众的欢迎。

以马克思主义群众观为指导，才能正确认识经济社会发展与人类思想文化发展的关系。一方面，社会发展阶段决定了人的思想意识的发展。关于环境的思想意识也是由社会发展阶段决定的。在社会发展比较落后的情况下，不可能形成正确的发展观和生态观。另一方面，人的正确的思想意识又能够推进经济社会发展。每个人都树立坚定的正确的发展观必然能够促进经济社会可持续发展。中国共产党推进绿色发展理念的宣传，使人民群众成为推进绿色发展的主体力量，为经济社会的可持续发展注入不竭动力。

以马克思主义群众观为指导，才能正确认识人类社会短期发展需要与长期发展需要的关系。二者是辩证统一的。为了短期利益，掠夺式开发自然资源，进而影响人类社会的长远发展是不符合人类利益的，为了人类社会的可持续发展而影响“现实的人”的物质生活改善也是不符合人类利益的，而且没有现实的民生满足就不能为可持续发展奠定基础。只有以马克思主义群众观为指导，才能在发展实践中洞察人民群众的短期发展利益与长远发展利益之间的辩证统一关系，进而从根本上维护人民利益。

二、绿色发展理念是对人类社会发展的科学认识

绿色发展理念是对当前社会发展阶段的深刻反映，也在今后相当长一段时间内对人类社会发展具有深刻的指导意义。

第一，绿色发展理念是马克思主义与中国实际相结合的理论，是发展了的马克思主义，是对中国乃至世界当前发展阶段，发展形势和发展方向的正确认识。如前所述，马克思主义哲学是正确认识自然与人类社会发展的哲学思想，它作为一般的哲学理论，必然要与实际情况、具体实践情况相结合，才能转化成促进人类社会发展的动力，而绿色发展理念正是马克思主义哲学思想与中国发展实践相结合的重要产物。在中国特色社会主义建设中，中国共产党以马克思主义为指导，充分认识到发展社会生产力的重大意义，尤其是改革开放以来确立了经济建设为党的工作中心，坚持在发展中解决各种社会问题，促进了中国社会主要矛盾的解决及转化。与此同时，中国共产党也深刻认识到经济发展与环境污染的辩证统一关系。新中国成立以来，随着工业制造业的发展，全党已

经深刻认识到经济发展对自然产生破坏的必然性，并不断提高领导环境治理的能力；认识到随着人类社会逐渐把握了自然与社会发展规律，将最终实现工业发展与生态治理的辩证统一。在发展实践中，中国共产党以马克思主义为指导，借鉴西方发达国家环境治理的经验教训，在发展中把握经济社会发展规律，在发展中找到解决环境污染问题的基本方法，形成促进经济社会发展的新认识。在新时代，党提出绿色发展理念，既是对之前发展理念的继承和发展，更是表现为对中国新时代的形势与发展前景的深刻认知，绿色发展理念更科学，更具体，更具有可操作性，也就更能推进人与自然和谐共生的美丽中国建设。

第二，绿色发展理念深刻揭示了社会存在与社会意识的辩证统一关系。社会存在决定社会意识，社会意识对社会存在有反作用。什么样的社会存在决定什么样的社会意识。由于社会存在多种多样，正确反映社会存在才能形成正确的社会意识。相反，则会形成错误的社会意识。绿色发展理念是正确反映新时代社会存在的意识，是人类在比较全面的了解人类社会与自然关系的基础上提出来的。不少国家和地区虽然也能提出一整套污染治理理念，但是由于其不能全面正确地反映社会存在，这种思想就只能停留在环境治理阶段，而不能上升为指导社会长期发展的发展观。绿色发展理念，强调环境治理的目的是为了发展，强调社会意识对社会发展的反作用，积极构建反映社会发展规律和方向的发展理念，能够推进中国乃至人类社会的可持续发展。

第三，绿色发展理念揭示了中国绿色发展与全球绿色发展之间的关系。人类社会是一个有机的统一体，尤其是在当今全球化时代，更是一荣俱荣一损俱损。二战后，发达国家将转移高能耗高排放产业作为治理污染的重要方式，虽然发达国家的环境逐渐好转，但是广大发展中国家和地区的环境污染却日益严重。地球是一个诸方面互相影响的大的生态系统。当面积更大、人口更多的发展中国家陷入严重的生态危机，其危害的全球化日益凸显，即便是环境问题初步好转的发达国家也不能独善其身。比如，气候变暖、水资源短缺、森林减少，均是各国普遍关注的世界性环境问题。进入21世纪，面对全球环境治理的新形势，个别发达国家为维护其霸权地位，又试图以环境议题限制发展中国家和地区的发展的权利。这种错误认知必然会给全球环境治理与经济发展带来重大阻碍甚至灾难。中国共产党提出的绿色发展理念不仅仅是中国的中长期发展战略，而且在国际上有利于维护所有国家尤其是发展中国家和地区的发展权利和环境权利，有利于全世界的可持续发展。

第四，绿色发展理念认识到经济发展是环境治理的前提条件。发展生产力是人类社会持续发展的基础。经济社会的发展能够为环境治理提供物质基础和技术保障，还能够提升人类治理环境的意识与能力，促进实现经济发展与环境治理的良性互动。随着环境问题的凸显，不同国家和地区对如何处理环境污染也出现不同的认识，西方发达国家并没有形成从根本上解决这个问题的理念。发达国家或者抽象的宣传自然中心主义，试图误导发展中国家和地区为治理环境而放弃经济发展，很容易造成“绿色贫穷”的现象。或者利用自己的话语权和领导权试图在全球环境治理中塑造有利于发达国家持续发展的局面。与此同时，资本的贪婪性仍然使不少发达国家的大资本家加大对自然的掠夺和破坏。绿色发展理念与前述不同，该理念真正着眼于解决问题而不是回避该问题。通过推进绿色发展实现二者的良性互动，达到可持续发展。绿色发展理念坚持发展，最大限度的增加人民群众的物质福利，在这过程中，强调重视技术革新，提高对自然资源的利用效率，尤其是要限制资本的暴力增殖属性。

三、在马克思主义群众观指导下与社会发展实践中推进绿色发展

第一，绿色发展必须有正确的哲学思想作为指导。马克思主义哲学

深刻指明了人类社会发展的基本矛盾，以及不同国家和地区的社会主要矛盾的演变规律，人类的社会实践活动首先着眼于解决主要矛盾，并推进基本矛盾的发展。首先，社会基本矛盾的发展决定了推进绿色发展的必然性。人类社会发展的终极目标是共产主义，这就要求人类不断发展社会生产力为过渡到社会主义共产主义社会创造条件。这就决定了绿色发展必须是以发展为中心的可持续发展。环境保护、生态建设等问题都要围绕社会生产力的发展进行。其次，现阶段的社会主要矛盾是对社会基本矛盾的体现，也决定了绿色发展的必然性。在经济社会已经取得较大发展的基础上，人民群众的美好生活需要日益增长，这个民生需要要求必须推进绿色发展。只有绿色发展才能推进经济社会的可持续发展，才能不断满足人民群众在物质方面的新需要。只有绿色发展才能治理保护环境，才能为人类提供丰富的安全的食品，才能培育积极向上的绿色文化，才能满足人民群众对健康、对文化、对安居乐业等方面日益提高的要求。马克思主义哲学决定了推进绿色发展要一切从实际出发，坚持以人民为中心，充分考虑社会和人民群众对绿色发展实践的可承受程度。

第二，在马克思主义群众观指导下，只有以人民为中心，躬身实践，才能了解社会发展规律，了解新形势和新问题，并提出有利于社会可持续发展的绿色发展理念，进而促进人的全面解放全面发展。首先，坚持马克思主义群众观，坚持实践，将理论与实践相结合，在实践中发展理论。面对现代大工业造成的生态危机乃至发展危机，如果没有马克思主义群众观为指导，没有实践的发展就不可能提出绿色发展理念。在人类社会发展的进程中，人类总是在发展中解决问题化解危机，这说明人类社会是善于自我矫正的，是能够不断认识新问题并解决新问题的。自从现代工业大发展以来，人类陷入日益严重的环境危机，但是人类也在发展实践中不断修复环境，不断降低能耗和排放，甚至能够不断提升自然环境的容纳度。将丰富的环境治理实践与马克思主义群众观相结合，不断丰富关于人类社会发展的理论，才能形成以人民为中心的绿色发展理念。其次，绿色发展理念本身就是理论与实践的统一，坚持绿色发展实践，有利于绿色发展理念不断与具体实际相结合，形成更丰富，更具体化的发展政策与策略。绿色发展理念本身就是价值观与实践观的统一。从价值目标的角度来说，绿色发展理念统一于马克思主义价值目标，实现人类社会的可持续发展，促进人在当前发展阶段得到最大程度的解放与发展。从实践路径的角度来说，绿色发展理念提出将“绿色”作为实现可持续发展的重要方式方法，具体包括节约资源，通过科技发展降低污染源排放等。绿色发展理念本身就要求指导实践并在实践中不断自我丰富和发展。

第二节 传统与现代：绿色发展理念对中国传统人与自然关系思想的扬弃

中国古代就形成了关于生态，关于人与自然和谐关系的朴素认识。这种朴素认识是中国共产党绿色发展理念逐渐形成的重要前提和基础。同时，也不可否认，传统的朴素的人与自然关系思想形成于生产力落后的阶级社会，其不少观点有着受困于时代的局限性，是必须要抛弃的。

一、中国传统人与自然关系思想

人类诞生以来，就与自然发生着密切的联系，即便是在原始社会，虽然人类对大自然了解甚少，但是已经开始在发展实践中不断思考人与自然的关系，在人的意识可以理解的领域逐渐形成正确的观点，但是在不能理解的领域则会加入神灵的因素。由于人类适应或者征服自然的能力非常低，人类只有在适宜的自然环境下才能生存发展。就是在这样的大背景下，中国古代较早地形成了人与自然关系的思想。

第一，中国传统的人与自然关系首先体现于在古代中国处于统治地位的儒家思想。因为儒家思想是古代中国人信奉的主要文化思想，所以其中关于人与自然关系的理念也成为中国传统人与自然关系思想的理论基础，并在社会发展中逐渐丰富发展。在儒家思想中，关于人与自然关系最重要的思想是"天人合一"的思想。儒家思想虽然是孔子创立的，但是其一系列理论观点在夏商周时期即有表现，因此，"天人合一"思想也是发轫于孔孟之前。《诗经》就有云："天生烝民，有物有则，民之秉彝，好是懿德。"[①] 在这里，古代中国人认为天是至善至美的代表，它不但能为祭祀天的民众带来生活物质资源，而且为人类社会制定道德规范。到春秋战国时期，孔子进一步又解释道"天地之大德曰生"[②]，"先天而天弗违，后天而奉天时，天且弗违，而况人乎"[③]。由此可见，三代以来，甚至再上溯到尧舜禹时期，人们已经懂得了顺应天道的道理。随着历朝历代大儒的阐释与发展，最终形成"天人合一"的思想。董仲舒认为"天亦有喜怒之气，哀乐之心，与人相副，以类合之，天人一也"[④]，"天人之际，合而为一"[⑤]。张载说："儒者则因明致诚，因诚致明，故天人合一，致学而可以成圣，得天而未始遗人。"[⑥] 张载的思想是对《中庸》的继承，正所谓"诚者，天之道也，诚之者，人之道也"，"自诚明，谓之性，自明诚，谓之教，诚则明矣，明则诚矣"。[⑦] 古人将天

① 《诗经·大雅·烝民》，中华书局 2015 年版。
② 《周易·系辞传》，中华书局 2011 年版。
③ 《周易·乾·文言》，中华书局 2011 年版。
④ （汉）董仲舒：《春秋繁露·阴阳义》，中华书局 2012 年版。
⑤ （汉）董仲舒：《春秋繁露·深察名号》，中华书局 2012 年版。
⑥ （宋）张载：《张子正蒙·乾称》，上海古籍出版社 2000 年版。
⑦ 《论语·大学·中庸》，中华书局 2015 年版。

道与人的道德品性联系起来，既强调人不能违反天道的自然法则，又重视发挥人的主观能动性，认为人关注天道，重视天道，就能实现人与天的水乳交融。

以“天人合一”为代表的儒家思想蕴含着丰富的建立和谐人与自然关系的诉求，在今天看仍有重大意义。首先，该思想强调“万物一体”，认为人是大自然的重要组成部分，人必须按照自然规律行事。同时，人又能通过发挥主观能动性做到与大自然一致。这是一种对人与自然关系的整体思维，在人发挥主观能动性的时候，该思想认为大自然是可以认识的，但是又必须善待自然。该思想与马克思主义关于人与自然关系的观点本质相异而又有一定的相似之处。就相异之处，马克思主义强调人的主体地位，并为掌握自然发展规律提供了正确的方法论，而中国古代“万物一体”思想对人如何发挥主观能动性没有充分论述，反而关于人顺应天道的论述过多，而所谓天道也带有严重的迷信色彩。

其次，该思想强调“仁民爱物”，认为人应该善待自然生物，保护大自然生态。曾子引述孔子的话说：“树木以时伐焉，禽兽以时杀焉。”夫子曰：“断一木，杀一兽，不以其时，非孝也。”① 儒家将善待自然的态度上升到伦理道德的规范，体现了保护自然资源的思想。同时，我们也可以看出，他们不是绝对的自然中心主义者，而是强调“以时”，强调最终满足人的需要，体现了一种适度的需要观，追求人与自然的和谐相处。

最后，该思想强调“尽物之性”，认为物尽其用，既要满足人的需要，又要追求对自然资源的使用效率，减少资源浪费。《中庸》说：“唯天下至诚，为能尽其性；能尽其性，则能尽人之性；能尽人之性，则能

① 《大孝》，《曾子辑校》，中华书局 2017 年版。

尽物之性；能尽物之性，则可以赞天地之化育；可以赞天地之化育，则可以与天地参矣。”① 人之性，则为人之主观能动性，物之性，则为万物之禀赋。这里既强调人发挥主观能动性，参与到自然的发展演变进程中，又推人及物，要求所有事物都能发挥其推进人与自然协调发展的作用，是为“万物皆得其宜，六畜皆得其长，群生皆得其命”②。

第二，中国古代佛教中蕴含的人与自然关系思想。佛教作为在中国流传近2000年的重要宗教，其中蕴含着丰富的关于人与自然关系的阐释，其中最主要的就是“众生平等”的思想。佛教讲究众生轮回流转，正所谓“二世六道轮回”。人与神、鬼、动植物之间都可以在一定的条件下互相转化，这种整体的宇宙观为“众生平等”思想的形成发展奠定了基础。一开始，该思想主要指人与人之间的平等，是为了反对印度不平等的种姓制度。随后，又将该思想扩展到自然界，认为“一切众生，悉有佛性”，“上从诸佛，下至旁生，平等无所分别”。正因为如此，在佛教的极乐世界里，都是风景优美，人与自然关系和谐之地，尤其是有各种各样的漂亮的与人类和谐相处的鸟兽。而在现实生活中，佛教也总是教导人类不杀生。中国古代佛教中蕴含的人与自然关系思想把人看作与大自然不可分割的一部分，认为人不能为了私人利益而大肆破坏与自己朝夕相处的自然环境。这些思想有利于保护环境，促进自然界的多样化发展，促进人与自然关系和谐发展。

第三，中国古代道教中蕴含的人与自然关系思想。道教作为中国土生土长的宗教，在古代影响较大。它的哲学思想从诸方面论述了人与自然的关系，尤其是“道法自然”的观点影响很大。《老子》说：“人法地，地法天，天法道，道法自然。”③ 这样就把人与自然联系成一个有机的不

① 《论语·大学·中庸》，中华书局2015年版。

② 《荀子·王制》，中华书局2016年版。

③ 《老子》，中华书局2014年版。

可分割的整体，认为万事万物都要遵从自然法则，自然规律。而“道”则是自然发展变化的规律，看不见，摸不着，而又无时不在，无事不在，并决定着事物的发展变化，即为“道可道，非常道”，“道生万物”而又“视之不见”，“听之不闻”，“搏之不得”。[①]这与后代马克思主义哲学亦有相似之处。从人与自然关系的角度来说，“道法自然”首先是表现为人与自然和谐相处的整体和谐观，认为把人与自然人为分离，尤其是工具性地利用自然是不正确的，必须用联系的，整体的观点看问题。其次，该思想强调自然规律的决定性作用，人必须依照自然规律做事。生态系统有自己的运行发展规律，只有依循规律办事，才能形成人与自然和谐相处的局面。反之，则会遭受到大自然的报复。即为“辅万物之自然，而不敢为也”，“夫物芸芸，各复归其根，归根曰各有短长，归根曰静，静曰复命，复命曰常，知常曰明。不知常，妄作，凶”。[②]另外，道家关于养生的理论也深刻阐述了人与自然的关系。养生，强调摒除外力对生命的干扰，因此必须要求人与自然关系达到和谐一致的状态。所以道家强调清心寡欲，强调对大自然的适度索取。

中国传统关于人与自然关系的思想非常丰富。在当时环境下，人类活动受到自然界的极大限制，人对自然的不了解，甚至恐惧促成人与自然关系思想的萌芽并发展。虽然该思想尚不完善，甚至带有严重的迷信色彩，但是他在中国古代的社会建设中曾经起到特别重要的作用。该思想既要求人民群众在社会生产中遵循自然规律，又要求积极发挥主观能动性。比如，不少便于种植的作物被人类发现并培育，而且按照农时进行耕种。比如适于饲养的家禽家畜进入人民的生活，丰富了人民的物质生活。这种敬天的思想，也有利于统治阶级检讨自己的统治行为，甚至

① 《老子》，中华书局 2014 年版。

② 《老子》，中华书局 2014 年版。

下罪已诏，维护社会的稳定发展。

二、中国共产党对中国传统人与自然关系思想的扬弃

马克思主义者特别重视对传统文化的继承和发展，重视在前人的思想中汲取智慧。从马克思主义形成发展的进程来看，马克思恩格斯正是在研究已有的机械唯物主义、唯心主义辩证法及空想社会主义的基础上，不断了解人类社会发生发展的基本历程，逐渐创立了马克思主义学说。其中关于社会主义共产主义的理想也是在总结人类发生发展的历史规律的基础上提出来的。中国共产党以马克思主义为指导，自然也就树立了正确地认识、继承传统文化的思想，比如中国共产党的历代领导人都特别关注学习中国传统文化对促进中国革命和建设的重大意义。

毛泽东作为中国共产党的领袖人物，特别重视对传统文化的学习及其重大现实意义的汲取。毛泽东在上学读书时不仅阅读四书五经，还阅读诸子百家的思想典籍乃至明清思想家的著作。面对蔡和森等人对自己赴法国勤工俭学的规劝，毛泽东更强调从中国传统文化中汲取智慧。中共六届六中全会上，毛泽东说："我们这个民族有数千年的历史，有它的特点，有它的许多珍贵品，对于这些，我们还是小学生。今天的中国是历史的中国的一个发展；我们是马克思主义的历史主义者，我们不应当割断历史，从孔夫子到孙中山，我们应当给以总结，承继这一份珍贵的遗产，这对于指导当前的伟大的运动，是有重要的帮助的。"① 中共十八大以来，习近平站在历史的新起点上，对中国传统文化的认识进一步发展。比如，习近平总书记对"中华文化"这一概念进行了系统论述。中国传统文化与社会主义先进文化是辩证统一的关系，但是在本质上还是不同的概念。"中华文化"的概念则把二者从更广阔的空间从

① 《毛泽东选集》第二卷，人民出版社 1991 年版，第 533—534 页。

一个整体进行论述。中国传统文化是历经几千年流传下来的能够凝聚民族精神，促进社会发展的文化形态，颇具中国特色、中国风格和中国气魄。中国特色社会主义先进文化则是马克思主义与中国实际相结合形成的独具中国特色和民族精神的先进文化。二者统一于中华民族发生发展的历史潮流和历史进程中，统一于中华民族伟大复兴的社会实践中。现阶段，发扬中国传统文化，有利于进一步彰显社会主义先进文化的凝聚力和包容度；发扬中华文化，有利于以社会主义先进文化掌握群众，形成强大的精神力量。

在绿色发展理念形成的过程中，中国共产党对中国传统人与自然关系思想有一个扬弃的过程。中国共产党深刻认识其中的正确部分，并在今天继承发展。客观存在的自然环境及其发展变化的客观规律决定了社会生产力的发展水平，决定了人的认识水平不可能超越自然与社会的发展阶段。古人认为人必须顺应天道，古人特别强调人与自然的联系，要求从整体的角度对二者进行分析。这些观点虽然充满了不可知论，但是与今天对待自然的态度亦有某些相似之处，因此仍然具有重大的现实意义。首先，有利于绿色发展理念、绿色文化的宣传，中国传统文化塑造了中国人民的基本性格、基本品质，挖掘中国传统文化中人与自然关系的思想，有利于提高人民关于绿色发展理念的认识，提高人民的绿色发展意识。其次，有利于借鉴古人关于人与自然关系建设的实践路径，中国古代在人与自然关系思想的宣传方面，亦有不少建设，为党宣传绿色发展理念以正确理论掌握群众提供借鉴。

中国传统人与自然关系的思想带有严重的迷信色彩，专制色彩，党认真分析，抛弃其中的错误部分。中国传统关于人与自然关系的思想虽然在理论层面宣传自然的可知性，但是在实践层面又时时处处表现为不可知。比如，在儒家思想里，把帝王看成“天”的代表，如果帝王的言行顺应天道，则会降下祥瑞，风调雨顺，否则，则会降下灾难。但是，帝王如何顺应天意，要么靠自己的好恶，要么靠迷信占卜。正因为如此，人类对自然界的认识非常缓慢，甚至在程朱理学盛行的清代，严格控制人们发展科学技术并提高认识自然界的能力。与此同时，这种思想越来越成为维护封建统治的工具。在儒家思想里，顺应天道被解释为“三纲五常”，有利于维护皇权，越来越强调天的决定作用，人民越无能为力。在佛教思想，众生轮回被解释为只有安于现状，多行善事，来生才能得到好报。可见，中国传统关于人与自然关系的思想虽然在客观上有一定的生态体现，但是在本质上始终不能超越当时的时代，最终沦为为统治阶级服务的工具。在今天，社会生产力有了较大的发展，在马克思主义指导下，党破除了迷信思想，破除了阶级的对立和不平等，我们也必须将中国传统人与自然关系思想中的迷信成分和专制成分抛弃掉，使之成为真正有益于社会主义发展的绿色发展理念的重要组成部分。

中国传统人与自然关系思想形成于生产力落后的古代社会，因此在路径研究上非常匮乏，甚至带有严重的封建迷信色彩。首先，是关于“天”的认识存在很大局限性，把所有的人类不能认知的事物发生发展的原因统一归为“天”。虽然认为人类可以顺应天意，但是却没有太多的相关实践活动，因此实际上又滑入了“不可知论”，认为“天”是不可知的，同时“天”又是全能的，完美的，善良的，是确定了自然和社会发展秩序的神。其次，关于如何顺应“天道”，中国古代学者也没有太多的讨论，主要局限于“道德”上的顺应。最主要的是遵守统治阶级制定的社会秩序准则，还有要在人与人关系中追求善。虽然古代有人提出了“涸泽而渔”的警告，但是并没有上升到整个生态资源方面考虑，当时人尤其不会认为人可以最终把握自然发展规律，并掌握自己发展的命运。古人讲“顺应天道”，在本质上仍然体现出当时人不能掌握自己的命运，只能认命的服从“天”的命运安排。虽然，古人也提出从整体上看待人与自然关系问题，但是在实践中仍然片面看问题，陷入头疼医头，脚疼医脚的境地，比如，当发生各种自然灾害时，帝王会下罪己诏，但是并不会在平时的执政中过多关注民生。在发生各种灾害时，民众会自发的求助神灵，但是对各种各样的水利建设却无力实施。

中国传统人与自然关系思想在本质上仍然是唯心主义思想，认为人类在自然面前无能为力，认为人类社会的发展变化是由不可知的“天”控制的，人类只能消极的适应，而不能积极地探寻自然发生发展的内在规律。这就严重影响了人们研究自然、探索自然的积极性和主动性。同时，该思想形成的目的是为了进行阶级统治，控制民众思想，与今天的绿色发展理念截然相反。封建社会宣传“天人合一”，不过是为了宣传封建统治的合法性，要求民众绝对服从，甘于受压迫受剥削，把希望寄托于神或者来世。越到封建社会后期，这种表现就越明显，比如张载关于孝的论述，他说：“乾称父，坤称母；予兹藐焉，乃混然中处。故天地之塞，吾其体；天地之帅，吾其性。民，吾同胞；物，吾与也。大君者，吾父母宗子；其大臣，宗子之家相也……违曰悖德，害仁曰贼，济恶者不才，其践形，惟肖者也。”① 张载甚至认为父母要杀自己，就要像申生（春秋时晋国太子，遭继母陷害被父亲处死）那样，顺从的接受而不逃避，千方百计让父母喜欢，而不应该怨恨父母。

中国共产党以马克思主义为指导，马克思主义者注重历史的传承，注重从历史的发展中总结经验和教学，这决定了面对当今愈演愈烈的环境问题，党必然要关注中国传统文化中的人与自然关系思想并从中汲取历经数千年流传而不衰的智慧。马克思主义者又是与时俱进的，尤其是抛弃了封建迷信，砸碎了阶级统治，以人民群众的利益为根本考量，这就决定了党必然对传统文化中的人与自然关系思想进行分析甄辨，果断抛弃其中不符合时代潮流、不利于社会主义发展、不利于绿色发展的错误内容。

---

① （宋）张载：《西铭》，《张子全书》，西北大学出版社 2015 年版。

第三节　理论与实践：绿色发展理念在中国特色社会主义建设实践中形成发展

绿色发展理念是马克思主义与中国社会主义建设实际相结合的理论创新。首先，马克思主义具有与时俱进的品质，它本身就要求不断发展完善。其次，实践是检验真理的唯一标准，马克思主义只有与中国丰富的、具体的社会实践相结合，才能与时俱进，不断创新发展。

一、理论与实践的辩证统一规律

理论是指人们对自然、社会现象，按照已知的知识或者认知，经由一般化与演绎推理等方法，进行合乎逻辑的推理性总结。首先，它以概念的逻辑体系的形式为人们提供历史的发展着的世界图景，从而规范人们对世界的自我理解和相互理解。其次，它以思维逻辑和概念框架的形式为人们提供历史的发展着的思维方式，从而规范人们如何去把握、描述和解释世界。最后，它以理论所具有的普遍性、规律性和理想性为人们提供历史的发展着的价值观念，从而规范人们的思想与行为。理论的三重内涵表明：理论不仅是解释性的，而且是规范性的；理论不仅是实践性的，而且是超实践性的。①

实践是人类能动地改造和探索现实世界一切客观物质的社会性活动。实践具有主观能动性、物质性、直接现实性等特点。首先，实践不能脱离思维和认识独立存在。其次，实践是世界和万物的创造者。不仅我们生活的物质世界是实践创造的，人类的思想意识也是由实践创造的。最后，实践具有社会性，人是实践的主体。这表明，实践具有决定

① 孙正聿：《理论及其与实践的辩证关系》，《光明日报》2009 年 11 月 24 日。

性，既受理论指导，更规定着理论的发展方向，而且，只有人类才能参与实践，发展实践。

第一，理论源于实践。实践是人类社会最早的活动，任何的理论都是在社会发展实践中形成和发展的，人类不可能凭空创造出一套理论，当然，由于社会发展阶段的制约，有的理论能够较好地反映实践的过程则被传承发展，有的理论会错误的反映实践则必然会被抛弃。错误的理论有时来源于错误的实践，有时则是因为人类对实践的认识总结有缺陷或者不彻底。孔子就说："盖有不知而作之者，我无是也。多闻，择其善者而从之，多见而识之，知之次也。"① 毛泽东在《实践论》中也说："在没有阶级的社会中，每个人以社会一员的资格，同其他社会成员协力，结成一定的生产关系，从事生产活动，以解决人类物质生活问题。在各种阶级的社会中，各阶级的社会成员，则又以各种不同的方式，结成一定的生产关系，从事生产活动，以解决人类物质生活问题。这是人的认识发展的基本来源。"②

第二，理论是对实践经验的概况与总结。理论之所以有逻辑，可操作，就是因为它对丰富多彩的社会实践进行了深刻总结。正如马克思恩格斯对人类阶级社会的发展实践进行总结，并得出阶级斗争是阶级社会发展的直接动力。并不是说任何实践都可以转化为理论，也不是任何时候都可以转化为理论，这个过程需要人的主观能动性地充分发挥，对实践过程、结果及经验进行总结和概括。这个过程，毛泽东将其总结为"运用概念以作判断和推理"③ 的阶段。同时，在不同的社会形态，由于生产力、生产关系、意识形态等条件的限制，即便人们运用相同的概念，对社会实践也会出现不同的认知。在阶级社会，执政者推进经济社

① 《论语·述而》，上海古籍出版社 2010 年版。

② 《毛泽东选集》第一卷，人民出版社 1991 年版，第 283 页。

③ 《毛泽东选集》第一卷，人民出版社 1991 年版，第 285 页。

会发展的政策从根本上是为了维护其阶级统治，而在社会主义社会，执政者执政的目的则是为了满足人民群众的各类各层次需要。

第三，理论具有指导实践，批判实践的作用，即“理论对现实的超越”①。理论之所以重要，就是因为它可以能动的改造世界。反过来，人类之所以要在实践中形成理论也是出于改造客观世界的目的。马克思在《〈黑格尔法哲学批判〉导言》中说：“批判的武器当然不能代替武器的批判，物质力量只能用物质力量来摧毁，但是理论一经掌握群众，也会变成物质力量，理论只要说服人，就能掌握群众；而理论只要彻底，就能说服人。所谓彻底，就是抓住事物的根本。”② 列宁在《怎么办》中说：“没有革命的理论，就不会有革命的运动。”③ 毛泽东也说：“马克思主义看重理论，正是，也仅仅是，因为它能够指导行动。如果有了正确的理论，只是把它空谈一阵，束之高阁，并不实行，那末，这种理论再好也是没有意义的。”④ 理论之所以能够指导实践，可以从以下几个方面进行分析：首先，理论是人类认识史的沉积，具有“向上兼容性”；其次，理论具有“时代的容涵性”，即理论是“思想中的时代”；最后，理论具有“概念的体系性”。⑤ 正因为如此，人类尤其是伟大的人物都注重对理论的学习与把握。

由上述可见，理论必须与实践相适应。理论与实践并不是一对一的单一对应关系。相对于某种理论来说，一种理论可以指导多个实践，可以指导多个地区，多个领域的具有相似性质的实践活动。相对于某一种实践来说，一种实践必然要牵扯多种理论，或者由此形成各种理论，或

① 孙正聿：《理论及其与实践的辩证关系》，《光明日报》2009 年 11 月 24 日。

② 《马克思恩格斯选集》第一卷，人民出版社 1995 年版，第 9—10 页。

③ 《列宁选集》第一卷，人民出版社 2012 年版，第 311 页。

④ 《毛泽东选集》第一卷，人民出版社 1991 年版，第 292 页。

⑤ 孙正聿：《理论及其与实践的辩证关系》，《光明日报》2009 年 11 月 24 日。

者必须由多种理论形成合力参与指导。但是这并不是说任何一种理论与任何一种实践都有联系。能够指导实践的必然是与之有着较大关联的理论。正如毛泽东要在中国传统文化中找寻救国救民的理论是相似的道理。如果二者脱节，必然会造成各种社会问题甚至造成社会实践失败。正如洋务运动以“中体西用”为指导思想最终失败一样。同时，人们也必须创造性地发现理论与实践的联系，而不能坐等以致造成机会丧失。正如马克思主义理论，它以西欧的理论和社会发展实践总结而成，但是它也反映了人类社会最基本的规律、方向，因此也必然具有指导其他地区革命与建设的特质。理论需要在新的实践中丰富发展，最终形成“理论—实践—理论”的无限循环，不断发展的进程。人类还必须正确评价理论的社会功能，如果夸大其社会功能，认为其可以指导任何社会实践，必然会遭到失败，进而造成理论信誉扫地。如果贬低理论的社会功能，把其看作纯“务虚”的，甚至虚幻的东西，也会加剧人类发展实践中的阵痛。理论与实践都具有与时俱进的品质，人们只有与时俱进地推进实践才能形成与时俱进的理论，才能不断把握自然与社会发展的规律，才能真正掌握自己的命运。只有主动的推进理论发展，才能真正实现理论掌握群众。毛泽东说：“实践、认识、再实践、再认识，这种形式，循环往复以至无穷，而实践和认识之每一循环的内容，都比较地进到了高一级的程度。这就是辩证唯物论的全部认识论，这就是辩证唯物论的知行统一观。”① 正如在马克思主义中国化的进程中，一方面，马克思主义揭示了人类社会的发展规律，因此其必然也能对中国社会起到指导作用；另一方面，又由于中国有着特殊的情况，马克思主义只有与中国实际相结合才能成为指导中国革命与建设的真理性理论，而且在中国的发展实践中不断发展完善。

① 《毛泽东选集》第一卷，人民出版社 1991 年版，第 296—297 页。

在封建社会，统治阶级创造的所有理论都是为了维护地主阶级的封建统治，在资本主义社会的主要理论也都是为了维护资产阶级的统治，这就是社会实践的决定作用。在中国的社会主义制度下，虽然社会生产力尚未发展到较高水平，但是有了马克思主义先进理论的指导，因此社会发展已经不再是为统治阶级服务的，而是为了满足人民群众日益增长的物质文化需要。在中国特色社会主义新时代，又发展为满足人民群众日益增长的美好生活需要。

中国共产党以马克思主义为指导，准确地分析了理论与实践的关系，开拓中国特色社会主义新时代。

中国共产党正确认识了人类积淀的理论知识的重要性，并以主观能动性对各种理论知识进行深刻分析。随着中国封建社会日益走向没落，中国封建社会的理论越来越不能指导中国的发展，中国先进知识分子进行了艰苦的探索创新。有的依然坚持封建思想而故步自封，有的则逐渐形成向西方学习救国救民的新理论新思想。从洋务运动到维新变法，到辛亥革命，再到新民主主义革命，只有中国共产党找到了指导中国革命取得胜利的正确理论。与此同时，中国共产党还在革命实践中不断丰富和发展理论。在中国共产党成立以前，中国先进人士认识到西方思想理论相对于中国封建文化的先进性，但是他们并没有积极判断西方思想能否与中国实际相结合，尤其是他们没有在中国经济社会发展实践中完善甚至创新理论的意识与自觉，只是将西方的某些思想理论僵化的拿到中国。

中国共产党在理论与实践的辩证统一中推动中国革命与建设走向胜利。在新民主主义革命中，中国共产党将马克思主义与中国实际相结合，创立了毛泽东思想。毛泽东思想是在中国革命实践中逐步形成、发展和成熟的，同时又指引中国革命取得胜利。在社会主义建设进程中，中国共产党将马克思主义与中国实际第二次结合。不但毛泽东思想得到进一步丰富和发展，而且从实践中创立了邓小平理论，“三个代表”重要思想，科学发展观以及习近平新时代中国特色社会主义思想。他们在中国特色社会主义建设实践中形成，同时也推进中国特色社会主义建设取得更大成就。中国共产党在理论与实践的统一中不断摒除失误甚至错误，把握社会发展规律逐渐形成对中国特色社会主义建设具有长期指导主义的新理论、新思想。

二、绿色发展理念在中国特色社会主义建设实践中形成

第一，绿色发展理念源于丰富的社会实践，并随着社会实践的飞跃而完成绿色转型。

在前工业时代，就出现了一定的环境保护思想，这些思想与落后的社会生产力相联系，也因此体现出理论本身的萌芽和不成熟等特征。首先，由于社会生产力落后，人类的知识水平有限就决定了当时只能是少数人先进人士形成环境保护思想，而不能成为当时社会的共识。在当时社会，受教育只是少数人的权利，而其中能够洞察自然环境问题的更是少之又少。其次，当时的环境治理主要目的是对抗恶劣的自然条件。中国古代特别重视水利建设，很大程度上就是为了治理河流泛滥造成的生命财产损失，以及对农业生产的影响，比如举世闻名的都江堰，还有其他的开拓河道的工程，都属于这种情况。中国共产党在局部执政时期，也曾经着力治理黄土高原的沙化问题。新中国成立后，毛泽东还亲自发起了淮河治理运动。这些治理措施都极大地提高了人类征服自然的能力，不但有利于创造更加丰富的物质财富，也推进人类思想文化的发展。最后，阶级社会的环境治理思想必须服务于当时的阶级统治。在阶级社会，主要的社会矛盾是阶级矛盾，维护统治地位是统治阶级的主要任务，而环境治理则是其维护自身统治地位的重要工具。在前工业时代，虽然环境治理已经被少数先进分子意识到必要性和紧迫性，但是由于主要矛盾和主要任务的限制，不可能将其放在特别重要的位置，更不

可能形成以环境治理推进社会可持续发展的思想。

进入社会主义工业化建设时期，由于社会实践活动发生了质的飞跃，党关于环境治理的思想也发生飞跃并逐渐形成总揽全局的绿色发展理念。首先是社会实践的剧变带动发展理念的剧变，在前工业时代，由于人类改造、征服自然的能力、手段有限，因此数千年以来人类的发展模式并没有太大改变。但是，近现代工业生产极大地改变了世界。尤其是在中国，用几十年的时间走完了资本主义国家两三百年的发展历程。不但社会财富呈几何数级增加，而且对自然资源的掠夺式开发，对环境的污染已经大大超过了自然环境的自我净化能力。因此，生态环境呈现危机之势，社会发展呈现不可持续的趋势。再加之先行步入环境危机的发达国家的环境治理经验教训，中国共产党关于环境问题和发展问题的思考比较及时、比较全面、比较深入。尚在“文化大革命”时期，就有先进人士思考环境污染问题，毛泽东、周恩来、邓小平等都在其间发表了许多重要言论。改革开放以来，党在工业建设中关注污染源的治理，以及合理的开发利用等重要问题。时至 21 世纪，中国社会生产力已经得到较大发展，但是发展不充分不平衡的矛盾依然突出，社会主要矛盾逐渐转变为人民群众日益增长的美好生活需要与社会发展不平衡不充分之间的矛盾，为了实现发展的平衡与充分，为了满足人民群众日益增长的美好生活需要，新发展理念应运而生，而绿色发展理念是其中不可缺少的重要一环。

综上所述，没有中国人数千年的社会实践的发展就不会有绿色发展理念的形成发展成熟。绿色发展理念是对当前中国发展状况，发展经验教训，发展前途，发展路径的概括和总结，它是对人类社会发展进程中新认识的概括和总结，是反映社会发展进程和发展规律的理论创新成果。

第二，绿色发展理念是对社会发展状态的反思，能够指引社会生产力的可持续发展。绿色发展理念作为反映社会发展规律的认识的概括和总结，必然具有指导社会发展的作用。在前工业时代，关于环境治理的思想与行动，提高了人类抵御自然灾害的能力，提高了社会生产力与物质财富数量，满足了人民群众的物质需要，维护了社会稳定，总体上促进了社会发展。在大工业时代，中国共产党关于环境治理与经济发展关系的辩证认识逐渐发展完善，虽然由于社会发展阶段的限制，中国未能幸免于环境污染，但是这些理论仍然指导了新中国成立以来尤其是改革开放以来的社会发展并取得重大成就。首先是在于工业建设布局，工业企业尽量靠近环境容纳度更高的城市和区域，比如大江大河或者沿海地区，这些地区的环境对污染的容纳度更高。从社会发展的现实来看，学者对该问题也有相关研究，于振汉在 1979 年就撰文指出工业布局要正确处理分散与集中的关系，尽量做到均衡分布，要考虑地形、气象条件对形成工业污染的影响。① 这些思想也反映在我国的法律法规上。比如，核安全法就对核电厂的选址有严格的要求，不但要人口密度低，而且要有充足的限制区，以保证当地环境对核污染的容纳度。其次，利用新技术，既提高资源利用效率，又降低污染排放。改革开放初期，邓小平就提出了“科学技术是第一生产力”的思想，推动了中国人民引进研发先进技术的热情，使我国在某些行业的资源利用率上，以及污染源排放上取得较为明显的成效。最后，颁行法律法规。改革开放以来邓小平首先推动了中国当代的法治建设，再加上江泽民、胡锦涛、习近平等历代领导人的重视，中国基本形成了全面的完善的中国特色社会主义法律法规体现，不但规定了较为详细的法律法规条文，而且严格执法，违法必究，推动了环境保护进程。

将改革开放以来中国的环境保护治理情况与二战后发达国家的环境

① 于振汉：《工业布局与环境保护》，《环境保护》1979 年第 1 期。

情况对比，明显可见中国的环境治理工作与环境情况都好于当时的发达国家。这些都支撑了中国经济社会进一步发展的空间。

进入新时代，中国共产党提出绿色发展理念，吹响了全国推进环境治理，实现可持续发展的号角。在绿色发展理念的指引下，中国的发展实践出现了新气象和新前景。首先是环境治理大刀阔斧，不仅要以财政税收手段引导企业转型，更要以严格的法律法规倒逼企业、社会以及群众的思想彻底转型。比如一次性用品的有偿使用倒逼民众养成环境保护的自觉，2017—2018 年采暖季，济南市打响应对雾霾的关键战役，其间重污染企业停工停建，也是要倒逼工业由低端向高端转型。其次，更加关注污染对人们身体健康的影响。既有食品对民众健康的影响，又有空气水体等的污染对人体健康的影响。早在 2003 年，常桂秋等人就研究北京大气污染，指出：SO_2、NO_2 和 PM_{10} 的浓度每提高 100 $\mu g/m^3$，儿科门急诊上呼吸道疾病的就诊人数分别增加 1.17%、1.86%、1.04%，肺炎就诊人数分别增加 1.41%、13.34%、7.67%，气管炎就诊人数分别增加 8.51%、11.08%、7.04%。① 此后，随着雾霾现象的常态化，这种影响就越来越明显地表现出来。最后，将中国的环境治理与全球环境治理结合起来。揭示了中国的绿色发展既有利于中国经济社会的可持续发展，也能够为世界可持续发展提供中国方案、中国经验和中国智慧。绿色发展理念不同于单纯的环境治理，它将环境治理与经济社会发展紧密结合起来，更能够推动一揽子解决方案的决策实行。绿色发展理念有利于推进形成更完备的法治体系，依法治国是党治国理政的基本方略，绿色发展理念提出后，我们在立法、执法等方面更加严格，不断掀起环保风暴。比如 2017 年山东实施处罚环境违法案件 44917 件，罚款 14.8 亿

① 常桂秋等：《北京市大气污染与儿科门急诊人次关系的研究》，《中国校医》2003 年第 4 期。

元，居全国首位。也因此当年山东 $PM_{2.5}$ 平均浓度低于周边省份。[①] 绿色发展理念，更加重视群众的监督作用。绿色发展理念是为民生幸福而提出的发展观，必然要求发挥人民群众的主体作用，其中最直接的是重视群众的监督作用。比如现在各省市都设有专门接受群众举报环境违法的电话。污染比较严重的河北省邯郸市还于 2017 年 11 月出台《关于加强环境保护群众监督工作办法》，规定给予举报人最高 2000 元奖励。另外，党和政府还致力于建设绿色文化，培育人民支持环境保护的自觉性。这些方案着眼于经济发展的根本目的，解决人民群众的迫切要求，自然也促进了经济社会发展。

第四节　共性与个性：绿色发展理念是满足中国人民需要的中国化发展观

绿色发展理念是在中国特色社会主义建设实践中提出的，它既蕴含着人类不同国家和地区发展观的共性规律，又体现了鲜明的中国主张与民族特色，具有满足中国人民需要的品质，与资本主义国家的绿色发展、环境治理等主张截然不同。

一、人类社会发展的基本目的是为了满足人民需要

马克思主义揭示了社会生产与人类需要之间的关系，即：社会生产必须适应人类需要的规律。主要包含了以下几方面内容。

第一，满足人的需要是人类历史发展的重要前提。人类社会发生发

① 《山东去年查处环境违法案件 44917 件罚款 14.8 亿元》，央广网，2018 年 2 月 8 日，http://news.cnr.cn/native/city/20180208/t20180208_524129326.shtml。

展的关键是人能够形成改造世界的能力，这里就需要满足人形成这种能力的各种条件与基础，而其中的物质需要是最基本和最主要的。马克思指出："人们为了能够'创造历史'，必须能够生活。但是为了生活，首先就需要吃喝住穿以及其他一些东西。因此第一个历史活动就是生产满足这些需要的资料，即生产物质生活本身。"① 恩格斯也赞同，认为："人们必须首先吃、喝、住、穿，然后才能从事政治、科学、艺术、宗教等等。"② 由此可见，即便在阶级社会，统治阶级也必须满足人民群众的基本生存需要，进而才能有利于维护其阶级统治。

第二，人的需要层次是不断提升和扩展的，这就决定了社会发展的永续性。社会的发展会引发新的需要，进而推进经济社会的新发展。马克思说："已经得到满足的第一个需要本身、满足需要的活动和已经获得的为满足需要而用的工具又引起新的需要，而这种新的需要的产生是第一个历史活动。"③ 马克思在这里强调人类需要是不断上升的，当第一层次的需要得到满足后，就会出现超越当时社会生产力水平的新需要，这种新需要就会要求并促进社会生产力进一步发展。这种矛盾循环往复将推动人类社会永续前发展。

第三，满足人类的各种需要是人类社会生产的目的，而生产是其中的工具、方式或者手段。虽然在一个长期的历史演变中，需要与生产是相互促进的，但是从一个需要端的视角来看，正是人类民生需要的提升才决定了发展生产力的积极性和主动性，而人类推进生产实践目的就是不断满足自身日益增长的物质文化需要。产品只有在人的需要中才能实现其使用价值，才能证明生产的必要性，商品的价值总是要通过使用价值体现出来，相反没有使用价值的产品不会被有意识的生产出来。因

① 《马克思恩格斯选集》第一卷，人民出版社 1995 年版，第 79 页。

② 《马克思恩格斯选集》第三卷，人民出版社 1995 年版，第 776 页。

③ 《马克思恩格斯选集》第一卷，人民出版社 1995 年版，第 79 页。

此，消费的需要可以创造出新的社会生产。同时，生产内容决定着现实消费的内容，并促进消费完成，进行完成一个闭合的循环。但是，人的需要更具有决定意义，正所谓“没有生产，就没有消费；但是，没有消费，也就没有生产，因为如果没有消费，生产就没有目的”①，而且从自然与人类社会发展的进程来看，各种生物的需要是远远早于人类出现的，因此人的需要是高于生产的第一位的决定性力量。

第四，马克思主义揭示人类社会的发展规律，也体现了对人类需要的关注和满足。根据马克思主义基本理论，人类社会必将会发展进入社会主义共产主义社会。共产主义社会最基本的特点就是社会生产力高度发达，物质财富极大丰富，这就体现了逐渐满足人民群众的物质需要的价值取向。马克思主义是最终实现人的全面发展的理论，而实现人的全面发展，就需要满足人全面发展过程中的各类各层次需要，既包括以物质需要为重要内容的生理需要，又包括精神的、生态的、安全的、健康的、政治的、社会的等各个方面的心理需要，当然这些需要都必须在社会发展和生产当中逐渐创造。许庆朴旗帜鲜明地将马克思恩格斯所定义的共产主义社会解释为“人本共产主义”，认为马克思恩格斯其一生都在探讨如何实现人类的自由和解放，认为“共产主义是以实现每一个个人的全面自由的发展为目的的”，认为马克思恩格斯“研究哲学，政治经济学，社会主义学说，其落脚点在于人本共产主义何以可能和怎样实现”。② 从许庆朴的论述中，明显看出，人类社会发展的终极目标以及每一步都要客观或者主观的满足人民群众的各种民生需要。在阶级社会是客观满足，在社会主义共产主义社会是主观满足，而满足人民需要的方式就是发展，是可持续发展。

---

① 《马克思恩格斯选集》第二卷，人民出版社 1995 年版，第 9 页。

② 许庆朴:《马克思主义中国化新绎》，中国社会科学出版社 2015 年版，第 57—58 页。

二、阶级社会的发展观与群众观

如前所述，任何社会都是在不断满足人的各种需要中发展的。在阶级社会，要从统治阶级与人民群众的两个角度进行分析。

第一，人民群众的需要与生产力是统一的。人类的需要主要反映在人民群众的需要，而统治阶级只是人类中的一小部分，他们的需要是异化的。历史是人民群众创造的，社会生产与社会发展也是人民群众参与的，人民群众创造并满足自身需要当然就是代表了整个人类的满足。在社会生产力非常落后的奴隶社会与封建社会，人民群众的需要主要在于物质层面，因此不管是青铜工具的使用，还是铁质工具的使用，都是为了增加社会财富。到了资本主义社会，尤其是发达资本主义国家，人类的基本物质需要得到解决，人民群众从繁重的物质生产劳动中逐渐解放出来，越来越多的人从事精神财富、生命健康等领域的生产创造，逐渐满足了人民群众日益丰富多彩的需要。

第二，统治阶级的需要与社会生产相异，与人民群众的需要相异，进而至会造成消费异化等异化现象。统治阶级的需要远远高于当时的社会生产力水平。由于统治阶级占有生产资料，并拥有分配财富的权力，因此其需要在物质和精神层面远远高于普通人民群众。比如在封建社会，很多民众没有解决温饱问题的情况下，统治阶级已经开始追求生活质量的提升，不但能够做到物质生活上锦衣玉食，还能满足自己对文化、政治的需要。另外，统治阶级最大的需要是要维护其统治地位，其推动社会生产以满足人民群众部分需要是其维护社会稳定，维护阶级统治的重要工具。比如，中国古代每个封建王朝建立初期，统治者一般会分土地，轻徭薄赋，正是这个方面的体现。统治阶级的超前物质文化需要还会造成消费与需要异化的后果，对社会发展造成不可估量的负面影响。不管是在奴隶社会、封建社会，还是到了资本主义社会。统治阶级的奢侈生活都会给人以仿效，进而形成社会的奢侈之风。对于有消费能力的人群来说，逐渐抛弃艰苦朴素的优良传统，以奢侈消费为荣，甚至不利于其自身的长远发展，比如出现乐享其成、奢侈败家、精神沉沦等现象。对于消费能力不足的普通人民群众，也会造成羡慕奢侈消费的思想，甚至会引诱人走上违法犯罪的道路。另外，统治阶级还会有意识的提升人民群众的消费意愿，即提升民众的不必要的需要造成消费异化或者需要异化。这种情况在发达资本主义国家表现得非常明显。在资本主义制度建立以前，人民群众难以解决温饱问题，因此有意识地引导民众异化消费的图谋很难实现。资本主义大工业生产创造了大量的社会财富，人民群众拥有了一定的可自由支配的财产，为统治阶级引导民众异化消费创造了条件。首先是统治阶级创新了各种各样的支付方式，这当然有利于商品交换而促进社会发展，同时也不可否认便捷的支付方式方便了民众尽快将手中的财富消费掉，变成资本家的利润，比如，资产阶级创造性的创新了信用支付、网络支付、手机支付、分期付款等支付方式，将人民群众的少量可支配财产甚至未来可预期的可支配财产源源不断的抽取到自己手中。其次，资产阶级还有意识地引导人民群众形成高消费的理念与行为，将奢侈消费与身份地位相联系。比如在广告中关于奢侈品的宣传越来越多，将奢侈品与一个人的品位、地位、魅力等抽象的东西相联系，以外在美代替内在美。比如企业在设计产品时，加入人们不常用或者无法使用的概念功能，而对物美价廉适合民众需要的高品质产品的生产则有减少的趋势。以某些生活家电为例，总是会有一些人们基本用不到的功能用于提升其售价。比如，手机在配置性能够用的情况下仍然会提高其 CPU 性能和内存以提高其售价。再次资产阶级还会利用技术手段或者故意制造劣质产品引导人们不得不多次消费或者重复消费。以电灯泡制造技术为例，美国加州利佛摩尔市消防队第 6 分局的一枚 4 瓦的小灯泡自 1901 年起点亮之后，迄今已连续使用了 120 年，并且依然能够正常发光，其间，它只熄灭过 22 分钟。这说明从技术手段上制造高性价比的灯泡已经没有障碍，但是在现实生活中经常买到质量不过关的劣质产品。这种重复消费有利于资产阶级赚取更多的利润。

在阶级社会，由于统治阶级与人民群众的对立，整个社会的需要与生产的关系不能良性循环。统治阶级有意识地引导形成消费异化的现象，进而也会导致社会生产的异化，最终不利于人类社会的稳定有序发展。

三、资本主义社会发展观与群众观的异化

资本主义制度是阶级制度的最高形式，而且在今天仍然具有一定的促进生产力发展的生命力。为了维护资本主义制度，资产阶级的发展观与群众观相较于奴隶社会、封建社会的发展观与群众观，具有更鲜明的异化特质并在环境治理方面表现鲜明。

由于资产阶级的贪婪，以及为了维护其统治地位，有意识地引导了异化的消费、需要以及生产。这种异化很快传导到生态环境领域，对国家社会造成严重的负面影响。资本主义制度下，尤其是在发达资本主义国家，大工业造成的生态破坏越来越严重，日益影响着人民的生命健康，甚至影响到社会的可持续发展。在这种情况下，人们对美好环境的生态需要日益显现出来并成为人民群众诸需要中非常重要的内容，进而对社会发展模式、发展速度、发展目的提出越来越多的质疑和挑战。但是，资产阶级为了维护其统治地位，并满足资本暴力增殖的需要，其不但不能够正确解决环境保护问题而且造成人们对生态需要的异化。

第一，资产阶级掩盖了生态破坏的根本原因，误导民众关注一些次要原因甚至表面现象。马克思恩格斯很早就论证了资本的暴力增殖属性。马克思说："资本来到世间，从头到脚，每个毛孔都滴着血和肮脏的东西。"①"资本害怕没有利润或利润太少，就像自然界害怕真空一

① 《马克思恩格斯文集》第五卷，人民出版社 2009 年版，第 871 页。

样。一旦有适当的利润，资本就胆大起来。如果有10%的利润，它就保证到处被使用；有20%的利润，它就活跃起来；有50%的利润，它就铤而走险；为了100%的利润，它就敢践踏一切人间法律；有300%的利润，它就敢犯任何罪行，甚至冒绞首的危险。如果动乱和纷争能带来利润，它就会鼓励动乱和纷争。走私和贩卖奴隶就是证明。”① 由上述可见资本的品性：为了实现增殖，可以做任何事情，为了实现暴力增殖，可以违法犯罪，甚至发动战争。因为资本本身即为一种生产关系，是一种高于人的意识的事物，资本本身是不会考虑人类社会可持续发展问题的。为了不断扩大工业生产，资本造成人类过多的掠夺自然资源，而不会考虑资源的利用率及排放问题，进而造成工业污染越来越严重。当人们开始反思环境问题时，资本家又在人们不了解资本本质的情况下使民众将环境污染的责任僵化地归咎于工业发展和生活垃圾的无序排放等直接原因、次要原因或者表面原因。为了治理环境，就必须采用先进的生产技术，提高资源利用率并降低排放数量，还必须限制生活排放。这些都导致环境治理成本转嫁到人民群众身上。由于不能节制资本，更不能削弱资本，自然就不能促进环境污染形势根本好转。

第二，发达资本主义国家的生态治理一定程度上造成工业污染的全球化加剧。发达国家民众的生态需要是客观存在的，而且得到其国家各级政府的积极应对。短时间，各种环保政策、法律法规纷纷出台，进而引导了发达资本主义国家环境污染问题的基本好转。但是，发达国家民众的生态需要满足是不可持续的，甚至殃及全球生态环境。首先，他们追求本国的环境污染治理和好转，却不愿意为环境保护付出高昂的成本和代价。发达资本主义国家将高能耗高排放的低端产业转移到发展中国家和地区，虽然有利于其国内环境好转，但是发展中国家和地区的生态

① 《马克思恩格斯文集》第五卷，人民出版社2009年版，第871页。

环境却因此加剧恶化。因为发展中国家和地区对发达国家资本的议价能力很低，资本在当地对环境的破坏更加肆无忌惮。同时，发达国家民众也不愿意为了环境保护而在实际上改变其高能耗的生活方式。自发达国家展开环境治理以来，美欧等发达资本主义国家的人均资源消耗不但没有降低反而在不断提升。1990 年，美国人均生活能源消耗 10.94 吨标准煤，为世界平均水平的 5 倍多，2000 年进一步增加到 11.50 吨标准煤，[①] 美国人在日常生活中的浪费现象严重是世界有名的。其中非常重要的原因是高能耗高排放产业转移到发展中国家和地区，发展中国家和地区工人的低工资进一步引发商品价格下行，并进一步导致发达资本主义国家民众更严重的异化消费。其次，发达国家将本国的环境治理与全球的环境治理割裂开来，片面地推进本国的环境治理。地球是一个大的整体的生态系统，任何一个地区的环境破坏都会影响到全球的生态环境，只有时间和破坏程度的区分。发达资本主义国家的环境自 20 世纪 80 年代开始基本好转，但是资本的暴力增殖属性却造成发展中国家和地区的环境急剧恶化，其恶化程度和恶化速度远远高于工业革命以来发达国家的环境污染发展速度。时至今日，环境问题已经是全球性的重大问题，迫切需要全球合作推进全球环境治理，但是发达国家却由以环境治理为借口，试图维护自身的发展霸权，而限制其他国家尤其是发展中国家和地区的发展权利。

第三，发达资本主义国家的发展转型的本质不是为了满足人民群众的生态需要，而是为了满足其本国资本的增殖及资产阶级的贪婪需要。如前所述，发达国家为治理环境进行了艰苦的发展转型，从其国内来看，其转型应该算是成功的，不但生态环境得到基本治理，而且经济也

① 《世界主要国家人均能源消耗量》，北极星电力网，2014 年 10 月 30 日，http://news.bjx.com.cn/html/20141030/559169.shtml。

在持续发展，但是由于其本身不是为了满足民众的生态需要，因此不可能从根本上解决生态问题。环境污染的危机必然会影响到资产阶级攫取剩余价值的持续性，会影响到资本增殖的永续性，进而才促使资本在维护自身增殖的前提下支持人类的环境治理。

四、绿色发展理念是以可持续发展满足人民需要的中国方案

中国共产党以马克思主义为指导，以实现人的全面发展为基本目标，因此党在治国理政的过程中，主动推进社会发展，以满足人民群众在不同时期不同层次的需要。在新中国成立之初，社会主要矛盾是人民群众日益增长的物质文化需要与落后的社会生产力之间的矛盾，因此全党的主要任务就是发展社会生产力，增加社会财富，满足人民群众对丰富的物质文化生活的需要。在新时代，社会主要矛盾已经转变为人民群众日益增长的美好生活的需要和不平衡不充分的发展之间的矛盾，其中美好环境、食品健康，生活品质等方面需要的进一步提升等都属于美好生活的范畴，因此就要求党贯彻绿色发展理念推进绿色发展，不断满足人民群众的多层次乃至高层次需要。

第一，绿色发展理念是以经济建设为中心，并促进环境治理的新型发展观，能够推进社会的可持续发展并满足人民群众的各类各层次需要。中国发展程度已经度过了不发达阶段，但是发展不平衡不充分的情况非常突出，不但与发达国家差距较大，与一些中等发达国家也有距离。虽然中国制造业产值在全球遥遥领先，但是高端制造业占比低，中低端制造业占比高的情况很突出，人民群众的实际生活水平与发达国家民众差距很大，尚有很大的提升空间。这种情况要求我们坚持以经济建设为中心不动摇，维护我国中高速稳定发展的大局，不断满足人民群众提升物质生活品质的要求与期望。中国共产党十九大报告指出："全党要牢牢把握社会主义初级阶段这个基本国情，牢牢立足社会主义初级阶

段这个最大实际，牢牢坚持党的基本路线这个党和国家的生命线、人民的幸福线，领导和团结全国各族人民，以经济建设为中心，坚持四项基本原则，坚持改革开放，自力更生，艰苦创业，为把我国建设成为富强民主文明和谐美丽的社会主义现代化强国而奋斗。”① 同时，随着社会生产力的发展，以及对自然资源的索取甚至破坏，人民群众又提出了许多新的、紧迫的民生需要，即生态需要以及与之相联系的健康需要、安全需要等，这就要求在经济建设的进程中关注环境保护，治理环境污染，满足人民群众对美好环境的需要。

第二，绿色发展理念反映中国发展中的新问题，新形势，并体现了中国新时代发展理念转型的新特色与新办法。中国当下面临的发展问题、环境问题与发达国家曾经所面临的问题的具体情况是不同的。发达国家是在已经高度发达、高度领先并且掠夺他国财富的情况下推进环境治理的，中国则是在发展不平衡不充分，而且与发达国家存在较大差距，遭受发达国家严重掠夺的背景下推进环境治理。向发展中国家和地区转移高能耗高排放产业是发达国家环境治理的重要方式。但是中国与之不同，中国必须依靠科技进步，依靠在国内严格管控污染源排放逐渐形成绿色发展格局。就当下形势而言，中国面临着严峻的发展挑战和生态挑战。比如，发达国家利用技术、经济、军事、环境等手段试图遏制中国的发展。这就要求党谨慎处理环境污染问题，如果高能耗高排放企业无序关闭不但会造成严重的民生问题，而且造成制造业空心化而不利于经济社会可持续发展，不利于国际地位的稳步提升，甚至陷入中等收入陷阱。分析陷入中等收入陷阱的国家和地区，他们的特点很明显，即：技术升级停滞导致产业向高端发展乏力，生产成本上升进而丢掉了

---

① 习近平：《决胜全面建成小康社会　夺取新时代中国特色社会主义伟大胜利——在中国共产党第十九次全国代表大会上的报告》，人民出版社 2017 年版，第 12 页。

中低端制造业阵地。这些新情况决定了中国进一步发展的形势是紧迫的和必要的，而在紧迫发展的形势下解决环境污染问题是困难的，是考验党治国理政智慧的。

绿色发展理念从指导思想上就是要实现发展，实现绿色。有利于中国在环境治理上突破创新，形成新思路和新办法。首先，学习发达国家经验将高排放产业转移到其他国家是不可行的。从国内来看，由于中国经济发展不平衡不充分，高端制造业和高端服务业占比很低，如果强行转移会造成中国产业空心化，进而造成经济下滑，最终的后果是不但不能真正解决环境问题，也不利于满足人民群众的各层次需要，甚至造成物质文化需要满足程度退步。从国际来说，中国不是资本主义国家，资本由国家机器进行行之有效地管控，能够较好地控制资本的暴力增殖属性，故中国资本向海外转移高能耗高排放产业的冲动要小得多。同时，中国已经意识到污染问题是全球问题，高能耗高排放产业转移也许能解决一时之困，但是从长远来看必将造成全世界更加严重的污染，而且会极大地提升治理成本和代价，发达国家的产业转移已经证明了这一点，中国没有必要也不会走发达国家的老路。因此，中国与发达资本主义国家不同，中国努力的方向主要是以科学技术升级提高社会生产对自然资源的利用率，减少污染源的排放数量，并积极推进受污染地区的环境治理。这其中，既要求政府利用税收、财政等手段引导企业积极发展环保产业，又需要使用法律法规等强制手段，倒逼高能耗高排放产业向低能耗、低排放方向发展。

绿色发展理念还要求重视绿色文化的培育，要求形成全民的绿色发展自觉。形成绿色文化，最紧迫的是要动员全民参与到这场前所未有的环境大治理中。在发达国家的环境治理中，由于绿色文化匮乏，导致民众的资源消耗量居高不下。中国非常重视形成人民自觉的绿色意识，包括正面宣传与法律法规的反向倒逼等方式方法。进而有利于促进民众逐渐形成有节制的消费观。党特别重视有意识地培育绿色文化。比如电视上关于环境保护的公益广告越来越多，报纸杂志关于环境保护的话题越来越多。尤其是重视提升民众关于环境保护的思辨意识。保护环境的目的是为了推进社会发展，而不是为了限制经济发展，因此必须要反对部分群众的为环保而环保的片面思想。比如 2006 年厦门人民反对海沧 PX 项目落户事件，就体现出民众对绿色发展问题理解的片面僵化，以及绿色文化的缺失，因此教育群众相信科学非常重要。党特别注重引导先富起来的群体树立正确的绿色文化。先富起来的群体由于物质需要得到充分满足而对环境污染问题更加敏感，再加之他们拥有一定的话语权，很容易带动其他人形成片面的环境治理情绪。要教育先富起来的群体了解中国社会的主要矛盾，尤其是劳动人民迫切需要通过经济发展改善民生的事实，国家需要通过经济发展提高在国际上的发展权的事实，教育他们将个人利益与社会整体利益紧密结合起来。

第三，绿色发展理念是站在发展中国家和地区立场上的促进世界绿色发展的理念。发达国家的环境治理思想是站在发达国家的立场促进其本国的环境改善。当前，世界资本主义世界经济体系下，广大发展中国家和地区遭到发达国家的环境剥削，只有建立广大发展中国家和地区的统一战线，才能打破世界资本主义经济体系，实现发展中国家和地区在经济发展与环境治理两个领域共同发展。发展中国家和地区的数量、面积、人口都占世界多数，只有发展中国家和地区的环境改善了，才有全球环境治理的真正成效，才有利于全世界的可持续发展。绿色发展理念有利于推进发展中国家和地区形成反对发达国家环境剥削的有领导，有组织，有战斗力的强大力量。在构建人类命运共同体的进程中，中国推进发展中国家和地区的绿色发展在本质上就是反对发达国家对生态权的垄断，促进全世界的环境改善。

第五节　冲突与共生：绿色发展理念是发展观与生态观辩证统一的理论成果

考察人类社会发展的历史，经济发展总是以开发利用自然资源为基础，越是快速发展，越要求更高强度的开发利用资源。当这一过程超过自然环境的容纳度，局部甚至全球的环境污染就会出现。在阶级社会，统治阶级从来不会从战略高度将经济发展与环境保护统一起来。绿色发展理念则在吸取历史经验教训以及研究社会发展实践的基础上，实现了二者的辩证统一。

一、经济发展与绿色生态冲突的历史考察

在马克思主义诞生以前，人们没有科学的理论作为指导，不能正确地认识自然与人类社会发展的规律，也不能正确认识二者之间的关系，因此不可避免地造成经济发展与绿色生态发生冲突的现象，越是社会生产力快速发展越是冲突严重。

在前工业时代，由于经济发展水平较低，人类对自然资源的开发利用有限，而且总体上没有超出自然的自我修复能力，所以当时即便出现经济发展与生态治理的严重冲突，也是地域性的或者阶段性的，并没有影响到人类社会的整体发展。在当时，这种冲突有以下两种表现。首先是表现为人类破坏森林、草原，造成土地沙化的现象越来越严重。这是由人类在低生产力水平条件下盲目追求物质财富增量造成的。比如，焚烧森林能够在较短的时间内形成较为肥沃的土地，过度放牧则是可以暂时提高畜牧业的生产，但是无疑都会对森林草原造成难以修复的破坏。其次又表现为原始的恶劣生态环境对人类经济社会发展的制约。比如河流的泛滥，各种各样的不利于人类生存发展的

恶劣环境。这种恶劣的环境决定了人类社会只有不断征服自然，改造自然才能不断地提高自身的生存能力。比如对各种农作物以及牲畜的培育，对河流湖泊的治理。进而逐渐满足人民群众发展社会生产力的要求。

在前工业时代，也形成了关于经济发展与绿色生态关系的朴素认识，而且在各国各地区的古代社会都有所反映。比如中国古代的“天人感应”思想，佛教中的众生平等思想，但是这些思想并不能真正指导人类正确处理二者关系。首先，这些思想本质上是唯心主义思想，它没有正确认识世界，因此不具备指导人类正确认识二者关系的理论条件。其次，这些思想是统治阶级愚弄民众的思想，在实践中主要是控制民众进而维护其阶级统治，而不是指导人类在发展社会生产力中正确处理二者关系。

进入资本主义时代，经济发展与环保之间的冲突越来越严重起来。社会生产力的发展提高了人类征服自然，改造自然，开发自然的能力，创造物质财富的能力成几何级提高，于是人类对自然资源的开发利用达到了前所未有的程度。依托对自然资源的开发利用，依托对自然环境毫不顾忌的污染，人类经济社会得到前所未有的高速发展。1900 年美国 GDP 为 205.67 亿美元，1950 年达到 2937.00 亿美元，甚至期间 1916 年 GDP 比上一年增加高达 28.3%。同时，生态环境也遭到前所未有的破坏。土壤污染，水污染，空气污染，不但造成很多生物的灭绝，也逐渐影响到人类自身的发展与延续。比如美国制造业的快速发展导致尘肺病致死案例越来越多。阿兰·德里克森就写出《“许多人已死，其他人必死”：1900—1925 年西部重金属矿业中的矽肺流行病》。20 世纪 30 年代美国数千人因在西佛吉尼州开凿隧道而短时间吸入大量硅粉尘造成大量死亡，进而引发全美国的讨论。到 50 年代，尘肺病的大量暴发又引发工人的多次罢工。① 从工业发展的历程来看，在19世纪中期，英国为首的发达国家已经意识到环境污染的严重危害，并初步制定了相关的法律法规。但是这些并没有促进人类的反思，直至当代，环境污染已经成为全世界的严重问题，已经成为世界各国不得的认真对待的重大课题。

在大工业时代，人类对自然以及社会发展规律有了较充分的认识，就经济发展与自然关系进行了长期的研究讨论并形成了一些重要的先进的理论，比如马克思主义关于二者关系的探讨，资本主义国家的生态马克思主义思想也开始从资本的角度论述二者关系。但是均没有起到很好的警示和劝诫作用。首先是正确思想不能成为社会主流思想，不能成为国家乃至全世界崇尚的发展理念。发达资本主义国家被各类暴力贪婪的资本所控制，而马克思主义只能在较为落后的国家扎根发展。在生产力落后的国家和地区，社会矛盾特别复杂，主要任务就是发展社会生产力进而增加社会财富，进而导致推进绿色发展并不是当地人民群众崇尚的话题。二战后，虽然生态马克思主义在西方兴起，但是其“马克思主义”的色彩使其不能被资产阶级价值观所接受，当然也不可能在当地产生太大影响。而且，生态马克思主义不能提出切实可行的环境治理举措。生态马克思主义者大多只是一味地强调资本是造成生态危机的根源，认为只有到社会主义共产主义社会才能彻底解决环境问题。而现实则是资本是当前发展阶段社会发展的重要动力，资本不仅在资本主义国家占据统治地位，在社会主义国家也不能完全摒弃。在现实生活中，如何限制资本的暴力增殖属性，如何将资本利益与民众利益相结合，生态马克思主义学者并没有着眼于这个现实问题找到切实可行的解决方案。资本主义国家资本的暴力增殖属性不但没有得到有效遏制，反而有进一步膨胀的

① 陈黎黎：《1900—1969年间美国的尘肺病治理历程及其启示》，《鲁东大学学报（哲学社会科学版）》2014年第4期；陈黎黎：《1980年代以来美国史学界尘肺病史研究综述》，《史学月刊》2011年第6期。

趋势。

在人类社会数千年的发展历史中，人们逐渐了解了经济发展与环境治理的辩证统一关系。但是受制于人类认识水平，受制于人类人口增加以及不断提升的量和质的民生需要，受制于资本的暴力贪婪，要将二者真正统一起来，在理论和实践中都很难实现。这就造成人类在获取物质财富与破坏自然的道路上越走越远，并形成今天严重的世界性环境问题。

二、全球化时代经济发展与绿色生态的冲突共生

如前所述，在人类社会发展进程中，人类不断努力把握社会发展规律以及自然演变规律，并探索二者之间的互动关系规律。但是社会发展阶段决定了人类尚不能全面认识这些问题，更不能在实践中解决这些问题，只能在现有的条件下，对环境保护作出必要的努力。在全球化时代，经济发展与绿色生态的冲突共生表现得越来越明显越来越全球化。

第一，在全球化时代，由于发达国家资本在全球的暴力掠夺剥削，既导致广大发展中国家和地区日益贫困，形成南北贫富分化日益固化的局面，又造成全球环境恶化，尤其是发展中国家和地区生态恶化的趋势加速发展。

资本的全球掠夺导致发展中国家和地区的贫困局面，而且使广大发展中国家和地区成为世界资本主义经济体系中遭受剥削的重要一环。资本主义生产方式出现以来，资本的暴力增殖属性越发严重地表现出来。首先，资本通过资本原始积累，将世界财富进行集中，造成世界范围内的贫富分化问题。比如英国的“羊吃人”运动，使英国的资本迅速集中到少数资产阶级手中，本来就生活贫困的农民变成一无所有的无产阶级。在整个世界，发达国家资本迅速占领了几乎所有的发展中国家和地区，控制落后国家的经济命脉，使发展中国家和地区与发达国家在富裕

程度上的差距越来越大。其次，资本将这种贫富分化差距以生产关系的方式固定下来，资本永远是不劳而获的受益者，无产阶级只能通过出卖劳动力获得可怜的基本生活来源，而其大部分劳动财富被资本家无偿占有。以美国为例，1923—1929 年，美国公司利润增长 62%，工人实际工资仅增长 11%，农业工人工资更低，不到制造业工人工资的 40%，到 1929 年，美国财富的 3/5 由 2%的少数人占有。对于落后的国家和地区，资本先是通过武装侵略将落后国家卷入世界资本主义体系，然后通过这个体系控制殖民地半殖民地国家以及整个世界。二战后，虽然原殖民地半殖民地国家和地区纷纷独立，但是他们深深陷入世界资本主义经济体系，被迫接受发达国家资本强加给的国际分工，被迫将自己国家人民的劳动财富拱手让给发达国家，让给发达国家资本家。从二战后世界各国各地区发展实践来看，几乎少有原殖民地半殖民地国家和地区获得独立自主的快速发展。

与发达国家资本对发展中国家和地区的掠夺相一致，发达国家资本也将大工业的破坏作用输送到全世界的各个角落，尤其是高能耗高排放产业作为发达国家转移的重点对当地环境的破坏更加严重。在发达资本主义国家对外资本输出的时代，发达国家在发展中国家和地区开设工厂，不但掠夺了当地自然资源，而且将严重的工业污染留在当地，严重破坏了当地的自然环境。分析目前的世界环境污染问题，发达国家由于早重视，早治理，早转移，环境污染问题得到较好治理。而发展中国家和地区，因为过度开发利用自然资源、过度排放工业废弃物，导致环境污染问题加速发展。

比如中国的环境污染问题，人民群众感受颇深。再如印度，近几年的迅速发展，已经使其成为世界上环境污染最严重的国家之一，很多污染物的排放量超过制造业产值在世界遥遥领先的中国。再比如非洲很多国家几乎全国种植可可或者其他单一农作物，不但在国际贸易中没有话语权，而且会引发当地农业种质资源减少，造成农业生态系统脆弱。

在环境保护与经济发展发生严重冲突的同时，人类也逐渐意识到二者共生的必要性和可能性。如果任由二者冲突的现象长期存在，要么自然界被破坏殆尽，人类不得不接受走向毁灭的命运，要么人类为保护环境而放弃发展，造成社会发展停滞甚至倒退的局面。显然，两种选择都是不符合人类社会的根本利益的，人类迫切需要实现二者的统一与共生。

在工业化初期，先进人士就已经意识到环境破坏的危害，并作了一定的治理探索，但是直到二战以后，人类才逐渐具有了普遍的关于二者共生的思想意识。首先，环境破坏严重影响了人民群众的生命健康，倒逼人类思考经济发展与环境保护的关系。比如 1962 年美国海洋生物学家蕾切尔·卡逊出版《寂静的春天》一书，这本书引发了公众对环境问题的关注，将环境保护问题提到了各国政府面前。由此关于发展方式转型的讨论与实践开始受到很多国家地区民众与政府的关注。其次，人类不断推进环保科技的进步以应对愈演愈烈的环境污染问题。面对愈演愈烈的环境问题，从民间到企业再到政府，都在有意识的推进环保技术研究，尤其是财政税收手段的利用，推动环保产业作为一个新兴产业发展起来，并受到资本的青睐和追捧。最后，发展中国家和地区对发达国家的议价能力逐渐提升。当前，发展中国家和地区是关注经济发展与环境保护关系的主力军，他们经济落后而又环境污染日趋严重，具有推动绿色发展的紧迫性。随着世界多极化趋势的发展，发达国家对发展中国家和地区的控制能力逐渐弱化。发展中国家和地区由于经济实力的增强加以及互相抱团取暖，其要求快速发展、改善环境的诉求在世界的声音越来越大，必然迫使发达国家要在一定程度上满足发展中国家和地区的诉求，这样世界就展现出经济发展与环境保护的共生前景。

三、中国经济发展与绿色生态关系走向和谐共生

中国作为曾经遭受西方资本主义国家百年侵略的发展中大国，在新中国成立后取得了举世瞩目的发展成就，同其他国家尤其是发展中国家和地区相比，中国的经济发展与环境保护之间冲突共生的情况表现得更加明显，而且展现出特殊的现象。这些情况决定了在中国研究二者的冲突共生更有现实意义，同时也在很大程度上决定着绿色发展理念的形成与贯彻。

第一，中国是一个发展中社会主义大国，这决定了中国发展经济比任何其他发展中国家和地区更具有紧迫性和必要性。从社会生产力落后的维度，中国与其他发展中国家和地区表现相似，甚至更加落后。正如 1954 年毛泽东说："现在我们能造什么？能造桌子椅子，能造茶碗茶壶，能种粮食，还能磨成面粉，还能造纸，但是，一辆汽车、一架飞机、一辆坦克、一辆拖拉机都不能造。"① 这种情况就决定了为了满足人民群众的基本物质需要，中国必须长期坚持以经济建设为中心，大力发展生产力。从大国的维度，中国同其他国家相比更具有通过经济发展获得真正独立自主的紧迫性。虽然每个国家和民族都有独立自主发展的内在要求，但是从二战以后世界各国各地区发展的实践来看，一个小国或者地区通过依附于某一大国而获得快速发展已经得到理论与实践的双重检验，比如韩国、新加坡等国家和地区都属于这种情况。但是，如果是面积较大人口较多的发展中大国，则不具备这样的可能性，因为发展中大国一旦实现快速发展必然会影响发达国家的既得利益，甚至会出现挑战现行国际秩序的情况，所以西方发达国家总是图谋限制发展中大国的快速发展。中国的国土面积，自然资源的丰富程度，以及人口均居世界前列甚至首位，任何一个强国都不可能支持中国发展而为自己培养一个对手，相反他们迫切要做的是限制中国发展，甚至持续掠夺中国财富使

① 《毛泽东文集》第六卷，人民出版社 1993 年版，第 329 页。

中国长期居于依附地位。从社会主义制度的维度，社会主义是要求推翻资本主义制度的代表人类社会发展方向的社会形态，自然会遭到资本主义国家的孤立甚至攻击。以上诸多情况决定了中国只有经济快速发展才能实现真正的独立自主，也才能可持续的满足人民群众的各层次民生需要。面对这样的历史任务，再加上科技落后，人们发展观念落后等因素，粗放式的高能耗高排放发展方式就成为不可避免的选择，对环境的破坏也成为不得不的选择。

第二，中国的地缘形势决定了快速发展经济的必然性。没有任何一个大国具有类似于中国的复杂的地缘形势。美国、苏联、俄罗斯、印度、巴西在本地区都是独一无二的大国，优越的地理环境和安全形势天然的有利于以上诸国经济的发展，同时由于地缘环境相对简单，他们在这方面就有可能欠缺推动经济快速发展的紧迫性。中国则与其不同。中国周边复杂的地缘形势决定着中国独立自主的发展社会生产力的必要性和紧迫性。新时代，面对经济永续发展的历史任务，绿色发展理念从生态治理的维度为中华民族伟大复兴注入新的动力。

第三，中国共产党以马克思主义为指导，以不断实现人的全面发展为基本目标，决定了其在不同发展阶段，着力解决社会主要矛盾，并满足人民群众的阶段性民生需要。在新中国成立之初，中国社会的主要矛盾决定了全国人民的主要任务是不断增加物质财富，不断满足人民群众的物质需要，实现人民群众逐渐过上富裕生活的愿望。与这些理想相适应，中国社会快速发展，不管是经济总量，还是人均GDP都已经获得持续的较大的增加。新时代，人民群众又在新的历史起点上萌生新的民生需要。比如对物质上质的需要更高，环境污染也为人民追求美好生活设置了障碍。中共十九大对新时代的社会主要矛盾作出判断，绿色发展理念就是解决这一社会矛盾的指导思想。绿色发展理念体现了可持续发展的基本目标，同时要求着力解决生态环境不断恶化的问题，在理论与实践上实现了经济发展与环境保护的高度统一，正如习近平总书记说“绿水青山就是金山银山”。

第四，改革开放以来的经济发展为绿色发展奠定了基础。改革开放以来，中国社会生产力迅速提高，我国的科学技术实力增长空前。1978年我国用于科学研究的财政投入仅为52.89亿元，占当年GDP的1.46%，占当年财政支出的4.76%；[①] 到2016年，国家财政科学技术支出7760.7亿元，占当年国家财政支出的比重为4.13%，占当年GDP的1.04%。[②] 虽然占比降低，但是绝对支出却增加147倍。与此同时，在国际重要期刊上的论文发表数量迅速增加，中国已经成为全球高质量科研论文的第二大贡献国，仅次于美国。与这些数字相一致，中国的工业制造业飞速发展并于2010年产值跃居世界第一，同时，中国的工程建设、航天事业、军事科技等都有了飞跃式发展。比如中国已经掌握了航空母舰的建造技术，建设了空间站，新式武器装备层出不穷，在世界的影响力越来越高。这些都为治理污染并实现绿色发展奠定了条件。首先是为制造业的高端化奠定了条件。其次为严格推进环境治理奠定了条件。最后有利于形成全社会绿色发展的文化氛围，引导人民群众自觉推动绿色发展。当人民群众自觉地关心环境问题，必然能形成全国性的推进绿色发展的文化氛围。

综上所述，中国绿色发展理念的提出与实践是中国社会发展的必然，在这一过程中，党将经济发展与环境保护有机融合、摒除其冲突，真正实现二者的统一与共生。

---

① 杨华：《政府科技投入对企业R&D支出影响的实证分析》，《经济论坛》2008年第1期。

② 《2016年全国科技经费投入统计公报》，中华人民共和国财政部网站，2017年10月10日，http://www.mof.gov.cn/zhengwuxinxi/caizhengxinwen/201710/t20171010_2717531.htm。

第六节 借鉴与批判：绿色发展理念是对人类发展经验批判借鉴的理论成果

在人类社会发展的不同阶段，会产生与不同发展阶段相适应的发展观，在环境治理的实践中也会产生与之相适应的发展观。在西方发达国家推进环境治理的实践中，人类关于社会发展与环境治理关系的认识日益深刻。中国共产党历来重视借鉴世界各国文明成果，因此借鉴全人类关于处理经济发展与环境治理关系的文明成果就成为推进中国中高速可持续发展的内在要求。

一、中国共产党是善于批判借鉴各国各地区发展经验的无产阶级政党

中国共产党以马克思主义为指导，坚持为中国人民谋幸福，为中华民族谋复兴，决定了其善于批判借鉴各国各地区文明成果。

第一，以马克思主义为指导决定了党批判借鉴各国各地区发展经验。首先，马克思主义是马克思恩格斯在批判借鉴前人文明成果的基础上创立的。从马克思主义的三大组成部分来说，马克思主义哲学是对德国古典哲学的批判继承，马克思主义政治经济学是对古典政治经济学的批判继承，科学社会主义是对欧洲空想社会主义学说的批判继承。以马克思恩格斯对欧洲空想社会主义学说的批判继承为例。马克思一方面批判："他们拒绝一切政治行动，特别是一切革命行动；他们想通过和平的途径达到自己的目的，并且企图通过一些小型的、当然不会成功的试验，通过示范的力量来为新的社会福音开辟道路。"① 另一方面，马克思

① 《马克思恩格斯选集》第一卷，人民出版社 1995 年版，第 304 页。

也不吝赞美他们："这种对未来社会的幻想的描绘，在无产阶级还很不发展、因而对本身的地位的认识还基于幻想的时候，是同无产阶级对社会普遍改造的最初的本能的渴望相适应的。但是，这些社会主义和共产主义的著作也含有批判的成分。这些著作抨击现存社会的全部基础。因此，它们提供了启发工人觉悟的极为宝贵的材料。"①

其次，马克思主义具有自我批判的精神，具有与时俱进的品质。马克思恩格斯总是不吝抛弃已经不适合时代的旧理论，及时阐述宣传与时代相适应的新理论。比如，巴黎公社失败后，马克思曾经以为只要资产阶级生产关系依然存在，阶级斗争就不会停止，甚至预测革命高潮很快到来。不过，随着近代工业繁荣发展，马克思很快改变了自己的看法，他说："在这种普遍繁荣的情况下，即在资产阶级社会的生产力正以在整个资产阶级关系范围内所能达到的速度蓬勃发展的时候，也就谈不到什么真正的革命。只有在现代生产力和资产阶级生产方式这两个要素互相矛盾的时候，这种革命才有可能。"② 由此，他认为"新的革命，只有在新的危机之后才可能发生，但它正如新的危机一样肯定会来临"③。关于无产阶级革命运动，马克思恩格斯也经过了一个自我否定的认识过程。一开始，马克思恩格斯是比较推崇暴力斗争的，比如《共产党宣言》中就公开宣布："无产阶级用暴力推翻资产阶级而建立自己的统治"④，"他们的目的只有用暴力推翻全部现存的社会制度才能达到。让统治阶级在共产主义革命面前发抖吧。无产者在这个革命中失去的只是锁链。他们获得的将是整个世界"⑤。但是当他们注意到资本主义国家不断调整

① 《马克思恩格斯选集》第一卷，人民出版社 1995 年版，第 304 页。

② 《马克思恩格斯选集》第一卷，人民出版社 1995 年版，第 470—471 页。

③ 《马克思恩格斯选集》第一卷，人民出版社 1995 年版，第 471 页。

④ 《马克思恩格斯选集》第一卷，人民出版社 1995 年版，第 284 页。

⑤ 《马克思恩格斯选集》第一卷，人民出版社 1995 年版，第 307 页。

统治政策进而阶级矛盾有所缓和的事实后，就很快调整了自己的思想。恩格斯说："历史表明我们也曾经错了，暴露出我们当时的看法只是一个幻想，历史走得更远，它不仅打破了我们当时的错误看法，并且还完全改变了无产阶级借以进行斗争的条件。1848 年的斗争方法，今天在一切方面都已经过时了，这一点值得在这里比较仔细地加以探讨。"① 甚至设想"在人民代议机关把一切权力集中在自己手里，只要取得大多数人民的支持就能够按照宪法随意办事的国家里，旧社会有可能和平进入新社会，比如在法国和美国那样的民主共和国"②。以马克思主义为指导决定了党将马克思主义的批判借鉴精神融入自己的血液，为批判借鉴各国发展经验奠定了基础。

第二，以人民为中心决定了党批判借鉴各国各地区发展经验。中国共产党是没有任何特殊利益的无产阶级政党，它的所有活动都是为人民的全面解放和全面发展服务的，这就决定了党会毫无保留地批判借鉴前人的他人的甚至敌人的关于社会发展的经验。首先，党借鉴一切有利于人民的社会发展经验。为人民服务是党的基本宗旨，党的一切工作总是从人民群众的利益出发，只要是符合人民群众利益的，党就会全心全意地做好。毛泽东在《论联合政府》中阐明："我们共产党人区别于其他任何政党的又一个显著的标志，就是和最广大的人民群众取得最密切的联系。全心全意地为人民服务，一刻也不脱离群众；一切从人民的利益出发，而不是从个人或小集团的利益出发；向人民负责和向党的领导机关负责的一致性；这些就是我们的出发点。"③ 这就要求，只要是能够改善民众的物质文化生活需要，能够促进人解放和发展的文明成果，党就要积极借鉴。比如早在 1936 年，毛泽东在和美国作家斯诺的谈话中指

① 《马克思恩格斯选集》第四卷，人民出版社 1995 年版，第 510 页。

② 《马克思恩格斯选集》第四卷，人民出版社 1995 年版，第 411 页。

③ 《毛泽东选集》第三卷，人民出版社 1991 年版，第 1094—1095 页。

出的："如果中国真正赢得了独立，外国人在中国的合法贸易利益将会有比过去更多的机会。"① 这体现了中国共产党人对西方发展市场经济经验的重视和借鉴。

其次，党批判一切不利于人民的社会发展政策。人类社会必然由不平等的阶级社会发展到平等的社会主义共产主义社会。在阶级社会，统治阶级在很大程度上把握了推动社会发展的主动权，其推动形成的社会发展政策，有的是有利于社会整体发展的，有的虽然一度促进社会发展，但是本质却是为统治阶级服务的，长期来看是不利于人民的。以人民为中心决定了中国共产党在借鉴各国各地区发展经验时，积极地批判、抛弃或者改造错误思想。毛泽东认为"必须将古代封建统治阶级的一切腐朽的东西和古代优秀的人民文化即多少带有民主性的和革命性的东西区别开来"②。毛泽东就一分为二分析"中庸"思想，他认为中庸的合理性，在于肯定事物的安定性，从这个意义说，它是辩证的一个要素，但"中庸"整个（整体）是反辩证法的，因为它害怕量变引起质变。把旧质绝对化，即把平衡作为追求事物的最高目标，否定斗争、变革等。所以，"中庸"是维持封建制度的方法论。向西方学习也是同样的道理。后来，毛泽东《在延安文艺座谈会上的讲话》中进一步提出"改造"的思想，他说："对于中国和外国过去时代所遗留下来的丰富的文学艺术遗产和优良的文学艺术传统，我们是要继承的，但是目的仍然是为了人民大众。对于过去时代的文艺形式，我们也并不拒绝利用，但这些旧形式到了我们手里，给了改造，加进了新内容，也就变成革命的为人民服务的东西了。"③

第三，中国国情决定了党批判借鉴各国各地区发展经验。明清以

① ［美］埃德加·斯诺：《西行漫记》，董乐山译，东方出版社 2005 年版，第 87 页。

② 《毛泽东选集》第二卷，人民出版社 1991 年版，第 708 页。

③ 《毛泽东选集》第三卷，人民出版社 1991 年版，第 855 页。

后，中国开始走下坡路，并在帝国主义的侵略中落后于世界。中国共产党是在落后的半殖民地半封建社会领导中国革命，在生产力落后的情况下领导社会主义建设，只有批判借鉴人类的一切文明成果，才能发展社会主义生产力，才能发挥社会主义优越性。毛泽东如实地承认“近代文化，外国比我们高”①，因此，“应该学外国的近代的东西，学了以后来研究中国的东西。如果先学了西医，先学了解剖学、药物学等等，再来研究中医、中药，是可以快一点把中国的东西搞好的”②。“我们接受外国的长处，会使我们自己的东西有一个跃进，中国的和外国的要有机地结合，而不是套用外国的东西，学外国织帽子的方法，要织中国的帽子。外国有用的东西，都要学到，用来改进和发扬中国的东西，创造中国独特的新东西。搬要搬一些，但要以自己的东西为主。”③1978 年，邓小平在全国科学大会开幕式上讲话也指出：“提高我国的科学技术水平，当然必须靠我们自己努力，必须发展我们自己的创造，必须坚持独立自主、自力更生的方针。但是，独立自主不是闭关自守，自力更生不是盲目排外。科学技术是人类共同创造的财富。任何一个民族、一个国家，都需要学习别的民族、别的国家的长处，学习人家的先进科学技术。我们不仅因为今天科学技术落后，需要努力向外国学习，即使我们的科学技术赶上了世界先进水平，也还要学习人家的长处。”④ 邓小平指出批判借鉴各国发展经验是党必须长期坚持的重要思想，不但在落后的时候要积极借鉴各国经验，即使社会生产力有了长足的发展，也要学习他国的长处。

第四，中国共产党在发展中形成了批判借鉴国外经验的传统。苏联

---

① 《毛泽东文集》第七卷，人民出版社 1999 年版，第 81 页。

② 《毛泽东文集》第七卷，人民出版社 1999 年版，第 78—79 页。

③ 《毛泽东文集》第七卷，人民出版社 1999 年版，第 82 页。

④ 《邓小平文选》第二卷，人民出版社 1994 年版，第 91 页。

是世界上第一个社会主义国家，中国共产党特别重视批判借鉴苏联革命与建设的经验。首先，党积极学习运用苏联革命的经验，促进了中国革命与建设的过程。比如中国共产党的建立、党的革命理论的确立，以及第一次国共合作顺利实现，都与苏联的指导帮助紧密联系；新中国成立初期，党在苏联帮助下大力发展重工业，进而建立了完整的现代国民经济体系。其次，党积极研究中国国情，坚决批判不适合中国国情的“苏联经验”。比如在土地革命战争时期，随着以城市为中心武装起义的失败，以毛泽东为代表的共产党人在探索中找到农村包围城市，武装夺取政权的新道路。新中国成立后，全党特别重视批判借鉴苏联经验，正式提出马克思主义与中国实际第二次结合的思想，并在探索中形成许多新理论、新思想。改革开放以来，党发扬批判借鉴国外文明成果的品质，批判借鉴发达国家的环境治理经验，批判借鉴发达国家发展观，形成适合中国国情的新理论，成为促进中国特色社会主义事业发展的新指导。

二、改革开放以来中国日趋严重的环境问题

经济发展与环境保护是一对矛盾体，在人类社会发展的历史中，二者在较长的时间段内表现为对立。改革开放以来，中国经济社会取得重大发展成就。与这个进程相一致，中国自然环境遭到严重破坏，与之相关的医疗事业也发生重大变化，开始面对越来越多的环境疾病。

第一，由于对自然资源的过度开发，中国的自然资源在绝对储量以及世界占比等方面出现下滑，甚至已经出现资源危机的警示。自然资源是社会生产力的重要组成部分，任何社会的发展均得益于开发并利用当地的自然资源。在自然资源方面，中国的自然资源在种类储量等方面均居世界前列。比如，水能资源居世界第一位；是世界上拥有野生动物种类最多的国家之一；几乎具有北半球的全部植被类型；矿产资源丰富，品种齐全。丰富的自然资源是中国经济社会迅速发展的重要基础，同

时，由于几十年的粗放型发展，对自然资源过度开发的现象非常严重。首先是对不可再生的矿产资源的过度开采利用。在一个较长的时期内，我国的重要矿产资源担当着出口创汇以及满足本国经济发展需要的重要任务，这是导致过度开采，进而酿成能源紧张甚至危机的重要原因。目前，世界稀土产量的80%来自中国，而价格却长期处于低位。另外中国煤炭产量也高居世界首位。长期的过度开采导致一些重要矿产资源的储量明显下滑。据2002年统计，我国有30种主要矿产资源储量有不同程度的减少。① 造成这种现象，一方面是因为中国在矿产资源开采的法律法规管理制度等方面的建设比较落后，个别地方乱挖乱采问题比较严重；另一方面则是因为中国被迫卷入资本主义世界经济体系，社会生产力落后的国家和地区只能担当原料输出的角色，中国一度对矿产资源的过度开采是由这个体系的运转规律造成的。其次，中国对可再生资源的利用也存在着过度过量的现象。比如对森林的无规划砍伐，在草原过度放牧，在农作物的生产中过度使用化肥等。这些情况虽然在短时间内取得良好的经济效益，但是到今天其负面影响已经越来越多的显现出来。比如，土地沙化，耕地肥力下降等。由于国内资源开采远远不能满足经济快速发展的需要，资源进口的情况越来越突出。以国内石油需求为例，随着经济结构的调整，虽然对石油的需要增速下降，但是总的需要量仍然在增加。2016年中国石油表观消费量已高达5.56亿吨，其中进口原油3.81亿吨，占比达68.5%。同时，由于受到美元结算，部分美国同盟国占据海运必经通道等因素的影响，中国的原油供应安全保障形势非常严重。

第二，随着工业的迅速发展，中国的环境污染在部分地区非常严重。首先，这种污染主要是由工业发展造成的。在一个相当长的时期内，中

① 《我国主要矿产资源储量在减少》，《地质与勘探》2003年第3期。

国的工业制造业呈现出至少三个特点：一为技术水平低，因而高能耗高排放造成的环境问题比较严重；二为中小工业企业遍布全国各地，虽然也有布局较为集中的区域，但是总体来说造成污染无处不在；三为工业门类齐全，也就造成污染源的种类复杂，既加剧了工业废弃物对自然环境以及人生命健康的影响，又增加了治理的难度。其次，人们的日常生活也加剧了环境污染。从民众自身的角度，关于资源的高消费现象日趋增多，经常会出现重复消费，浪费式消费的现象。以水资源的消费为例，据2012年的统计，中国人均水资源量只有2100立方米，仅为世界人均水平的28%，但是大多数居民并没有养成节约用水、重复用水的好习惯。另外，越来越多的家庭喜欢使用一次性物品，尤其是快递行业、外卖行业的兴起进一步加剧了资源消费。最后，中国承接的西方发达国家的垃圾也加剧了国内污染。由于中国经济发展的需要，回收外国垃圾曾经是国内很重要的产业。20世纪80年代中期，上海某技术公司与美国某资源公司联系后，向闸北区环卫所等机构提交进口美国生活垃圾可行性报告，虽然一开始被上海环保部门否决，但是1987年春节一部名叫《破烂王》的电视剧转变了人们的思想，打开了中国进口洋垃圾的大门。进口洋垃圾30年，确实有利于中国以较低的成本获得一定资源，但是洋垃圾的有毒物质也严重破坏了中国的水、空气、土壤，进而危害人的生命健康，甚至有毒物质直接进入人体内，造成健康威胁。随着中国的快速发展，中国逐渐具备了禁止洋垃圾的条件和能力。2017年7月，国务院办公厅印发《关于禁止洋垃圾入境推进固体废物进口管理制度改革实施方案》，要求“2019年年底前，逐步停止进口国内资源可以替代的固体废物。通过持续加强对固体废物进口、运输、利用等各环节的监管，确保生态环境安全。保持打击洋垃圾走私高压态势，彻底堵住洋垃圾入境”。

第三，环境污染对人的生命健康造成严重危害。首先是直接危害，比如污染源通过空气、水等中介直接进入人体，造成人遭受特定病种的威胁，比如呼吸器官疾病、消化器官疾病等。其中影响最大最深远的当属空气污染造成呼吸器官疾病。越是工业发达地区，越是雾霾现象特别严重，进而造成当地呼吸系统疾病的数量迅速增加。可以说越是经济发达，越是污染严重，越是造成严重的生命健康损害。水资源污染的影响主要发生在农村地区，因为城市的自来水做了较好的净化处理，而不少农村地区直接饮用被污染过的地下水甚至地表水。比如在某些地方出现了癌症村。2009年，华中师范大学地理系学生孙月飞在题为《中国癌症村的地理分布研究》的论文中指出：中国癌症村的数量应该超过247个，涵盖中国大陆的27个省份。今天，即便在城市，居民对自来水也开始产生怀疑情绪，饮用净化水的人越来越多（当然也不能否认相关企业为了获利而夸大水污染的影响）。其次是间接危害，比如被污染的食物影响民众的身体健康。食物污染主要有以下几个途径，一是用污水浇灌田地，造成污水中的重金属等污染源进入农作物；二是农药用量超标，造成严重的农药残余。如今，人们崇尚有机绿色食品，本质上是对食品安全的不信任。

第四，环境污染破坏人类优美的生活环境。富足、生态、宜居是当下人们对美好生活的基本要求。即便是在古代，人们也以生态为最优美的生活环境。比如，《山海经》里关于帝都的描述莫不是风景优美之地："海内昆仑之墟，在西北，帝之下都，方八百里，高万仞，上有木禾，长五寻，大五围。面有九井，以玉为槛（栏杆）。面有九门，门有开明兽守之。百神之所在也。"① 由此可见，粗暴简单的高楼林立并不是人民群众的唯一追求，更不是最高追求，而是在某个发展阶段的阶段性追求。而如今的现状则是城市高楼林立，却少见公园河湖，即便是在农村，河沟干涸，垃圾围困的现象也非常突出，再加上山上无水，水里无

① 《山海经·海内西经》，中华书局2011年版。

鱼，神州大地少了灵气，少了优美宜居的环境，少了催人奋进的精气神，少了哺育人类繁衍的温馨。日趋恶劣的环境造成人类发展的缓慢甚至停滞。比如造成人的性格趋于暴躁，导致儿童脑发育迟缓。研究表明铅含量超标会影响儿童神经系统的发育，比如，湖南武冈、安徽安庆、陕西凤翔等地相继出现儿童血铅超标的事件。当前世界各国生殖健康的状况相当严峻，妊娠早期暴露于 $PM_{2.5}$ 和 PM_{10} 中会导致新生儿体质量下降、胎儿生长受限、流产、早产、出生缺陷、死产和婴儿高死亡率等多种不良妊娠结局。① 环境污染对生殖健康的危害已引起世界卫生组织及各国政府的高度重视。

三、中国共产党对传统发展方式的反思

中国共产党的指导思想及宗旨决定了必须针对社会发展实际情况及时调整发展理念，否则就不能满足人民群众的各层次需要，进而不利于长期执政。马克思主义揭示了人类社会发展的基本规律，其中既有价值目标，又有方法论要求。马克思主义要求党将理论与实际相结合，在社会发展中不断把握社会发展规律，推进社会可持续发展。党为人民服务的宗旨要求党时刻以人民为中心，以人民群众的需要为自己的行动目标，为中国社会发展指引方向。党因此就具备了不断调整发展理念的动力源。中国共产党成立以来虽然由于各方面的限制，党尚未完全把握社会发展规律，但是已经根据不同具体时期的社会发展具体情况，提出一系列有利于中国社会快速发展的理念思想并在社会发展实践中进一步丰富完善，这些观点在一个较长的时期内推动了中国社会的可持续发展。

新中国成立前，中国共产党已经有了丰富的局部执政的经验，因此

① 徐菲菲等:《空气污染物对哺乳动物生殖和胚胎发育的影响》,《国际生殖健康/计划生育杂志》2015 年第 3 期。

对社会发展问题特别关注。1945 年，毛泽东在中共七大政治报告《论联合政府》中明确指出“中国工人阶级的任务，不但为建立新民主主义的国家而斗争，而且为着中国的工业化和农业的近代化而斗争”①，“中国一切政党的政策及其实践在中国人民中所表现的作用的好坏、大小，归根到底，看它对于中国人民的生产力的发展是否有帮助及其帮助之大小，看它是束缚生产力的，还是解放生产力的”②。中共七届二中全会上，毛泽东进一步指出“在革命胜利以后，迅速地恢复和发展生产，对付国外帝国主义，使中国稳步的由农业国转变为工业国，把中国建设成为一个伟大的社会主义国家”③。新中国成立后，要把伟大的理想转变为伟大的发展实践。首先是要开展社会主义改造运动，为恢复和发展生产奠定基础。其次是制定了当时的经济发展战略，以《论十大关系》、中共八大决议等为重要内容，确定了全面而又有重点的经济发展战略。与此同时，中国共产党对当时的社会发展规律的认识较为深刻清晰，既认识到公有制经济是中国经济发展的基础，又认识到发展私有经济的必要性，因此 1956 年 12 月，毛泽东提出“可以消灭了资本主义，又搞资本主义”④的观点。当然，从实际的发展实践来看，由于中共八届三中全会改变了中共八大对社会主要矛盾的判断，造成党的发展理念在较长时期内出现偏差。

改革开放前后，全党关于社会发展的问题进行了新的讨论和反思。这个讨论和反思以关于“真理标准问题”的大讨论为标志，以邓小平、陈云等为其中的重要代表人物。实践是检验真理的唯一标准，发展理念作为马克思主义理论的重要组成部分，也要在不断发展的实践中接受检

① 《毛泽东选集》第三卷，人民出版社 1991 年版，第 1081 页。
② 《毛泽东选集》第三卷，人民出版社 1991 年版，第 1079 页。
③ 《毛泽东选集》第四卷，人民出版社 1991 年版，第 1437 页。
④ 《毛泽东文集》第七卷，人民出版社 1999 年版，第 170 页。

验，以判断其是否正确或者是否适合时代。毛泽东说：“人们的认识运动是没有完成的。任何过程，不论是属于自然界的和属于社会的，由于内部的矛盾和斗争，都是向前推移向前发展的，人们的认识运动也应跟着推移和发展。依社会运动来说，真正的革命指导者，不但在于当自己的思想、理论、计划、方案有错误时须得善于改正”，“而且在于当某一客观过程已经从某一发展阶段向另一发展阶段推移转变的时候，须得善于使自己和参加革命的一切人员在主观认识上也跟着推移转变，即是要使新的革命任务和新的工作方法的提出，适合于新的情况的变化”。[①] 改革开放后，中国社会情况发生了巨大改变，所以发展理念也必须有开创性的改变。因此以邓小平同志为核心的第二代中央领导集体作了大量的有益的探索并形成新的理论观点。首先，特别重视发展中财富量的增加，因为当时“周边一些国家和地区经济发展比我们快，如果我们不发展或者发展得太慢，老百姓一比较就有问题了。所以，能发展就不能阻挡，有条件的地方要尽可能搞快点”[②]。并提出了“发展才是硬道理”[③] 的观点，以及“三个有利于”（是否有利于发展社会主义社会的生产力，是否有利于增强社会主义国家的综合国力，是否有利于提高人民的生活水平）[④] 的评价标准。其次，与急切的财富的量的增加进程相一致，第二代中央领导集体也特别关心环境污染问题，提出一些理论观点，比如重视绿化工作，重视环保法律法规的制定等。

从党的十四大到十八大，党关于社会发展进行了新的思考，从重视财富量的积累逐渐发展到重视财富质的提升。以江泽民同志为核心的第三代中央领导集体持续重视发展问题，提出“必须把发展作为党执政兴

---

① 《毛泽东选集》第一卷，人民出版社 1991 年版，第 294 页。

② 《邓小平文选》第三卷，人民出版社 1993 年版，第 375 页。

③ 《邓小平文选》第三卷，人民出版社 1993 年版，第 377 页。

④ 《邓小平文选》第三卷，人民出版社 1993 年版，第 372 页。

国的第一要务”。[①] 同时，第三代中央领导集体也深刻地认识到社会发展形势的深刻变化，粗放型的经济增长方式难以长期持续，于是提出了发展“先进生产力”的观点，将“科学技术是第一生产力”的思想进一步向前发展。江泽民在中共十五届五中全会上指出“我们要把发展作为主题，把结构调整作为主线，把改革开放和科技进步作为动力，把提高人民生活水平作为根本出发点，全面推动经济发展和社会进步。这是我们在新世纪把建设有中国特色社会主义伟大事业继续推向前进的重要方针。”[②] 进入新世纪新阶段，以胡锦涛同志为总书记的党中央在经济社会有一定发展的基础上提出“科学发展观”，提出全面协调可持续的基本要求，强调人与自然的和谐，强调人口、资源与环境的协调，走生产发展，生活富裕，生态良好的文明发展道路。从重视财富量的增加到重视财富质的提升，体现了党的发展理念在社会发展实践中与时俱进，同时，为绿色发展理念的形成奠定了理论与实践基础。

党的十八大以来，中国社会主要矛盾发生历史性全局性变化，国际形势亦风云变幻，以习近平同志为核心的党中央深刻认识到国内外形势的新变化，提出一系列新理念新思想新战略。比如党的十八大报告提出：“以经济建设为中心是兴国之要，发展仍是解决我国所有问题的关键。”要求“以科学发展为主题，以加快转变经济发展方式为主线……加快形成新的经济发展方式……着力增强创新驱动发展新动力……着力培育开放型经济发展新优势……更多依靠现代服务业和战略性新兴产业带动，更多依靠科技进步、劳动者素质提高、管理创新驱动，更多依靠节约资源和循环经济推动，更多依靠城乡区域发展协调互动，不断增强长期发展后劲”。[③] 中共十八届五中全会提出五大发展理念，将党的发

① 《十六大以来重要文献选编》（上），中央文献出版社 2005 年版，第 10 页。

② 《江泽民文选》第三卷，人民出版社 2006 年版，第 117—118 页。

③ 《十八大以来重要文献选编》（上），中央文献出版社 2014 年版，第 15—16 页。

展理念具体化。其中的绿色发展理念要求“人与自然和谐共生，加快建设主体功能区，推动低碳循环发展，全面节约和高效利用资源、加大环境治理力度和筑牢生态安全屏障”，要求“坚持绿色富国、绿色惠民，为人民提供更多优质生态产品，推动形成绿色发展方式和生活方式，协同推进人民富裕、国家富强、中国美丽”。① 党的十九大报告强调：“建设生态文明是中华民族永续发展的千年大计。”进一步要求：“必须树立和践行绿水青山就是金山银山的理念，坚持节约资源和保护环境的基本国策，像对待生命一样对待生态环境，统筹山水林田湖草系统治理，实行最严格的生态环境保护制度，形成绿色发展方式和生活方式，坚定走生产发展、生活富裕、生态良好的文明发展道路，建设美丽中国。”② 绿色发展理念管全局，管长远，有利于破解社会发展难题，培育发展优势，实现发展目标。

四、中国共产党对发达国家环境治理经验的借鉴与批判

发达资本主义国家早在 19 世纪中期就开始出现较为严重的工业污染问题，因此他们的环境治理开启早，理论与实践较为丰富，而且取得了较大的治理成就，当然也形成了丰富的经验教训，这些对中国共产党绿色发展理念的形成发展具有重要的借鉴意义。同时，由于资本主义制度与社会主义制度的巨大差异，其环境治理根本上要为资产阶级服务，因此也有很多缺点和不足，是要坚决批判的。

在改革开放以前，正值西方发达国家与工业污染作斗争的关键时期。发达国家发生了不少重大的、影响数十年、严重影响人的生命健

① 《中共中央关于制定国民经济和社会发展第十三个五年规划的建议》，中国政府网，2015 年 11 月 3 日，http://www.gov.cn/xinwen/2015-11/03/content_5004093.htm。

② 习近平：《决胜全面建成小康社会　夺取新时代中国特色社会主义伟大胜利——在中国共产党第十九次全国代表大会上的报告》，人民出版社 2017 年版，第 23—24 页。

康的生态危机事件。而中国由于当时的经济规模较小，而且又有“四人帮”极左思想的影响，中国一度出现了“社会主义不会出现工业污染”的错误言论。这些情况阻碍了我们环境保护理念的发展。当然，以官厅水库污染事件为标志的生态事件也给周恩来、邓小平、陈云等人敲响了警钟，党内已有不少人开始了解环境污染问题及解决办法。改革开放以后，随着国内环境污染日益严重而发达国家环境治理成效明显，推动全党不断批判借鉴发达国家的环境治理经验，促进发展理念不断创新转型。

第一，中国借鉴发达国家环境治理的法治化建设经验。综观发达国家的环境治理，法治先行是形成环境治理工作大发展的重要原因。又包括有法可依、有法必依、执法必严、非法必究等内容。英国在 19 世纪中期业已颁布了治理大气污染的法案，但是由于生产力发展落后的原因而不能得到切实执行。二战后，发达国家面对影响发展全局的愈演愈烈环境污染问题，再加上学者、民众的推动，才开始真正关注环境的治理问题。发达国家制定颁布了各级各类环保法案，涉及各类工业企业，涉及人的日常生活，再加上执法力度，惩戒力度的加强，就加速了高能耗高排放产业逐渐升级，或者向发展中国家和地区转移，同时人们的生活方式也在不断被改变，有的国家推行垃圾分类，垃圾付费处理等。中国显然是具备后发优势的。在 20 世纪 80 年代，中国已经开始着手制定比较全面的环保法案。当然这些法案的实施也必须照顾到中国社会生产力欠发达的国情。到今天，随着《中华人民共和国环境保护法》修订颁行，中国的环保法案从条文修订到司法执行，走过了不断严苛化，不断规范化的过程，对环境治理起到极大的推动作用。

第二，重视先进环境保护技术的研发。广义的环保技术几乎涉及所有的科学技术门类，只要有利于生产效率的提高，降低单位产出的能耗和排放都可以属于环保技术的范畴。二战以后，在盈利以及政府财税政策的引导下，西方发达国家不但将大量的军事技术转为民用，而且不断有针对性地研究专门处理污染源的新技术，有效遏制了污染排放量的快速增加。以美国为例，虽然美国的单位 GDP 能耗在 1920 年前后达到峰值随后逐年下降，但是真正的有效遏制能耗排放还是在二战以后，其中，工业向高端升级是促进发达国家单位 GDP 能耗从上升转为下降的主要原因。中国环保技术的进步经历了由引进设备到自主研发的转变。在 20 世纪八九十年代，我国曾经进口数量众多的污水处理设备，价格昂贵，不利于全国推广，更不利于中国制造业的发展。到今天，经过科技工作者的努力，新技术如百花齐放，中国已经发展为环保科技大国。

第三，利用财税政策推进环保产业发展。环保产业作为新兴产业，具有投入高见效慢的特点，因此企业在环保科技的发展上向来积极性不高。如何促进企业积极投身环保产业，发达国家的环境治理经验在这方面给予中国很多借鉴。首先是政府以财税手段吸引企业甚至个人进行环保技术研发，降低其研发的各项成本支出。这要求特别强大的综合国力，尤其是比较充足的财政收入。在改革开放初期，受制于财政困难，科学技术的研发受到很大限制。今天，已经发生根本的改观。比如国家自然科学基金面上项目 2014 年在生态学、林学领域资助 1067 项，2015 年进一步增加到 1420 项，增长 33.08%，此后每年都会再增加几十项。其次是制定环保产业发展方案。产业化是行业的发展方向，也体现了国家更高的重视程度，确立了未来几十年的发展重点。制定环保产业发展方案就是要为立志于环保事业的企业和个人吃定心丸，使其能够看到未来几年甚至几十年的盈利前景，必然能够引导企业加大投资，尤其是长期投资。

第四，摒弃西方发达国家向外国转移高能耗高排放产业的粗暴方法。首先，全世界已经结成命运共同体，环境治理更是一荣俱荣，一损俱损的事业，向外国转移高能耗高排放产业不但不能遏制环境污染，反而造成全世界更严重的环境恶化局面。从发达国家在 20 世纪中后期向发展中国家和地区转移高能耗高排放产业的结果来看，由于发展中国家和地区在与发达国家资本的博弈中处于劣势，反而造成发达国家资本在发展中国家和地区更难受到严格监管，进而造成发达国家资本为攫取增殖不断加大对当地资源环境的开发掠夺污染力度。也因此，环境问题从发达国家的问题转而成为发展中国家和地区的问题，再发展成为世界性问题。其次，中国不具备向外国转移高能耗高排放产业的条件。研究发达国家转移高能耗高排放产业的背景，其产业升级基本完成，有的国家以高端制造业为主，比如德国，有的国家以金融服务业为主，比如美国。他们完全处于全球食物链的顶端，不管高能耗高排放产业如何转移，转移到任何地区，都能通过不平等的国际贸易为本国带来收益。再观中国，当前经济社会发展不平衡不充分的现象很突出，高端产业占比较低。在这种情况下，部分高能耗高排放产业仍然是促进经济社会发展，促进人民就业，满足人民群众需要的重要组成部分。如果在实践中不顾社会实际情况而片面地向外转移这类产业，不但会造成严重的民生问题，而且会造成产业空心化，势必会影响新时代中国特色社会主义建设。另外，从整个资本主义世界体系来看，中国仍然处于这个食物链的低端，是这个体系中受剥夺比较严重的国家，一旦失去一些必要的高能耗高排放产业的支撑，必然会影响中国的国际地位。

第五，必须批判与社会主义不相适应的西方环保思想。首先是批判带有自然中心主义色彩的民间环保思想。自然中心主义将自然环境作为认识问题的主体，认为人类应该转变观念，以自然发展的需要为基本考量。以其典型代表绿色和平组织为例，其行为具有以下几个特点：一是认为人类在自然面前无能为力，任何对自然的征服与改造都要受到自然的惩罚。二是认为生态如“普世价值”可以凌驾于民众尤其是发展中国家和地区民众追求发展与富裕的权利之上。三是发表不实甚至错误言论，危害他国商业利益甚至国家利益。出现这种言论有时候由于对某些行业不了解而没有做全面的研究，有时候是因为其背后利益集团的唆使。比如，每年六一儿童节、元旦、春节前后都是中国玩具市场的销售黄金时段，然而，绿色和平组织也经常借机发布国产玩具存在质量问题的调查报告，呼吁中国政府提高玩具安全标准，引发一些媒体不分青红皂白炒作一番，从而令消费者产生只有外国品牌玩具质量才可靠的感觉。其结果是沉重打击国产品牌玩具的销售。[①] 发达国家开展环境治理较早，经验丰富，成就亦非常可观，但是其毕竟是为发达资本主义国家，为资产阶级服务的，不免具有天生的不足。中国在这些问题上务必保持着清醒的头脑，要坚持批判借鉴，而不能全盘接受。

其次，必须坚决反对发达国家借全球环境治理而试图限制包括中国在内的发展中国家和地区发展权的思想与政策。中国作为社会主义大国，是西方发达资本主义国家的重要对手，他们利用各种机会炒作中国的热点问题，试图引发中国的颜色革命，进而图谋分裂中国，控制中国，使中国沦为其经济政治附庸。目前中国日益严峻的环境问题，就成为西方发达资本主义国家对华攻击的重要议题，主要有以下几个观点：一是在中国宣传自然中心主义试图造成中国产业空心化，进而破坏中国的快速发展。以南非为例，20 世纪 50 年代以来，南非工业制造业迅速发展。但是曼德拉上台后，在西方环境治理思想的蛊惑下，制定了“史上最严的环保禁令”：政府不再优待、补偿工业制造，对企业处以超高额度的“环境罚款”以及工业税额，制定根本不符合本国实际的严苛“环保标准”等，引发了南非的去工业化浪潮，导致南非

① 李卓明：《科学客观看待“绿色和平组织”的调查》，《中外玩具制造》2012 年第 1 期。

的国内制造业开始出现了大范围的垮塌，国内资本出现大规模外逃。随着竞争对手垮塌，西方各大企业开始疯狂地涌进南非进行工业投资。短时间内，南非的基础工业全部更名改姓。二是宣传政府环保不作为，误导不明真相的群众攻击中国环保事业。三是当中国加强污染治理并影响到民众的物质满足时，又恶意宣传政府不顾民生，试图转移民众的视线。比如 2017 年开始，中国推行煤改气运动，但是对冬季民众取暖造成一定的影响，进而不少不良媒体开始铺天盖地地宣传环境治理不顾民生。面对发达资本主义国家维护自身霸权，试图遏制中国发展的言论政策，中国要提高警惕积极批判，既要在舆论上积极反制，暴露其不良目的，又要切实推进国内环境治理，推进绿色发展。

第六，对西方的环境保护实践也要辩证分析批判借鉴。以《寂静的春天》的出版为标志，西方出现了关于经济发展方式的反思，并提出来一系列的政策、方案，虽然这些措施对其本国环境治理有较大成效，但是从总体上仍然是被动反应式的，他们受制于资本，而不能限制资本就不能从根本上制定一个长期有效的发展方案。中国是社会主义国家，以马克思主义为指导决定了党必须而且能够把握社会发展规律，而且对资本有着较好的控制能力，能够在全局、长远等多个角度推进更平衡更充分的发展。面对环境对发展的制约，党不但要被动式地解决以前工业发展造成的生态欠账，更要深化对新时代发展规律的把握，提出长期性的绿色发展指导计划。

第七节 绿色发展理念在不断满足人民需要进程中与时俱进

理论具有长期稳定性，任何理论的诞生都是为了长期指导社会实践，而不仅仅是解决迫在眉睫的现实问题。经济发展与环境治理的矛盾具有长期性，需要在社会发展中逐渐解决，党在把握二者关系时着眼于经济社会持续发展。绿色发展理念具有与时俱进的品质。新时代，随着绿色发展的深入推进，当人民日益增长的美好生活需要得到满足，丰富的社会发展实践必然促进绿色发展理念进一步丰富完善。

一、以马克思主义为指导，在丰富的社会主义建设实践中，促进绿色发展理念与时俱进

马克思主义是揭示人类社会发展规律的科学理论，只有以马克思主义为指导，才能把握人类社会发展的大方向，引领社会发展潮流。在环境治理的进程中，如果不能以正确的理论指导，就会陷入“头疼医头，脚疼医脚”的境地，也许会有暂时的治理效果，但是由于不能或者不敢揭示生态危机的本质原因，某些环境治理举措甚至会加剧环境污染。半个多世纪以来发达国家的环境治理深刻地说明了这个问题。只有以马克思主义为指导，深刻研究社会发展规律和社会发展阶段，才能针对环境污染问题提出一整套互相配合的颇具可操作性的治理方案。党提出绿色发展理念并提出一揽子互相配合的贯彻方案恰恰反映了这个问题。实践是检验真理的唯一标准，任何理论只有经过实践检验并不断丰富才有生命力，才能长期指导社会实践。绿色发展理念正是在长期的党领导社会主义建设的实践中形成的，该理念总结了新中国成立以来尤其是改革开放以来关于环境治理的经验教训，在价值目标、方法论等方面对党的发展观作了丰富和发展。不但要求全党将治理环境作为前所未有的重大任务，而且从诸方面诸领域作出了顶层设计，提出绿色发展的方式方法，为全党指出了工作重点，为中国的可持续发展作出了中长期规划。新时代，党领导的社会主义建设实践，也必然检验绿色发展理念的真理性，并促进其日益丰富。

二、以人民为中心，深刻满足人民需要，促进绿色发展理念与时俱进

历史是人民群众创造的，只有以人民为中心的理论才具有无尽的生命力，否则只能是昙花一现或者逐渐被社会发展规律所抛弃。在阶级社会里，统治阶级的发展理念虽然在客观上能满足人民群众的部分需要，但是其决策时的主观目的和最终目的都是为了满足统治阶级维护其阶级统治的需要，因此最终会被人民群众抛弃，甚至引发人民群众的革命斗争。在社会主义社会，人民群众当家作主，执政党代表人民行使国家公权力最根本的是为了服务人民满足民生需要，因此就能获得人民群众的支持。从当前的社会实践来看。资本主义国家如美国，总统候选人在大选时会给选民各种各样的承诺，但是当选后或拒不实行，或在实行时反而加剧了对人民群众的剥削，以奥巴马发起的医改为例，从现象上看提高了医保的覆盖人群，但是对于最底层的民众，也加重了他们的经济负担。社会主义国家如中国，则出现与资本主义国家完全相反的场景。比如覆盖 14 亿人口的医保体系，举世无双，尤其是农村医保，具有保费低、医疗费用报销比例高的特点。地方政府也会作出为民做实事的承诺，解决人民群众急切关注的实际需要。关于环境保护也是如此。在二战以前，资本主义国家的环境污染就已经很严重，但是即便制定了法律法规也不能形成有效的治理机制，进而造成日益严重的生态危机事件，根本原因即为统治阶级只是为资本的利益服务。中国改革开放以来的发展水平虽然远不如发达国家，但是全党长期关注并逐渐改善环境，倾听群众对美好生活、优美环境、健康安乐的向往，并将美丽中国建设作为执政党为人民服务的重要目标。绿色发展理念能够全方位满足民众的民生需要，是被人民选择的先进发展理念，必然具有与时俱进的特质。

三、真正解决经济发展与环境治理的矛盾促进绿色发展理念与时俱进

经济发展与环境治理是辩证统一的，之所以会造成重大的工业污染，就是因为长期以来将二者严重对立起来，人类尚没有充分地从整体的角度把握二者关系，而是在具体的环境污染事件中花费巨大精力和财富。发达国家的环境治理运动中，他们从没有想过从整体上遏制环境恶化，为全世界营造可持续发展的自然环境。今天，在全球环境治理的关键时刻，发达国家仍然试图以较少人口享受较大比例的排放权，其本质是发达国家可以多排放多污染进而实现较快发展，发展中国家和地区只能少排放少污染，进而导致发展放慢甚至停滞。这仍然是一种将经济发展与环境治理僵化对立的思想。绿色发展理念是经济发展与环境治理的有机统一，能够在理论与实践上摒弃资本主义国家关于二者关系的错误思想。

在理论上，绿色发展理念参透了经济发展与环境治理之间的辩证统一关系。二者处于无限的矛盾循环中，必须以马克思主义方法论动态认识二者的关系，才能在长期的社会发展实践中形成与时俱进的行之有效的治理方式。发展是全世界人民的共同目标，发达国家限制发展中国家和地区发展权的环境治理理论与实践是与世界人民的根本愿望背道而驰的，是伪环保理念，即便在短期内取得一定的环境治理效果，也必将遭到全世界人民的反对而失败。绿色发展理念将全世界结为环境治理的命运共同体，结成可持续发展的命运共同体，以全世界的可持续发展为重要目标，以解决发展中国家和地区的不发达乃至贫困问题作为重要任务，以全球环境治理作为基本动力，是一整套包含价值目标、行动纲领、方法政策在内的一揽子解决方案，体现了世界人民的整体利益，体现了人类社会的发展方向。

在实践中，绿色发展理念指导经济社会建设与环境治理取得诸多成

就，深刻证明了其对经济发展与环境治理之间的辩证统一关系的判断的科学性、具体性及实践性。首先，绿色发展理念指导中国社会经济持续中高速发展，高于同期世界和发展中经济体的平均增长水平。到 2020 年，中国 GDP 达到 1015986 亿元，首超 100 万亿元，人均 GDP 72447 亿元。与经济社会持续发展相适应，“我们实现了第一个百年奋斗目标，在中华大地上全面建成了小康社会，历史性地解决了绝对贫困问题，正在意气风发向着全面建成社会主义现代化强国的第二个百年奋斗目标迈进”①。其次，在保障国民经济中高速发展的基础上大力整顿环境，并取得积极效果，不但对资源的利用率有效提高，在污染源排放方面，部分行业、部分领域也取得重大成就。尤其是党的十八大以来，环境保护成效明显。重拳整治大气污染，重点地区细颗粒物（$PM_{2.5}$）平均浓度下降 30%以上。加强散煤治理，推进重点行业节能减排，71%的煤电机组实现超低排放。优化能源结构，煤炭消费比重下降 8.1 个百分点，清洁能源消费比重提高 6.3 个百分点。提高燃油品质，淘汰黄标车和老旧车 2000 多万辆。加强重点流域海域水污染防治，化肥农药使用量实现零增长。② 与此同时，中国企业秉承绿色发展理念走出去。在国外的工业建设中，关注当地环境保护，不但采用新技术以提高资源利用率，而且积极处理污染源，积极采取防护措施以保护工人的身体健康。尤其是中国环保企业走出去为全球环境治理作出越来越大的贡献。2017 年 5 月，中国的盛运环保公司与菲律宾签署了近百亿的合作框架协议，主要建设项目包括城市垃圾再生能源发电厂、生物质再生能源发电厂、城市自来水厂、城市污水厂、现有的四个垃圾填埋场的治理改造及其污染土

---

① 习近平：《在庆祝中国共产党成立 100 周年大会上的讲话》，《求是》2021 年第 14 期。

② 李克强：《政府工作报告》，中国政府网，2018 年 3 月 5 日，http://www.gov.cn/guowuyuan/2018-03/05/content_5271083.htm。

壤修复工程等。2017 年 10 月 26 日，中国的万邦达环保公司与泰国公司就垃圾发电项目签署了合作意向书，共涉及 5 个泰国生活垃圾发电项目。理论只有指导实践才有生命力，理论只有经过实践检验才能不断丰富发展，并长期指导实践。党的十八大以来，绿色发展理念在经济社会发展与环境治理实践中，关注新形势、解决新问题、形成新方法，不断丰富、不断完善、不断发展、彰显其与时俱进的品质。

第四章　绿色发展理念的人民性内涵

第一节　绿色发展为民：绿色发展理念的价值目标是满足人民需要，维护人民利益

一、马克思主义发展观生态观是绿色发展理念形成的理论基础

（一）马克思主义发展观的基本内容

马克思主义发展观揭示了人类社会发展的本质与规律，具有丰富的内涵。

第一，马克思主义发展观认为社会是处在不断发展变化中的互相联系、互相作用的复杂系统和有机整体。马克思在《哲学的贫困》中第一次提出了“社会有机体”的概念。文章说：“谁用政治经济学的范畴构筑某种思想体系的大厦，谁就是把社会体系的各个环节割裂开来，就是把社会的各个环节变成同等数量的依次出现的单个社会。其实，单凭运动、顺序和时间的唯一逻辑公式怎能向我们说明一切关系在其中同时存在而又互相依存的社会机体呢？”① 后来，1867 年，马克思在为《资本论》

① 《马克思恩格斯选集》第一卷，人民出版社 1995 年版，第 143 页。

第一版写的序言中进一步指出："现在的社会不是坚实的结晶体，而是一个能够变化并且经常处于变化过程中的有机体。"① 可见，马克思把社会看作是由各种因素、各个环节、各个领域互相联系、互相联结、相辅相成的有机统一的整体。这个有机统一整体的各个组成部分，一方面是互为补充，不可缺少的；另一方面又是在社会发展的过程中不断发展变化的。从一般意义来说，随着人类社会向前发展，其蕴含的要素、环节会越来越多，同时各个环节之间的关系也会越来越复杂。由上述即可看出，人类社会的发展，绝不仅仅是物质财富的增量，而是着眼于人的全面解放全面发展的整体进步。同时，随着社会生产力水平的提高，人类社会发展的内涵日益丰富，这个有机体日益复杂。这个有机体的体系越复杂，越需要人类发挥智慧，建构符合时代的发展观，以引领人类社会发展的基本方向。人类社会越发展，生态问题就越成为这个复杂系统的重要组成部分，也越成为制约人类社会发展进程的重要因素。

第二，马克思主义发展观强调正确处理社会有机体与自然的辩证统一关系，促进人与自然和谐发展，促进人类社会永续发展。马克思主义认为，自从人类诞生，世界就处于自然的人化与人的自然化，这样一个相互作用的进程中。在资本主义社会，由于受到资本暴力增殖属性的影响，人与自然关系是异化的。这种异化表现在："一方面所发生的需要的精致化和满足需要的资料的精致化，却在另一方面造成需要的牲畜般的野蛮化和彻底的、粗陋的、抽象的简单化，或者毋宁说这种精致化只是再生出相反意义上的自身。对于工人来说，甚至对新鲜空气的需要也不再成其为需要了。人又退回到洞穴中居住，不过这洞穴现在已被文明的污浊毒气所污染。而且他在洞穴中也是朝不保夕，仿佛这洞穴是一个每天都可能离他而去的异己力量。如果他付不起房租，他每天都可能被

① 《资本论》第一卷，人民出版社 2004 年版，第 10—13 页。

赶走。他必须为这停尸房支付租金。明亮的居室，这个曾被埃斯库罗斯笔下的普罗米修斯称为使野蛮人变成人的伟大天赐之一，现在对工人说来已不再存在了。光、空气等等，甚至动物的最简单的爱清洁习性，都不再是人的需要了。肮脏，人的这种堕落腐化，文明的阴沟（就这个词的本义而言），成了工人的生活要素。完全违反自然的荒芜，日益腐败的自然界，成了他的生活要素。他的任何一种感觉不仅不再以人的方式存在，而且不再以非人的方式因而甚至不再以动物的方式存在。人类劳动的最粗陋的方式（工具）又重新出现了：例如，罗马奴隶的踏车又成了许多英国工人的生产方式和存在方式。人不仅没有了人的需要，他甚至连动物的需要也不再有了。爱尔兰人只知道有吃的需要，确切地说，只知道吃马铃薯，而且只是感染上马铃薯，那是质量最差的一种马铃薯。而如今在英国和法国的每一个工业城市都已有一个小爱尔兰。连野蛮人、动物都还有猎捕、运动等等的需要，有和同类交往的需要。机器、劳动的简单化，被利用来把正在成长的人、完全没有发育成熟的人——儿童——变成工人，而工人则变成了无人照管的儿童。机器迁就人的软弱性，以便把软弱的人变成机器。”① 恩格斯也曾指出：“不要过分陶醉于我们人类对自然界的胜利。对于每一次这样的胜利，自然界都对我们进行报复。”② 马克思主义认为，只有人类进入共产主义社会，才能从根本上将人类社会与自然有机统一起来。马克思说：“社会化的人，联合起来的生产者，将合理地调节他们和自然之间的物质变换，把它置于他们的共同控制之下，而不让它作为一种盲目的力量来统治自己；靠消耗最小的力量，在最无愧于和最适合于他们的人类本性的条件下来进行这种物质变换。”③ 到共产主义社会，人类得到全面解放全面发展，人

① 《马克思恩格斯文集》第一卷，人民出版社 2009 年版，第 225—226 页。

② 《马克思恩格斯文集》第九卷，人民出版社 2009 年版，第 559—560 页。

③ 《马克思恩格斯文集》第七卷，人民出版社 2009 年版，第 928—929 页。

类把握了人类社会与自然的发展规律，自然能够自觉地正确处理二者之间的关系。与此同时，马克思主义还承认，在向共产主义社会过渡的进程中，也是人不断认识人与自然关系的进程。当前，人类虽然尚处于资本主义世界体系，共产党尤其是执政的共产党仍然要将马克思主义基本原则与当前社会发展阶段相结合，不断开拓人与自然关系理论与实践的新境界。

第三，人类社会发展的价值目标是实现人的全面解放全面发展。马克思说："历史不过是追求着自己目的的人的活动而已。"① 他还说："正像社会本身生产作为人的人一样，社会也是由人生产的。"② 马克思主义认为人类社会发展与每个人的发展是统一的。人类社会生产力水平的提升总是以满足人的诸方面需要为基础，而人的诸方面能力的提升又会促进社会发展。由此可以推论：当社会的整体发展情况不能满足人的多层次甚至高层次需要时，就违背了人类社会发展的价值目标与本质，当经济社会的发展不是为了促进人类社会永续发展，而是为了满足统治阶级自身利益时，亦违背了人类社会发展的价值目标与本质。在资本主义世界体系，无疑社会生产力的发展是飞跃式的，但是对人的多层次甚至高层次需要的满足状况则是片面的。比如，很难满足普通民众优美生态环境的紧迫需要。同时，占人口少数的统治阶级获得较高层次需要的满足，但是又进一步加强了其统治、剥削劳动人民的能力。在社会主义国家，虽然由于资本主义世界体系的制约，及生产力水平落后的影响，尚不能完全实现人的全面解放全面发展，但是执政党必然会关注并不断解决人的解放发展问题，在当前发展阶段下最大程度地满足人的需要，促进最终实现人的全面解放全面发展。

---

① 《马克思恩格斯文集》第一卷，人民出版社 2009 年版，第 295 页。

② 《马克思恩格斯文集》第一卷，人民出版社 2009 年版，第 187 页。

（二）马克思主义生态观的基本内容

马克思主义生态观是马克思主义发展观的重要组成部分，它从生态维度研究发展规律、发展方向与发展路径，体现出马克思主义发展观的全面性、深刻性与人民性。马克思主义生态观蕴含着丰富的以人为本的、服务人的全面发展的生态思想。马克思主义生态观又是自成体系的理论观点，它研究生态问题的发生、发展及解决路径。

第一，马克思主义生态观的内涵。首先，从马克思主义自然观的角度来看。马克思说："人直接地是自然存在物。人作为自然存在物，而且作为有生命的自然存在物，一方面具有自然力、生命力，同动植物一样，是受动的、受制约的和受限制的存在物，另一方面，人作为自然的、肉体的、感性的、对象性的存在物，同动植物一样，是受动的、受制约的和受限制的存在物，就是说，他的欲望的对象是作为不依赖于他的对象而存在于他之外的。"[①] 马克思主义自然观深刻阐释了人与自然的关系，即人的能动性决定了人类能够认识、利用自然，把握自然发展变化的规律，同时人类活动必须以自然环境为基础，依自然规律行事。

马克思主义认为人类的实践是一个由低级向高级不断发展的历史过程，每一个阶段都有与之相适应的实践水平，体现了人类探求自然规律的阶段性成果。当然，这也说明，人类尚不能完全把握自然规律，尚有局限性，甚至功利上的盲目性，由此也会遭到大自然的报复。恩格斯尤其是充分认识到人类活动造成生态灾难的情况。比如历史上因为毁林耕种而造成环境灾难的情况非常多，意大利就因为人为毁掉阿尔卑斯山南坡植被而造成雨水倾斜到平原上。因此马克思、恩格斯谆谆告诫人类在发展实践中必须认识，而且能够认识自然规律。马克思、恩格斯还深刻论证了资本主义社会形态下，人类对环境的掠夺性破坏行为。他们充分

---

① 《马克思恩格斯文集》第一卷，人民出版社 2009 年版，第 209 页。

肯定了资本主义制度带给人类社会的巨大进步，同时也特别关注资本家为了攫取剩余价值而对生态环境的掠夺。以恩格斯的《英国工人阶级状况》为例，该书深刻揭露了资本主义制度造成的严重的生态问题。在资本主义制度下，由于人类尚未真正把握社会发展规律，资本的无限扩张必然造成对自然资源的最大浪费和破坏。马克思、恩格斯认为，只要生产资料私人占有存在，人类就会出现个体的生存斗争。马克思、恩格斯认为："一旦社会占有了生产资料，商品生产就将被消除，而产品对生产者的统治也将随之消除。社会生产内部的无政府状态将为有计划的自觉的组织所代替。个体生存斗争停止了。于是，人在一定意义上才最终脱离了动物界，从动物的生存条件进入真正人的生存条件。人们周围的、至今统治着人们的生活条件，现在受人们的支配和控制，人们第一次成为自然界的自觉的和真正的主人，因为他们已经成为自身的社会结合的主人了。"① 当人们已经认识并把握自然规律了，才能实现由必然王国到自由王国的飞跃。可见，马克思、恩格斯通过观察资本主义的生态问题及人类社会发展进步的情况，认为人类是能够实现与自然和谐共生的。

第二，马克思主义生态观的人民性本质。马克思主义以人的全面解放全面发展为最高追求，所以马克思主义经典作家在生态方面的思想也体现了他们关注民生，并最终要满足民生需要的思想。马克思、恩格斯关注资本主义制度下的生态环境在根本上是关注恶劣生态环境对民生的影响。工业革命以后，欧洲首先快速发展机器大工业，因此污染首先在欧洲对自然环境造成严重影响。比如，在英国艾尔河流入城市的时候是清澈见底的，而流出城市时却被各种脏东西污染了，又黑又臭，而且城市里也没有排水沟，住房和地下室常常积满了水，造成各种各样的疾病。马克思、恩格斯关注历史上的生态问题的落脚点也是民生。比如意

① 《马克思恩格斯文集》第三卷，人民出版社 2009 年版，第 564 页。

大利人砍伐阿尔卑斯山的森林最终造成畜牧业的根基被毁灭，西班牙的种植园主焚烧山上的森林导致大雨冲毁了肥沃的土地。可见，马克思、恩格斯已经充分认识到人的生存发展是人类社会的最基本要求，人类关注生态环境必须要与自身的民生问题相联系。

从马克思、恩格斯关于生态环境的论述，很容易发现他们一直站在人民视角。具体来说，首先，马克思、恩格斯的学说从生活世界的维度看问题。通过研究马克思、恩格斯的论述明显看出，马克思、恩格斯总是聚焦于人民群众的民生问题，只有让人民群众深刻感受到其学说所说的正是人民群众自己的事情，有的是自己正在遭受的，有的是曾经遭受的，这样才能使民众深刻感受到这种理论是反映他们需要、发出他们声音的自己的理论，进而有利于形成人民群众对马克思主义地自觉认同。其次，从人民群众主体的维度。人民群众是人类社会的主体，也是整个世界的主体，是历史的创造者，主张英雄史观的唯心主义思想是错误的。资本主义制度创造了远远高于以前社会形态所创造的物质财富，但是马克思、恩格斯并没有局限于当时的资产阶级精英群体，而是深刻论述人民群众的劳动创造了历史。人民群众不但是推进人类社会发展的主体，而且是修复被资本主义破坏的生态环境的主体，这既是对马克思主义基本的人民主体思想的贯彻，也能彰显先进理论掌握群众的说服力和感染力。最后，马克思、恩格斯的生态思想体现了人文关怀。马克思主义以人民群众为主体，自然要时刻表达对群众各方面问题的关怀，这是以人民为中心思想的基本出发点和立足点，也是对生态环境等问题进行探讨的基本价值取向。在马克思、恩格斯关于生态环境的论述中，分析环境破坏对人类生存问题的影响、形成原因及解决路径。正是这种理论联系实际的人文关怀，与提出相关举措相辅相成，使马克思主义生态思想日益大众化，并颇具生命力。

二、中国共产党执政的基本目的是满足人民需要

中国共产党全心全意为人民服务的宗旨是由其指导思想决定的。从马克思主义的组成部分来看，马克思主义哲学揭示了世界发展规律，进一步厘清了人类在整个世界的地位和作用。马克思主义哲学正确认识人的主观能动性，认为人类可以掌握自己的命运，并最终实现人在物质、文化、政治诸方面的发展。马克思主义政治经济学揭示了人类社会的发展规律，揭示了资本主义社会的发展规律，揭示了资本主义必然灭亡的规律，以及人类社会必然会过渡到社会主义共产主义社会的基本规律。马克思主义揭示了人类自身历史的发展规律——到未来社会发展为全面、自由、解放、发展的个体的人，揭示了人类社会历史发展的规律——最终进入无阶级的共产主义社会，揭示了资本主义制度必然灭亡以及为什么灭亡。从马克思主义的主要内容，即明显表达出马克思主义从人民利益出发，全心全意指导人民解放的本质。马克思主义传入中国以后，虽然因时因地发生了重大变化，但是其基本原理得到继承和发扬，成为中国共产党思考中国问题、解决中国问题的理论基础和领导革命建设的指导思想。

中国共产党全心全意为人民服务的宗旨是由其阶级本质决定。资本主义社会是人类社会最后一个分裂为两大对抗阶级的社会形态。资本主义制度下的无产阶级与以往的奴隶阶级、农民阶级有着显著的不同，它是唯一的没有自己的阶级利益而关注民生服务民生的阶级。从历史发展的角度来看，奴隶阶级和农民阶级在追求独立解放的斗争中虽然展现出较强的战斗力，但是由于社会发展阶段、社会生产力水平落后的制约，由于他们没有正确的指导思想，没有为人民谋利益的世界观和价值观，决定了其斗争要么失败，要么蜕变成为统治阶级的新的代言人。比如，中国古代陈胜吴广起义，提出“王侯将相，宁有种乎?”的口号，在本质上反映了农民也想成为王侯将相那样的人物，而不是从根本上反对王

侯将相这样的特权阶级。相反，无产阶级以解放全世界为己任。首先，无产阶级有马克思主义作为指导思想，以推翻资本主义制度，建立社会主义共产主义社会为基本目标。其次，无产阶级是唯一的一无所有的阶级，他们没有自己的特殊利益，他们深刻认识到只有建立无产阶级自己的专政，才能最终防止资产阶级反攻倒算以及个别工人的腐化变质。同时，只有无产阶级领导国家政权才能保证广大无产阶级成为国家的主人，才能保证政权通过的决议是关系民生福祉，关系社会发展的正确决议。

中国共产党深刻认识到近代中国的具体情况，了解到人民群众的苦难遭遇，因此，中国共产党成立伊始就明确了其满足人民群众各层次民生需要全心全意为人民服务的宗旨。1920 年 11 月，中国共产党上海发起组起草了《中国共产党宣言》，即提出："共产主义者主张将生产工具——机器、工厂、土地、交通机关等——收归社会共有，社会共用"，最终"社会上个人剥夺个人的现状也会绝对没有，因为造成剥夺的根源的东西——剩余价值——再也没有地方可以取得了"。① 另外，《中国共产党章程》也一直"坚持全心全意为人民服务"，强调"权为民所用，情为民所系，利为民所谋"，而党"没有自己特殊的利益"。② 全心全意为人民群众服务的宗旨，又推动中国共产党领导不屈不挠的革命战争，领导伟大的社会主义建设，为不断满足人民群众的物质文化需要作出贡献。

新中国成立后，中国共产党领导社会主义建设，推进新中国的民生建设走向新阶段。党对中国社会主要矛盾的正确判断是党领导民生建设取得重大成就的基础。中共八大提出的关于中国社会主要矛盾的正确判

① 《中国共产党宣言》（节选），《新湘评论》2011 年第 1 期。

② 《中国共产党章程》，人民出版社 2017 年版，第 19—20 页。

断指出了中国推进社会主义建设的主要任务和主要方向。不管是“一五”计划以重工业发展为中心，还是改革开放后进一步明确了以经济建设为中心，都促进了经济社会的迅速发展，也大幅提高了人民群众的物质文化生活。1952年，中国人均GDP仅119元，到2020年则达到72447元，增长609倍，尤其是改革开放以来增长过百倍。以此为基础，人民群众的物质文化生活极大丰富，中国已经史无前例地解决了十几亿人口的温饱问题，并全面建成小康社会。以经济发展为基础，人民群众的文化生活也日益丰富多彩，人民群众的受教育水平极大提高，不但中国社会的文盲率从1949年的80%下降到今天的不足5%，而且高等教育正趋向普及化。从人民群众文化生活的丰富程度看，不但各地兴建了大量的文化艺术场馆，而且利用率不断提高。免费的群众性文化活动场所日益增多，中国电影年产量近千部，各级各类体育文化活动也吸引了老中青各年龄阶段群体的眼球。

革命与建设的历程，充分证明了中国共产党是全心全意为人民服务的政党，它时刻关注民生，服务民生，并在不同社会发展阶段充分满足了人民群众的需要，不断促进人民解放发展。

三、新时代的形势与任务要求中国共产党积极贯彻绿色发展理念满足人民需要

中国共产党具有与时俱进的品质，它总是能够根据时代变化和时代形势，提出有利于民族，有利于人民，甚至有利于世界整体发展的政策策略。新时代，中国与世界形势发生了重大变化，首先是人民群众的需要发生重大变化。改革开放以来，人民群众的生活水平得到极大的提高，人民群众的低层次物质需要已经基本得到满足并开始发生变化，人民群众开始越来越多的追求高质量的物质文化需要，这对社会发展提出了新要求。其次，中国的发展方式急需调整，可持续发展日益受到重

视。与新中国经济社会快速发展相伴随的是生态环境遭到破坏的重大代价。比如，污染面源、点源、线源，以及各种各样的气体、液体、固体污染源，对中国的自然环境造成了难以修复的破坏，也给人民群众的生命健康带来了严重的威胁。同时，经济发展也导致社会对自然资源的开发甚至掠夺越来越多。虽然中国地大物博，但是不少矿产资源已经不能满足中国经济发展的巨大需求，比如，中国每年要进口上亿吨石油，对外依赖度达 6 成以上。中国储量丰富的稀土等矿产资源也遭到掠夺式开采。这些都要求转变发展方式，在发展的进程中更加重视环境保护、节约自然资源，于是绿色发展理念应运而生。

随着经济社会迅速发展，新时代中国的民生问题出现了许多新情况和新特点。按照马斯洛需要层次理论，人民群众的需要逐渐地由低层次向高层次发展。在中国已经有较大群体逐渐富裕起来以后，高层次的文化、安全、心理、环境等需要越来越多地成为人民群众关注的对象。比如，就有学者认为当前中国比较普遍的民生问题排在前十位的是：增加收入，社会保障，保障就业，医疗保障，住房问题，教育问题，公平正义问题，社会安定问题，食品安全问题，经济发展问题。① 这项调查统计从一个侧面反映了突出的现实矛盾。同时，虽然可以将民生问题细化为各个方面，但是每个领域的民生需要并不是孤立的，而是相互之间紧密联系，相辅相成的，其主要表现为两个特点：一是整体上的各个方面民生需要的相关性。民生问题诸方面紧密联系，绝不能头痛医头脚痛医脚，而是要对民生问题诸方面在整体上进行把握，通过最基本的经济发展进行整体的解决。二是需要层次的渐进性。任何一项民生问题都有生存与发展两个层面。在社会发展的进程中，这两个层面的内涵也在不断发生变化，在经济发展水平较低的情况下，民生需要层次比较低，主要

① 唐业仁：《我国社会不同阶层分析及民生需求比较》，《中国市场》2013 年第 41 期。

在于维持人类生理的基本需求，比如吃饭穿衣等。随着经济社会的迅速发展，这种基本的生存的民生需要慢慢地被日益发展的更丰富的更高层次的需要所替代，人们开始越来越多地关注心理需要的满足。满足人民群众的需要，就是要不断满足人民日益丰富的生理心理需要，并利用市场提供差异化的“溢出需要”。

面对人民群众日益增长的美好生活需要，党与时俱进，提出适合新时代形势和变化的新理论新观点，不断开拓中国特色社会主义发展的新局面。从发展的维度，为了满足人民群众日益增长的民生需要，党不断根据时代发展变化丰富完善自己的发展理念。从发展就是硬道理，到“三个代表”重要思想，科学发展观，再到新发展理念，彰显党与时俱进的品质。五大发展理念互有侧重，相辅相成。绿色发展理念既有自己的特色，又与其他发展理念相辅助，共同推进人民群众需要的满足。绿色发展理念以发展为前提，能够极大满足人民群众不断提升的民生需要。绿色发展理念不但能够带动环保产业发展，培育新的就业岗位，提高民众收入，而且为民众生活塑造优美的环境，提高民众的生活质量。绿色发展理念有利于推进经济社会可持续发展，形成一种新的文化氛围，有利于民众的文化心理等方面需要的满足。

具体来说，绿色发展将是中国经济新的增长点。当前，我国经济发展速度呈现出中高速的新常态。2011 年以来，中国 GDP 增速降至 10% 以下而且持续下滑，2016 年更是低至 6.5%。在如此背景下，绿色发展却动力十足带动相关领域逆势上行，比如，环保产业发展迅速，环保科技发展迅速。有利于扩大民众就业，提高民众收入，有利于提高经济发展活力。绿色发展可以在多层次多方面满足人民群众日益增长的美好生活需要，可以为人民群众提供其需要度比较高的绿色食品、绿色文化、绿色健康、绿色安全等各个方面的产品。

第二节　绿色发展富民：绿色发展理念有利于满足人民日益增长的物质需要

追求个人生活富足是人类社会发展的基本目标，也是中国共产党执政的基本目标。马克思主义强调，工人阶级取得政权后，要尽可能快地增加生产力总量。邓小平说："哪有什么贫困的社会主义、贫困的共产主义。"[①] 只有生产力发展了，物质财富增长了，社会成员才有可能拥有富裕的物质生活。当前，中国人民物质生活虽然已经得到较大改善，但是与发达国家相比差距依然很大，与人民需要满足的预期差距也很大。虽然从目前看，尚无法实现国内人民享受类似于发达国家民众的富裕生活，但是，人类追求富裕的权利是相同的，而且党满足人民群众高层次物质需求的决心是坚定的。绿色发展理念即着眼于经济健康持续发展，持续增加物质财富，不断在物质领域满足人民群众日益增长的需要。

一、物质需要是人类最基本的需要范畴

有什么样的生产力水平就能够满足与之相适应的物质需要。随着社会生产力的发展，社会对人类物质需要的满足逐渐由量的满足发展到质的满足。

根据马斯洛需要层次理论，人的第一层次需要为基本生理需求，包括水、食物、呼吸、睡眠等。如果其中一项不能得到满足，个人的生理机能将无法维持运转，进而遭受疾病甚至死亡的威胁。人的基本生理需求是推动个人生存发展的基本要素。在人的第一层次需要中，物质需要又是其中最基本的而且会受到外界条件制约最多的需要。在工业化造成

① 《邓小平文选》第三卷，人民出版社 1993 年版，第 228 页。

高能耗高排放大爆发之前，人的第一层次需要包含地对食物的需要是人类社会奋斗的基本目标，而其他的如空气、水反而由于自然环境的有效供给而不具备如此的紧迫性。而当前，由于工业污染，人对洁净的空气、水的需要从另一个层面（即高层次的安全需要）凸显出来。

中国古代强调“民以食为天”，表达了物质需要尤其是粮食需要的满足对人类生存发展的重大意义。从中国历史的发展来看，生产力发展对人类的物质需要满足的重要性不言而喻。比如“民生”，在中国是一个非常古老的话题，周公旦就有“保民”“裕民”“民宁”等思想，管仲甚至已经论述了国家富强与民生的关系，直到孙中山提出“三民主义”，其中关于“民生主义”的论述，使“民生”的内涵更加清晰。虽然生产力理论是马克思恩格斯创立的，但是，并不是说中国古代认识不到生产力发展与满足人民物质需要的关系。事实上，在中国历史的发展中，社会生产力发展与人民物质需要满足状况互相推进，成为中国社会向前发展的重要动力。同时，中国古代先进分子也已经形成了对生产力、生产关系等问题的朴素认识。

在原始社会，从旧石器时代到新石器时代，再到原始种植业的发展，社会生产力的重大进步满足了人的物质需要。进入阶级社会，统治阶级也是通过满足人的部分物质需要以维护其统治。首先，推进生产工具的改进，显著提高社会生产力，逐渐提高人民群众食物需要的满足程度。从青铜器的使用到铁器的使用，基本上呈现出这样的发展脉络。其次，统治者也通过调整生产关系减轻对民众的剥削以满足民众的物质需要。从文景之治、贞观之治到康乾盛世，以及历朝历代前期的轻徭薄赋，休养生息，都在较大程度上满足了民众的基本物质需要。当人民群众的物质需要得到较大满足，就进一步激发了中国古代人民促进经济社会的繁荣发展。

关于人对食物需要满足的论述，深刻说明了物质需要是人类的基本需要，是人类社会发展的基础。如果最基本的物质需要都不能得到满足，必然不利于人的解放发展，甚至影响人的生存。因此，在阶级社会，统治阶级也要给予民众生存必需的物质条件。在社会主义国家，共产党更是不断满足人民群众日益增长的诸方面物质需要。

中国共产党以马克思主义为指导，信仰马克思主义关于社会生产力决定作用的理论，以全心全意为人民服务为根本宗旨，不断通过解放、发展生产力，满足人民的物质需要。革命战争年代，党领导的革命根据地大多位于落后偏远的农村地区，党一方面发动农民的爱国主义精神与革命精神，另一方面的重要工作就是着眼于发展生产解决农民的生存问题。比如，发布了影响广泛的《井冈山土地法》《兴国土地法》《中国土地法大纲》等，满足了人民群众拥有土地的愿望。当人民群众长期受到压抑的物质需要得到满足，将极大地提升人民参与社会发展的热情，进而推进革命事业的发展。新中国成立后，党在满足人民的物质需要上既有伟大的成就又有深刻的教训。从成就的维度来说，以粮食产量为例，1949 年，中国人均粮食 208.9 公斤，2016 年增加到人均 447 公斤。不但人民群众基本解决温饱问题，而且有较大数量先富起来的群体，他们对粮食、蔬菜、肉蛋奶等的需求和消耗量特别高。从教训的角度来看，新中国历史上也曾出现了粮食产量急剧下滑的阶段，比如，三年自然灾害时期粮食产量持续下滑，到 1960 年，人均粮食仅 217 公斤，回落到 1951 年的水平。进入 21 世纪，中国粮食产量又一次出现下滑。2002 年，中国粮食总产量 4.31 亿吨，人均 333 公斤，而 1999 年则为总产量 5.08 亿吨，人均 403 公斤。①

正是因为粮食问题太重要，世界各国都特别重视粮食安全。欧美发

---

① 根据中华人民共和国国家统计局关于新中国历年粮食产量及人口计算得出相关数据。

达国家都向农业生产投入大量的政府补贴，而且限制国外农业产品进口。中国共产党作为全心全意为人民服务的执政党，当然更加重视粮食生产和粮食安全，不但进一步解放和发展农村生产力，而且提高农业科技水平，还提出耕地保护红线。2018 年 1 月 3 日，国务院办公厅关于印发《省级政府耕地保护责任目标考核办法》的通知，要求“坚持最严格的耕地保护制度和最严格的节约用地制度，守住耕地保护红线，严格保护永久基本农田”。这些都有利于满足新时代人民群众新的高层次的物质需要。

二、绿色发展的本质：进一步解放和发展生产力

改革开放以来，我国社会生产力迅速发展，极大地满足了人民群众日益增长的物质需要，可以说这种满足表现在社会生活的方方面面。新时代，人民群众日益增长的美好生活需要，要求进一步解放和发展生产力，我国发展水平与发达资本主义国家的较大差距也要求进一步解放和发展生产力。

绿色发展的价值目标是解放和发展生产力。解放和发展生产力是人类社会向前发展的根本动力，为了解放和发展生产力，统治阶级要么主动，要么被动的调整生产关系。当生产关系与生产力的发展相适应，就能够推动人类社会的可持续发展，推进不断满足人民群众的各层次民生需要。明清以来，由于封建统治日益僵化腐朽，既不能被动变革生产关系以适应社会生产力的发展形势，更不会心甘情愿主动地退出历史舞台，导致中国社会生产力的发展速度远远落后于西方发达国家而开始走下坡路，不但造成经济落后，人民群众生活贫困，更造成被侵略欺侮的局面。在中国近代的历史中，虽然很多先进人士努力探求实现民族独立和国家富强，其最终难逃失败的命运，就是因为他们不能深刻理解生产力发展和生产关系调整的辩证统一关系。晚清地主阶级不甘放弃封建统

治，自然不能推动经济社会的发展。民族资产阶级由于天生的软弱性，不能深刻理解近代中国半殖民地半封建的社会性质，进而不能担当领导中国独立自主发展。只有中国共产党以马克思主义为指导，深刻洞察人类发展史上生产力与生产关系的辩证统一关系，深刻研究和分析近代中国生产关系与生产力关系的特殊性，才制定出领导中国革命走向胜利的政策策略。

新中国成立后，中国共产党又将马克思主义关于社会发展的理论与中国实际相结合，主动调整生产关系，积极解放和发展生产力。从社会主义改造到改革开放的新时期，中国对生产关系的调整是科学的，中国经济社会的发展是迅速的，生产力水平得到前所未有的提高。但是，随着工业制造业的迅速发展，对自然资源的过度开发利用，工业废弃物的过度排放等问题越来越突出，严重影响了经济社会进一步快速持续发展。新形势与新问题要求党根据中国实际发展问题推进发展理念创新，推进形成生产关系与生产力新统一。

绿色发展理念能够进一步推动调整生产关系，有利于进一步解放和发展生产力。欧阳志远认为绿色发展的内涵就是“调整生产关系，改革上层建筑，解放有利于自然生态和人民幸福的生产力，实现自然资源的充分合理利用，促进人的全面发展”①。坚持绿色发展，就是要在生态环境保护与生产力以及生产关系之间形成平衡关系，这就是意味着要对生产关系的调整进行史无前例的探索，② 既要正视原有体制的不足和缺陷，积极借鉴发达国家在转型发展方式方面的经验和教训，又要因地制宜，构建适合中国国情的，能够推进绿色发展的新型生产关系和上层建筑。

---

① 欧阳志远：《社会根本矛盾演变与中国绿色发展解析》，《当代世界与社会主义》2014 年第 5 期。

② 李志青：《绿色发展应坚持中国特色社会主义政治经济学重大原则》，《中国环境报》2016 年 2 月 17 日。

绿色发展理念就是要调整改变理顺生产关系领域不利于绿色经济发展的因素，以壮士断腕的勇气改革甚至清除绿色经济发展中的诸多障碍，制定有利于绿色政治、绿色经济、绿色文化发展的一系列政策和策略，推进绿色发展，推进社会可持续发展。

绿色发展着眼于解决新时代中国社会的主要矛盾，是推动中国社会发展，满足人民日益增长的高层次物质需要的新理念。社会主要矛盾决定着社会发展任务和发展方向，中国乃至世界的发展历史深刻证明，只有不断解决社会主要矛盾，才能促进社会发展。在近代中国社会，主要矛盾是帝国主义与中华民族的矛盾，封建主义与人民大众的矛盾。中国共产党领导的新民主主义革命，着力解决了社会主要矛盾，才实现了民族独立和人民解放，进而为解放生产力、发展生产力开辟道路。新中国成立后，社会主要矛盾逐渐转变为人民群众日益增长的物质文化需要同落后的社会生产力之间的矛盾，因此，党的发展理念与发展实践也要着眼于解决新的社会主要矛盾而发展变化，进而推动社会发展。新中国成立初期，由于中国经济发展状况整体落后于世界平均水平，绝大多数民众的物质文化生活水平非常低，人民群众对物质文化需要的满足主要侧重于量的提高，因此，一直到改革开放之后的较长时间里，中国经济发展都是侧重于物质财富量的提高，在不少行业领域以粗放型的发展方式为主。在新时代，中国社会的主要矛盾发生了历史性全局性变化。在物质生活水平有了较大提高的情况下，人民群众日益增长的高层次物质需要与发展不平衡不充分的矛盾就分两个层面更突出地表现出来了。首先，中国尚存在数百万贫困人口，他们迫切需要满足物质财富在量上的提高。其次，中国已经出现较多的生活日益富裕的群体，他们更加重视物质财富在质上的提升与满足，同时更注重更高层次的心理方面的满足需要。从中国社会发展的现实情况来看，第一个层次的矛盾是相对来说比较容易解决的，以习近平同志为核心的党中央强调精准扶贫，全面建成小康社会，完成中华民族减贫去贫的历史任务。第二个层次的矛盾则必须下大力气调整各项方针政策才能解决好。正如以习近平同志为核心的中共中央强调的：创新、协调、绿色、开放、共享，五大发展理念相辅相成、互相配合、互相促进，将成为推动新时代中国经济社会持续发展的新动力。绿色发展理念着眼于生态环境问题对人类物质生活的负面影响，不但要求提供更加丰富的物质产品，更要求提供更高层次的物质产品，在物质层面满足人民群众日益增长的美好生活需要。

绿色发展理念将从诸多方面进一步解放和发展生产力，促进新时代的物质生产。第一，绿色发展理念极大地促进人的解放发展，使人类社会形成绿色文化，进而有利于塑造先进的劳动者。第二，绿色发展理念将进一步推进劳动工具改进，有利于降低单位生产的能耗和排放。第三，更活跃的劳动者和更先进的劳动工具将极大地拓展劳动对象，从更广阔的空间实现人与自然关系的和谐。

总之，贯彻绿色发展理念将极大地转变经济发展方式。转变经济发展方式是实现绿色发展的重要途径。绿色发展首先能够推动科学技术在生态方面的巨大进步，既包括节能减排技术，又包括新能源技术。绿色发展将进一步推进制度、政策、策略方面的顶层设计，进一步推进科技进步，引领经济发展方式转型。绿色发展还将引领新的经济增长点，随着社会发展，传统行业要么被自动化机器设备所取代，要么面临着技术落后而被替代的危机。绿色发展就是未雨绸缪，推进新的绿色产业发展，不但要积极地向传统产业宣战，更要增加产值，扩大就业，提高民众收入，在时代变化中逐渐成为中国经济社会可持续发展的重要支撑力量。

三、绿色科技和绿色产业发展能够极大地满足人民的高层次物质需要

新时代，中国人民的物质需要满足状况较之改革开放初期发生了翻

天覆地的变化。贯彻绿色发展理念有利于推进经济社会全面可持续发展，满足人民群众新的高层次的物质需要。

科学技术是第一生产力，尤其是先进的科学技术能够推进中国经济社会的可持续发展，为满足人民群众新的物质需要奠定基础。从马克思恩格斯开始，马克思主义者已经深刻理解了科学技术对经济社会发展的重大推动作用。马克思曾说："自然因素的应用——在一定程度上自然因素并入资本——是同科学作为生产过程的独立因素的发展相一致的。生产过程成了科学的应用，而科学反过来成了生产过程的因素即所谓职能。每一项发现都成了新的发明或生产方法的新的改进的基础。只有资本主义生产方式才第一次使自然科学为直接的生产过程服务，同时，生产的发展反过来又为从理论上征服自然提供了手段。科学获得的使命是：成为生产财富的手段，成为致富的手段。"① 马克思恩格斯科学总结人类社会发展的过程中，尤其是工业革命以来，科学技术对生产力发展的推动作用。再结合近现代世界历史发展的进程，尤其是中国改革开放的发展历程，我们可以深刻地感受到：第一，科学技术在生产力诸因素中起着最主要的作用。它不但体现了人有意识地利用自然、开发自然、改造自然的能力，直接体现为生产力要素，而且能够深刻影响生产力其他要素的发展变化，比如，促进人的发展，促进生产工具的发展。第二，科学技术对社会生产力的发展起着最主要的变革作用。人类社会每次飞跃都与科学技术的进步息息相关。从青铜器、铁器的大规模使用到两次工业革命，再到二战后信息技术的重大发展，每一次科技飞跃都推动人类社会生产力水平跨越式提高，并创造出几何级增长的物质财富。同时，科学技术也影响了社会生产的经济结构、劳动结构、产业结构、经营方式等内容发生深刻

① 《马克思恩格斯文集》第八卷，人民出版社 2009 年版，第 356—357 页。

变化。第三，科学技术也推进了生产管理的科学化和效率化，也有利于社会生产力的提高。可见，科学技术一旦被劳动者掌握便成为先进的生产力。

将马克思主义理论与新中国发展实践相结合，中国共产党提出了“科学技术是第一生产力”的思想，并在社会发展实践中不断阐释和运用。1988 年 9 月 5 日，邓小平在会见捷克斯洛伐克总统时正式提出该思想。邓小平说：“马克思说过，科学技术是生产力，事实证明这话讲得很对。依我看，科学技术是第一生产力。”① 同年 9 月 12 日，邓小平再一次强调：“马克思讲过科学技术是生产力，这是非常正确的，现在看来这样说可能不够，恐怕是第一生产力……对科学技术的重要性要充分认识。”②1995 年 5 月 26 日，江泽民在全国科技大会上指出“没有强大的科技实力，就没有社会主义现代化。科教兴国，是指全面落实科学技术是第一生产力的思想，坚持教育为本，把科技和教育摆在经济、社会发展的重要位置，增强国家的科技实力及向现实生产力转化的能力，提高全民族的科技文化素质，把经济建设转移到依靠科技进步和提高劳动者素质的轨道上来，加速实现国家的繁荣强盛。这是顺利实现三步走战略目标的正确抉择。实施科教兴国战略，必将大大提高我国经济发展的质量和水平，使生产力有一个新的解放和更大的发展。”③2006年1月9日，胡锦涛在全国科学技术大会上进一步指出：“在世界新科技革命推动下，知识在经济社会发展中的作用日益突出，国民财富的增长和人类生活的改善越来越有赖于知识的积累和创新。科技竞争成为国际综合国力竞争的焦点。当今时代，谁在知识和科技创新方面占据优势，谁就能够在发展上掌握主动。世界各国尤其是发达

① 《邓小平文选》第三卷，人民出版社 1993 年版，第 274 页。

② 《邓小平文选》第三卷，人民出版社 1993 年版，第 275 页。

③ 《江泽民文选》第一卷，人民出版社 2006 年版，第 428 页。

国家纷纷把推动科技进步和创新作为国家战略，大幅度提高科技投入，加快科技事业发展，重视基础研究，重点发展战略高技术及其产业，加快科技成果向现实生产力转化，以利于为经济社会发展提供持久动力，在国际经济、科技竞争中争取主动权。”① 在实践上，正是由于我国在改革开放后全面引进、吸收、创新了诸项科技成果，推进了我国社会生产力跨越式发展，在创造出丰富的物质财富的基础上不断满足人民的物质需要。

新时代，绿色科技作为科学技术的重要方面，对社会生产力发展的作用越来越突出。首先，绿色科技的范畴非常丰富，包含科学技术的各个方面。最直接的，绿色科技作为节能减排的重要手段，有利于节约资源，保护自然，是可持续发展的重要方面，是持续改善人民群众物质生活的前提。其次，绿色科技还能够提高社会生产效率，能够直接增加社会财富并满足人民群众日益增长的物质需要。

绿色产业以绿色科技为支撑，是新的经济增长点。绿色产业日益成为经济社会发展的新的驱动力，能够直接增加社会财富并满足人民群众的高层次物质需要。产业化是指某种产业在市场经济条件下，以行业需求为导向，以实现效益为目标，依靠专业服务和质量管理，形成的系列化和品牌化的经营方式和组织形式。即：将同一产业的企业集合，完成从量的集合到质的深度融合，使之成为国民经济标准划分的重要组成部分。产业化发展是社会化大生产、经济全球化、竞争全球化的必然。马克思主义经典作家虽然没有提出“产业化”的概念，但是其论述却每每指向“产业化”。马克思说：“一个民族的生产力发展的水平，最明显地表现为该民族分工的发展程度。”② 社会分工促进了不同产业生成，社会

① 《十六大以来重要文献选编》下，中央文献出版社2008年版，第184—185页。

② 《马克思恩格斯选集》第一卷，人民出版社1995年版，第68页。

分工的发展即是产业化的进程。新中国成立后，尤其是改革开放以来，党立足国情及人类社会发展阶段，主动推进产业化发展。1988 年 8 月，国务院批准实施的“火炬计划”的宗旨之一即为高新技术产业化。1999 年 8 月，全国技术创新大会将实现产业化作为中国科技跨世纪的战略目标之一。

随着绿色科技创新发展，在党和国家支持下，绿色产业化已经成为绿色发展的必然要求。首先，绿色产业逐渐成为社会生产的重要组成部分。随着社会生产力的发展以及人类危机意识的提高，绿色产业从西方发达国家开始兴起并逐渐风靡世界。在中国，绿色产业得到各级政府的高度重视，并获得迅速发展。20 世纪 90 年代以来，中国环保产业年增长率达 15%—20%，已经形成范围覆盖环保产品生产，环保服务，废物循环利用，洁净产品生产和自然生态保护五大领域的完善的结构体系。在传统行业日益走下坡路的情况下，绿色产业逆势而上，说明绿色产业符合社会发展规律，有利于经济发展，有利于提高人民群众的生活水平。其次，绿色产业解决群众就业问题，提高人民群众的收入。据统计，截至 2014 年，中国环保产业产值 3.98 万亿元，从业人员 328 万，人均产值 121.34 百万元 / 年，① 同期截至 2014 年，中国制造业人均产值仅为 2.6 万美元 / 年。由于绿色产业技术先进、市场供不应求，利润较高，从业人员的收入相对较高，就直接提高了人民群众的基本收入。据智妍咨询集团预测，环保产业发展前景良好，到 2022 年其产值将达到 12.52 万亿元。②

---

① 《2015—2020 年中国环保行业市场全景评估与投资战略咨询报告》，智妍咨询集团 2015 年 6 月。

② 《2017—2022 年中国环保市场分析预测及投资前景预测报告》，智妍咨询集团 2016 年 11 月。

第三节　绿色发展健民：绿色发展理念有利于满足人民日益增长的健康需要

绿色发展将环境治理作为推进经济社会可持续发展的基本路径，有利于改善中国愈发严重的环境污染问题，减少环境污染造成的特定疾病，改善人的生活环境，纾解人的焦虑情绪，起到维护人民群众身心健康的作用。

一、环境污染背景下人民健康问题考察

人类作为自然界和人类社会的主体，也要受到自然环境的制约。一方面，人类要不由自主地适应自然环境的变化，甚至逐渐改变自己的饮食、习惯等以适应自然环境的新变化。另一方面，如果人类过度破坏自然，也会遭到自然的报复性制约。同时，自然环境有自己的发展规律，在人类不了解，不能控制的情况下，也会给人类造成严重的生命财产损失，甚至是巨大的灾难。在人类发展的历史中，这三方面影响通过不同的路径表现出来。

根据考古学、遗传学、形态学、皮纹学等领域科学技术的研究，人类在发展的过程中，不断适应新环境的变化，形成不同的人种特征，地域特征并逐渐遗传下来。科学家们认为5万—10万年前，早期人类走出非洲迁徙到世界各地繁衍生息。在这个过程中，自然气候、食物来源、生活方式等生存环境发生了剧烈的变化，“对这些环境的广泛性适应导致了人类形态的多样性”。① 比如，环境病原体因气温、湿度等因素在不同地区存在不同的丰度，这就对人类的遗传造

① 季林丹：《人类群体环境适应性进化研究进展》，《科学通报》2012年第2—3期。

成选择压力。因此，生活在不同地区的人们对丰富的病原体的抵抗程度不同。比如“与革兰阴性菌感染及感染性休克相关的 TLR4 基因的 Asp299Gly 位点对疟疾感染具有保护作用，因此，在非洲人群中具有较高频率”①。人类必然适应环境而形成不同的地域性特征。

自然环境的急剧变化也会给人类带来灾难，因此，人类也必须掌握改造自然的能力。自人类有历史开始，自然环境巨变造成的灾难就数不胜数。从神的起源即可得到印证，比如，关于神的起源有恐惧生神说，苦难生神说等，正是因为人类不了解自然环境发展变化才形成恐惧的心理和灾难的感受。从有记载的人类历史开始，人类的每一步发展都在与恶劣的自然环境作斗争。在古代农耕社会，不管是先进生产工具的发明，还是先进水利设施的兴建，都体现了人类逐渐了解自然规律，改造自然环境的能力的发展与提高。可见，自然环境的负面因素，尤其是自然环境的巨变会给人类造成严重的生命财产危机，人类必须通过改造自然以维护自身的生命健康与财产安全。在中国古代，人民群众就在生产实践中认识到自然环境与人类生命健康的关系，并提出积极的解决方案。比如，早在战国时期，《黄帝内经素问》就已经论述了东西南北中五个方位不同地域引发的特殊疾病，并提出因地异治的原则。② 在中国古代，中国人民已经将地理环境引发的疾病（地域性疾病、水土病、瘴病等）进一步分类细化研究，提出了不同的颇有成效的治疗方案，既体现了地理环境对人类健康的影响，又体现了人类通过发挥主观能动性改造自然环境维护生命健康的特点。

由于人类对大自然的过度开发、过度改造甚至破坏，大自然也会有

① 季林丹：《人类群体环境适应性进化研究进展》，《科学通报》2012 年第 2—3 期。

② 朱建平：《我国古代关于地理环境与人类疾病的探讨》，《中华中医药杂志》2011 年第 12 期。

一系列的报复性反击并表现为对人类生命健康的直接威胁。这种对人类健康状况的负面影响在古代就已经在某些地域出现。人类对森林、草原的过度砍伐破坏，不但会造成土地沙化，改变当地的气候状况，也会影响或改变多种流行病（虫媒疾病、疟疾、黑热病、丝虫病、血吸虫病等）的传播和分布规律，进而会直接威胁人类的生命健康。随着工业革命深入发展，以及人类开发、利用、征服自然能力的提高，环境破坏对人类健康的负面影响越来越严重，并逐渐成为制约人类生命健康的重要因素。随着人类社会发展，人类也不断总结经验教训，对环境问题进行了较为有效的防治，不断维护人的生命健康。

工业革命以后，大工业生产对自然环境的开发利用，以及破坏污染远远超过了自然环境的自我净化和修复能力，这种工业性破坏越来越严重地影响着人类的生命健康。首先，工业污染直接影响了人类的生命健康。比如，诸类工业废弃物甚至不经过处理就直接排放到空气、河流、土壤之中，通过人的呼吸、饮食等方式直接或者间接地进入人体，威胁人的生命健康。这些问题以空气污染最为严重。根据发达国家近 30 年的研究表明，呼吸系统因为环境因素患病率越来越高，引起人们的极大关注。根据世界卫生组织的统计，全球有 3 亿人患有哮喘病，每年大约有 25 万人死于哮喘病。呼吸系统疾病的恶化有时是因为气象因素有利于空气污染的积累，同时空气污染物会反作用于各类气象参数，以及与吸入性过敏源间的交互效应都可能会加重呼吸系统疾病症状。① 其次，工业污染又会影响农业生产和工业生产进而间接影响人民群众的生命健康。在农业生产方面，工业污染会严重影响农产品的质量，严重者会酿成重大的食品安全事故。如 1968 年，日本九州发生的米糠油事

① 屈芳：《环境气象因素对呼吸系统疾病影响的研究进展》，《气象科技进展》2013 年第 6 期。

件，涉及20多个县，受害者达14000多人，共造成124人死亡。以水体污染对食品安全的影响为例，水体污染会直接造成渔业损失，进而影响水产品的质量。被污染的水源还会通过农业灌溉等方式进一步影响到粮食作物，畜牧产品的质量，造成污染物含量超标，进而影响到人类的身体健康。与上述相似，土壤污染也造成有毒物质进入人体，进而危及人类健康。在工业生产方面，遭受工业废弃物污染的轻工业食品也会进入人体，进而造成健康隐患。再次，环境污染也在影响着人们的心理健康。由于环境污染给人们带来了严重的焦虑情绪。一方面，人们由于谈空气、饮食而色变，这种对身体健康关注而又迟迟不能解决的情况非常容易引发焦虑心理，进而影响人的心理健康。另一方面，环境问题还会引发人体神经系统紊乱甚至病变，进而造成心理健康问题。比如，噪声污染作为一种紧张源很容易引发人烦躁不安、激动、失去理智、情感紊乱，甚至产生强烈的自我防御反应过度而表现出对立情绪。①

根据以上分析，我们可以做如下总结。第一，自然环境对人们生命健康的影响自古有之。虽然人们在不断努力适应新环境以及自然环境的新变化，但是自然环境依然会在特定的条件特定的方面影响人们的生命健康。尤其是自然环境的巨变，会深刻影响人类身体机能，造成疾病或者生理机能损伤。在工业革命以前，当局部人类活动超过了当地环境的自我净化与修复能力，会形成不利于人生命健康的环境问题。

第二，工业革命以来，由于人类开发利用自然、改造自然、征服自然的能力提高，进一步突破了整个自然界的自我修复与净化能力，工业废弃物污染就开始在全局的角度影响人的生命健康。以工业化废气排放造成的气温升高为例，据不同机构的统计，虽然数字略有不同，但是都揭示了工业废气排放造成的气温升高对人类发展乃至生存的危害。比

① 边秀兰:《环境污染对心理健康的影响》,《现代预防医学》2008年第3期。

如，《华南区域气候变化评估报告》表明夏天平均气温每升高一度，广州市总死亡风险会增加3%。[①] 韩国《中央日报》2016年6月28日报道，首尔夏季平均气温每升高一度，死亡率就会上升16%。[②] 这说明，工业废气对人类生命健康的危害已经远远高于农耕时代的环境问题。

第三，由于生产力水平、科技水平、医疗水平、人的环境意识提高等因素的影响，人类已经深刻意识到工业废弃物污染对人类健康的危害，已经着手解决并取得一定成效。首先，人类关于工业废弃物污染的关注度越来越高。一开始仅仅是少数科学家的研究，现在已经成为全民广泛参与的话题。其次，人类的环境治理实践从一开始的疾病治理逐渐发展到通过改善环境防患于未然。科学家们已经了解了工业废弃物污染与人类某些健康问题或者疾病的关系，不但形成了个人对居住环境污染的关注，更是在国家的顶层设计的高度努力解决生态危机问题。再次，人类的环境治理实践已经在特定区域形成良好的效果。二战以来，发达国家均经历了较为严重的环境污染问题，经过几十年的治理，虽然其治理方式方法并不一定被广泛认同，但是，在其本国的治理成效普遍比较明显。这也在一定程度上说明在当前的科技水平背景下，通过改善环境维护人民群众的生命健康有其可行性。与此同时，我们必须承认中国由于批判借鉴了西方发达国家的经验教训，在环境治理方面比较及时，由于积极引进、创新较为先进的生产技术和污染治理技术，中国没有发生非常严重的生态危机事件。另外，我们也必须承认虽然环境治理在某些地域某些领域、某些国家和地区取得较好效果，但是在全球范围内却是不断恶化的趋势，同时，人们的生命健康也遭到越来越多的威胁。以空

---

① 《华南区域气候变化评估报告决策者摘要及执行摘要》(2012)，气象出版社2013年版，第13页。

② 《调查：首尔市酷热时每上升1度，死亡率增加16%》，环球网，2016年6月28日，见 http://health.huanqiu.com/health_news/2016-06/9094266.html。

气污染为例，由于中国雾霾问题越来越严重，因呼吸系统疾病就诊甚至死亡的人数越来越多。但是，我们也必须辩证分析经济发展与人类生命健康的关系。雾霾现象日趋严重当然说明经济发展造成的环境破坏影响了人类的生命健康，但是我们也必须认识到人类的生命健康是受多方面因素影响的，比如，社会发达程度，生活习惯，心理健康，医疗技术，以及生活的自然环境等。如果单纯地分析某一项原因，未必会造成全局性的影响。我们通过统计数据可以明显地发现：北京、天津等地经济发达，污染严重，但是当地的医疗水平，人的健康观念也比较科学；云南、贵州等西南省份却恰恰相反；北京、天津等地的人的平均寿命要高于自然环境优美的云贵等地。这说明在论述经济发展、工业废弃物污染与人的生命健康的关系时，必须全面的考虑诸因素才更有意义。

二、绿色发展推动人民健康状况改善

健康需要是人们的基本需要之一。根据马斯洛需要层次理论，这同时属于被异化了的生理需要和心理需要。新时代，以当前发展阶段的生产力水平满足人民的基本生理需要是比较容易的，但是不洁净的空气、饮食又有可能造成人生理机能的病变，就成为一种被异化的生理需要。同时生命健康威胁又严重影响人的安全感等心理满足，进而成为一种被异化的心理需要。在个别污染严重地区，人的健康需要很难得到满足，因为洁净的饮食如同奢侈品，普通群众不容易或者无能力获取。

在古代，人们就非常关注自身的生命健康并在该领域取得较大的发展成就。中国古代关注健康问题很明显地体现在医学的发展上。以中医药学的发展为例，在五千年的生产实践中，中国从古代就形成了日益完善的中医中药学理论与实践，不但形成了“神农尝百草”的故事，还涌现出很多医药学名家，他们编纂成很多医药学典籍并流传至今，中医药学的发展极大地维护了人们的生命健康，延长了人们的寿命。

首先从“健康”两个汉字的起源就可以看出端倪。“健”是指精神意志方面的坚强，“康”则与我们今天“健康”的意思相近。在《尚书·洪范》中将“康”与“疾”“弱”对比，并将“康”作为人的“五福”之一。① 可见，中国古代就非常重视健康问题，并为此研究数千年。中国传统医药理论以“天人合一”思想为基础。比如，众所周知的《黄帝内经》，作为一部伟大的医书，前十篇完全不涉及疾病的分类与治疗，而是从天地运行、阴阳调和的角度论述人的健康问题，它说：“阴平阳秘，精神乃治；阴阳离决，精气乃绝”②，“阳注于阴，阴满之外；阴阳匀平，以充其形；九候若一，命曰平人”。③《黄帝内经》将阴阳平衡看作人类健康的基础，一旦该平衡被打破，人们就会遇到生命健康威胁。数千年来，中医药学的发展一直遵循这一指导思想，它不同于西医的“头痛医头脚痛医脚”，而是从根本上研究疾病的产生、发展及治疗。中医药学的发展有效地维护了中国人的生命健康，最著名例子的当属中医药学对古代瘟疫的治疗与防控，与西方国家古代瘟疫经常流行的局面形成鲜明对比，较好地保护了人民群众的生命健康。同时，中国古代先进分子也逐渐认识到自然环境与心理健康的关系，认为优美的环境有利于培养乐观向上的精神风貌。比如《素问·四气调神大论》曰：“春三月，此谓发陈……以使志成，生而勿杀，予而勿夺，赏而勿罚，此春气之应，养生之道也”④。

可见，中国古代认为人只有顺应自然环境的变化，遵循天地运行规律，才能维护个人的生命健康。一旦自然环境发生重大变化，与人体的运行规律发生冲突，就会影响人的生命健康。基于以上认识，中医学从人体的运行总规律医治疾病，中药更是取材于自然，以自然的草药恢复

① 《尚书·洪范》，中华书局 2012 年版。

② 《黄帝内经·素问·生气通天论篇》，中华书局 2016 年版。

③ 《黄帝内经·素问·论经论篇》，中华书局 2016 年版。

④ 《黄帝内经·素问·四气调神大论》，中华书局 2016 年版。

人体的运行机能。

马克思主义是指导人的全面发展的理论，它必然会关注人的健康需要。在马克思生活的年代，资本主义大工业生产已经造成越来越严重的环境污染。在当时，发达资本主义国家民众大多仍在为维护生存，满足最基本的物质需要而斗争，马克思恩格斯已经开始关注资本主义大工业生产造成的环境污染。马克思恩格斯认识到工业发展对城市居住环境的影响，不但造成河流污染、大气污染，而且因为城市基础设施建设落后，污水横行，居住环境非常恶劣，直接影响到人们的生命健康。马克思还提到对环境进行治理的方式方法。由于马克思恩格斯深刻认识到资本的暴力增殖属性，因此，他们并不认为资本主义制度下可以彻底解决环境污染问题，他们认为只有到社会主义共产主义社会，人类彻底消灭了剥削制度才能彻底战胜生态危机，并形成人类与自然和谐相处的局面，进而人类的生命健康也才能得到保障。当然，马克思恩格斯也认识到在资本主义社会，必须也应该对遭到破坏的自然环境进行修复或者减轻对自然的掠夺，这也在一定程度上有利于人民的生命健康。

中国共产党以促进人的全面发展，满足人的需要为己任，当然也会时刻关注人民群众的生命健康问题。从以马克思主义为指导的维度来说，关心人民群众的生命健康，理应是党治国理政理论与实践的重要组成部分。

党在局部执政的过程中，已经进行了关于环境治理的初步探索。陕甘宁边区的自然条件本来就非常恶劣，对农业生产非常不利，红军达到陕北后，巨大的人口增量进一步加大了环境压力。在当时就有记载：目前边区的垦荒，为了一时的方便，不择地位，就乱在陡坡上开垦，结果地里的土和养分都被水冲到河里流掉（据统计，黄河水的泥沙60%是由陕北流出的），结果庄稼便一年比一年坏，只好种三五年就弃荒，而找更陡的坡来开荒。这样开荒愈多，丢荒也愈多愈快，丢荒的地，草木一时长不起来，水土的损失便一天一天的扩大与加速。烧山、滥伐的现象也很严重，比如，1942年，陕甘宁边区至少有1600处烧山，损毁森林3200平方公里。[①]1940年，中共中央财政经济部和边区政府，决定组织边区森林考察团进行调查研究。随后的《陕甘宁边区森林考察报告》指出："因为近年人口的增加，正在进行着扫荡的砍伐呢！主要的便不是砍伐数量的大，而是砍伐得不平均，尤其是各河流上游的松柏林，因为材料较佳，砍伐得特别残酷。"报告警告，如果……"仍任其砍伐像近年来的任意滥伐、焚烧等，我们相信在不远的将来，整个边区将不免陷于极端气候的恶化和闹水荒的境遇"[②]。

这些现象引发边区党和政府对环境问题的极大关注。1937年6月9日，公布了《关于发动党政军民工作人员植树造林的请示报告》，提议："为补救边区将来的苦难与恐慌，及根本改变西北大陆性的气候、温度、雨量，含蓄水源，防止山洪泛滥和大量培植国家森林富源计，在我们政府经济建设发展农林牧产业的政策口号下，在广漠多山的边区地域中，除了对各地原有山林树木予以严密的保护及有计划的砍伐，并积极广泛地发动群众植树运动外，每年春季植树节在政府整个领导下，党政军民学各机关首长暨工作人员与杂务人员来一个有组织有计划的广泛的大规模的植树造林运动，以作群众的倡导与模范，似属必要而急于执行的任务之一。"[③]毛泽东对植树造林特别重视。1942年10月，他在《经济问题与财政问题》的报告中说："发动群众种柳树、沙柳、柠条，其枝叶可供骆驼及羊子吃，亦是解决牧草一法。同时可供燃料，群众是欢迎的。政府的任务是调剂树种，劝令种植。"1944年，他在《号召延安

① 李芳：《试论陕甘宁边区的农业开发及对生态环境的影响》，《固原师专学报（社会科学版）》2003年第2期。

② 铁铮：《陕甘宁边区为新中国林业奠基》，《科学时报》2011年8月10日。

③ 陕甘宁边区财政经济史料编写组、陕西档案馆：《抗日战争时期陕甘宁边区财政经济史料摘编·农业》，陕西人民出版社1981年版，第147页。转引自谭虎娃《抗日战争时期陕甘宁边区植树造林初探》，《新乡学院学报（社会科学版）》2010年第1期。

市人民开展“十一”运动》中要求：“每户种活一百棵树。”1944年5月24日的《在延安大学开学典礼上的讲话》中，他提出“要帮助老百姓订一个植树计划，十年内把历史遗留给我们的秃山都植上树”。①

为了更好地改造陕北环境，当地党和政府不断加强法治建设，先后颁布了《陕甘宁边区植树造林办法》《陕甘宁边区森林保护条例》《关于林务工作的通令》《陕甘宁边区林务局组织规程》等。还大力加强舆论宣传，提高了民众对环境保护的认识。当时环境破坏与当前的工业废弃物污染是截然不同的，但是都能够危害人民群众的生命健康。由于生态被破坏，极易引起疾病，环境破坏与人们的生命健康紧密联系起来。尤其是1946年，边区疫情非常严重，林伯渠要求各级政府把扑灭疫情作为当时急务，并提出诸多措施。虽然陕甘宁边区时期关于环境破坏对人生命健康的影响与今天不同，而且党在实践中也没有充分展开，但是这一阶段依然是党思考并实践环境治理的开端，有利于党绿色发展理念的形成和发展。

新中国成立后，中国共产党对环境问题的认识并没有立即改变。新中国成立初期到20世纪70年代，主要还是从水土保持、植树造林的角度认识环境问题，也颁布了一些法令，比如，《中华人民共和国矿业暂行纲要》。与此同时，党关于工业废弃物污染的认识日益深化，随着“一五”计划的展开以及工业建设的加快，党主持制定了《生活饮用水卫生规程》《放射性工作卫生防护暂行规定》等文件。直到北京官厅水库污染事件，不但引发疾病甚至致人死亡，促使全党将工业废弃物污染与人的生命健康直接联系起来。1973年8月，第一次全国环境保护会议在北京召开，会议编写了6期简报和6期《环境保护情况反映》，反映出环境污染对群众健康的负面影响。比如提到“许多工业城市和工业

① 铁铮：《陕甘宁边区为新中国林业奠基》，《科学时报》2011年8月10日。

区，空气污浊，有害物质增多，不少企业职业病患者有所增加，农业由于大量使用化学农药，许多农副产品含有过量的农药残毒”。① 这些情况对当时中国人的震动很大，为充分认识环境污染与人生命健康的关系奠定了基础。

改革开放以来，随着经济社会的迅速发展，人民群众的生命健康也得到极大地保障。首先，国家财政对卫生事业的总支出越来越高。1980年，全国卫生总费用143.23亿元，占当年GDP 3.15%，到2018年，全国卫生总费用59121.91亿元，占当年GDP 6.57%。② 其次，医疗卫生事业改革全面推进。1980年，国务院批转卫生部《关于允许个体医生开业行医问题的请示报告》开启了医疗服务市场化的进程。40年来，虽然出现了民营医院野蛮生长，某些地方变卖贱卖公立医院等个别现象，但是总体上医疗卫生事业改革在探索中逐步推进，不但在一定程度上降低了民众的医疗卫生支出，而且建立了惠及全民的逐渐完善的社会医保体系，在一定程度上解决了人民反映强烈的“因病致贫，因病返贫”的问题。与党和国家的高度关注相适应，人民群众的健康状况得到极大改善。1981年，我国人口平均预期寿命68岁，2010年达到74.83岁，2018年进一步提高到77岁。③

随着经济社会发展导致工业废弃物污染问题越来越严重，人们又在另一个层面面临着新的健康威胁，形成新的健康需要。首先是与工业废弃物污染相关疾病的发病率死亡率越来越高。这又呈现出两个特点，一

① 任俊宏：《我国第一次环境保护会议的历史地位》，《湖南行政学院学报》2015年第1期。

② 《2019中国卫生健康统计年鉴》，中华人民共和国国家卫生健康委员会网站www.nhc.gov.cn/mohwsbwstjxxzx/tjtjnj/202106/04bd2ba9592f4a70b78d80ea50bfe96e.shtml。

③ 《人口总量平稳增长，人口素质显著提升——新中国成立70周年经济社会发展成就系列报告之二十》，2019年8月22日，国家统计局网站，www.stats.gov.cn/tjsj/2xfb/201908/t20190822_1692898.html。

是与中国的工业废弃物污染相关的疾病从种类到涉及范围都比较严重，这与中国工业制造业规模远远高于世界其他国家有关，不但完善的工业体系造成各类工业废弃物被排放出来，而且遍布中国大江南北。二是与工业废弃物污染相关的疾病与地域、工业布局有很大关系。比如在某些地方出现了“癌症村”，与工业污染严重超出当地的环境容纳度有很大关系。其次是环境问题导致的心理健康问题也越来越严重，比如造成不少人经常处于亚健康状态。

面对人民群众日益增长的维护生命健康的需要，绿色发展理念可以从多层次、全方位、诸方面提高人民群众关于健康需要的满足感。

第一，绿色发展理念促进经济社会持续的中高速发展，增加国家财政收入及个人的经济收入，有利于提高国家、社会及个人应对生命健康威胁的能力。由于生产力水平较为落后，我国财政及个人的医疗卫生事业支出与发达国家相比有很大差距。以财政支出为例，1978 年，美国的医疗卫生事业总支出占财政支出的 10%，英国占到 11%以上，同期中国只有 3%的比例。① 到 2011 年，我国医疗卫生事业总支出占财政支出的比例提高到 6.75%，美国、英国也进一步提高到 19.3%、16.3% ②。与此同时，中国医疗卫生支出不平衡的现象很严重，这与中国经济发展的不平衡有很大关系。绿色发展理念推动经济社会持续发展平衡发展，不但能够增加国家财政与个人的收入，而且根据主体功能区的规划，中西部地区将迎来经济社会发展的新高潮，有利于全国人民维护生命健康的需要得到更充分的满足。

第二，绿色发展理念促进生态环境改善，能够为人民群众创造有利

---

① 哈尔滨医科大学卫生经济学教研室：《我国卫生支出占财政总支出的比重与世界部分国家之比较》，《中国医院管理》1985 年第 7 期。

② 刘元花：《我国医疗卫生事业财政投入问题研究》，《新疆农垦经济》2014 年第 8 期。

于维护生命健康的美好生活工作环境。如前所述，环境污染对人们生命健康的威胁非常严重，这进而导致了人口的不正常流动。2014 年 1 月 22 日，中国与全球化智库（CCG）及中国社会科学院共同在京发布的《国际人才蓝皮书》指出，国内的环境问题加剧成为精英和富裕阶层移民海外的重要原因。《新财富》2013 年的调查也认为，环境、医疗水平等因素成为中国人移民的第二大原因，近 70%的人认为这是导致他们移民的重要原因。① 另外，在国内也有越来越多的人或者选择在环境优美的沿海城市买房作为休闲养老之地，或者直接移居环境优美之地。绿色发展可以逐渐解决环境污染的问题。改善环境可以为人们提供更洁净的空气、水、食物，进而维护民众的身体健康。改善环境可以极大地舒缓人们紧张的情绪，比如缓解人或郁闷，或暴躁，或紧张的情绪。改善环境，就摒弃了民众不正常流动的一个重要因素，有利于减少人才流失，也有利于国内各地区储备人才，促进区域平衡发展。

第三，绿色发展理念将塑造绿色健康文化，节制资本，不断提升人们在生命健康方面的满足感。首先，绿色发展理念及实践本身就是为了满足人民群众维护生命健康的需要，因此，宣传绿色发展理念就是宣传健康文化，健康生活方式，这种宣传活动有利于民众形成自觉地维护身心健康的理念与实践。其次，绿色发展理念节制资本的属性有利于满足人的健康需要。至少可以从两个方面进行分析。1. 绿色发展理念通过节制资本的暴力增殖属性，有效地缓解资本对自然环境的掠夺与污染，有利于改善环境就是直接的有利于人们的身心健康。2. 资本的暴力增殖属性还促使企业主以压榨工人的身心健康为代价而获取剩余价值。绿色发展理念节制资本暴力增殖的属性有利于节制企业主获取剩余价值的冲

① 《〈国际人才蓝皮书〉指出——环境污染成为推动中国海外移民潮的重要原因》，人民网，2014 年 1 月 22 日，见 http://world.people.com.cn/n/2014/0122/c1002-24195164.html。

动，进而有利于为工人创造较好的工作环境。绿色发展理念致力于新型的环保绿色产业的发展，资本之间的竞争以及对高层次人力资源的迫切需要都提高了工人对资本方的议价能力，有利于迫使资本方满足工人在维护身心健康方面的诸多需要。

第四节　绿色发展聚民：绿色发展理念有利于满足中国汇聚世界人力资源的需要

经济发达，环境优美，已经成为世界人民的基本追求。中国作为发展中大国，只有坚持绿色发展才能解决经济快速发展中的高能耗高排放问题以及由此造成的环境污染问题，才能不断改善环境，形成汇聚人力资源"广聚天下英才"[①] 的新氛围。

一、绿色生态是国家软实力的新符号

美国学者约瑟夫·奈在《谁与争锋》一书中首先提出了"软实力"的概念，该书旨在反驳当时颇为流行的美国衰败论，认为美国不仅在经济和军事上无可匹敌，"软实力"方面也首屈一指。软实力是一种能够影响他人喜好的能力，软实力与硬实力相辅相成，而且软实力并不一定非要依赖于硬实力。约瑟夫·奈认为软实力主要来自于三种资源：文化、政治价值与外交政策。首先，约瑟夫·奈所罗列的所谓的三种资源是包罗万象的，从广义维度，它可以包括经济、军事以外的任何实力资源，当然我们也必须认识到潜在的实力资源并不一定会转化为现实的软实力，这个转化也需要某些必要的条件。同时，某种软实力资源也有可

① 习近平：《在庆祝中国共产党成立100周年大会上的讲话》，《求是》2021年第14期。

能在约瑟夫·奈所列举的三类资源中都有表现，而在不同的时间、地点、事件中会有不同的侧重。以绿色生态为例，它一方面表现为一个国家生态环境的现实条件，而要实现这个条件，则需要形成每一个人认同的绿色文化氛围。与此同时，这也是一种政治价值观，需要政党、政府从政治上认同实现绿色生态是必须抓好的政治任务。另外，绿色生态也会表现在外交政策上，当前环境问题已经是世界问题，在被全世界尤其是广大发展中国家和地区关注的情况下，如果发达国家不顾及发展中国家和地区的发展权、生态权，而试图独享发展权与生态权，其外交政策亦不能得到国际认同，自然会减弱其软实力。中国的绿色发展理念既关注全球环境治理，又关注发展中国家和地区的发展权，势必会得到越来越多的国家和地区的认同。绿色发展理念既是一个经济问题，又是政治、文化、外交问题，成为软实力的新符号。

绿色生态作为国家软实力的新符号是由经济发展规律决定的。绿色发展理念是经济发展的必然产物。一方面经济发展尤其是现代工业的发展对自然环境造成了重大破坏，另一方面也提高了人类治理污染的能力，提高了人类关于环境污染的认识，为彻底的环境治理准备了条件。改革开放以来，中国经济社会迅速发展的过程中，一方面高能耗高排放突破了环境的可承受能力，造成环境污染日益严重，另一方面，中国借鉴发达国家在环境治理实践中形成的经验教训，在保证经济发展的基础上推动环境保护。因此，中国的环境污染问题虽然已经比较严重，但是相比发达国家在二战后的生态危机情况要好得多。不但没有发生发达国家在20世纪50—70年代经常发生的重大生态危机事件，而且在某些领域、某些行业某些地区的污染情况得到一定控制。党的十八大以来，在经济社会快速发展的基础上，提出加快生态文明建设。中共十八届五中全会，又将生态文明建设与中国经济发展的迫切任务联系起来，提出了绿色发展理念。中国所走过的道路，是符合经济发展规律的。从历史的角度来说，中国逐渐提出绿色发展理念的进程与发达国家从污染到治理的进程是一致的。当然中国走的更快一些，而且借鉴了发达国家的经验教训。从进一步发展的角度来说，中国的这一进程也能为其他发展中国家和地区起到较大的示范作用，影响并加快其他发展中国家和地区实现从环境治理到绿色生态，进而可持续发展的进程。

绿色生态能够成为中国的软实力资源是由中国的绿色文化决定的。由于中国的经济发展水平，以及人们生活水平的提高，绿色生态逐渐成为全民信仰的一种新的文化氛围中。在这样一种文化氛围，从政府到个人再到企业都已经内化了浓浓的环保意识，进而不断推进环保实践。当广告宣传，电影电视，工作学习等文化活动中都贯穿着浓郁的绿色文化氛围，必然有利于形成新的文化软实力，提升中国的吸引力和影响力。

绿色发展已经成为中国的政治价值观。社会主义国家与资本主义国家的政治价值观是截然不同的，资本主义国家推崇抽象的“普世价值”，只讲法律上的平等，而不讲涉及日常生活的经济地位上的平等，进而没有经济地位平等当然也就不会有政治平等。工业革命以来，发达资本主义国家快速发展并对其他发展中国家和地区进行大肆掠夺。在殖民时代，经济不平等被更加严重的政治不平等（比如军事侵略、政治控制）所掩盖。随着殖民地半殖民地国家和地区的独立解放，以及国际贫富分化越来越严重，这种经济不平等逐渐凸显并为广大发展中国家和地区重视。从环境保护的角度观察西方发达国家，不可否认他们为世界经济的迅速发展作出过重大贡献，但是他们向发展中国家和地区转移高能耗高排放产业的行径也是屡遭批评。相反在中国，发展经济满足人民群众日益增长的物质文化需要即是政治价值。在环境污染日益严重的情况下，推进绿色发展，实现可持续发展，满足人民群众对优美环境、对身体健康的需要，满足人民群众对美好生活的需要，就成为今天的政治价值目标。中国共产党将绿色发展作为自己的政治诉求并取得重大成就，说明在发展中国家和地区，只有将绿色发展作为政治价值，才能将环境保护与治理上升为国家意志、全民意志，才能从根本上消除资本尤其是发达国家资本为牟取暴利而不择手段地破坏自然环境的现象，也才能为新兴绿色科技、绿色产业的发展提供坚定的政治、政策支持。

绿色发展也体现在中国的外交政策上。发达国家资本总是表现出他们自私的一面。他们试图以环境保护剥夺发展中国家和地区的发展权，而由发达国家独享发展权，进而造成世界南北贫富分化问题更加严重。中国从绿色发展理念引申出来的环境外交理念，与发达国家截然不同。首先，中国认同并支持发展中国家和地区的发展权，支持广大发展中国家和地区民众过上普遍的富裕生活的权利。其次，中国认为发达国家应该承担环境保护最主要的任务，并向发展中国家和地区提供相关的资金技术等。中国的绿色发展外交考虑到整个世界的现实与未来发展，有利于全世界的可持续发展，自然会被越来越多的国家和地区所认同。

二、绿色发展实践能够极大地提升中国的软实力

绿色发展的中心问题是发展问题，推动经济社会可持续发展，提升经济实力，必然就能为提升软实力奠定基础。绿色发展的基本路径在于环境治理。一旦形成绿色文化和优美的生态环境，将极大地提高中国的吸引力，进而形成新的软实力。中国共产党历代领导人都特别重视环境保护与经济发展的关系，尤其是以习近平同志为核心的党中央，面对全国性的乃至世界性的环境污染问题，提出的绿色发展理念走在了时代的前列。2005 年 8 月 15 日，时任浙江省委书记的习近平就提出“绿水青山就是金山银山”，要求把“生态环境优势转化为生态农业、生态工业、生态旅游等生态经济的优势”。[①]2013 年 4 月 8 日，习近平在海南

① 中共浙江省委：《照着绿水青山就是金山银山的路子走下去》，《求是》2015 年第 17 期。

省调研时进一步指出“保护生态环境就是保护生产力，改善生态环境就是发展生产力。良好生态环境是最公平的公共产品，是最普惠的民生福祉”。[①] 可见，党关于环境保护的价值观取向是非常明确的，即为了解决社会发展尤其是经济发展中的诸多矛盾和问题，推进社会可持续发展。为此，党的十八大以来，党和国家出台了许多政策、法律法规，为绿色发展保驾护航。

从一般的规律来看，一个国家的软实力总以经济发达、军事发达的硬实力为基础。比如，美国的软实力就是根植于其强大的经济实力和军事实力，正是因为欧美国家均为世界经济发达国家，所以其资产阶级价值观成为影响全世界价值取向的重要软实力资源。面对大工业生产造成的生态问题，发达国家受制于资本的逐利性，其不可能完全转变发展方式，实现绿色发展，而是将高能耗高排放产业转移到发展中国家和地区，并带给当地日益严重的生态问题。当这种生态危机转移到世界各地，而其发达国家却独享良好生态环境，必然又逐渐消耗着他们的软实力。

中国的绿色发展理念与实践则与发达国家截然不同，主要从两个方面提升着中国的软实力。首先，绿色发展理念是真正的以经济发展为中心的发展观。改革开放以来，党提出“以经济建设为中心”的思想数十年不动摇。中国以经济发展速度，人民财富增长速度闻名世界，中国也在国际社会上发挥着越来越大的作用。新时代，生态问题越来越成为制约可持续发展的重要因素，进而制约人民美好生活需要的满足。绿色发展理念进一步维护中国经济快速发展的良好局面，有利于促进中国走近世界舞台中央，不断提高软实力。其次，绿色发展理念本身就属于软实力建设的重要组成部分。软实力的建设要从多个层面展开。一方面经济

---

① 《习近平在海南考察》，人民网，2013 年 4 月 10 日，见 http://politics.people.com.cn/n/2013/0410/c1024-21090468.html。

实力的增强能够本能的提升一个国家和地区的吸引力，提升其软实力。另一方面，在经济发展的过程中，积极主动推进软实力的提升也是重要手段。党的绿色发展理念与实践在两个方面兼而有之。绿色发展理念致力于环境治理与改善，就是致力于软实力的提升。根据约瑟夫·奈的思想，国内的价值和政策是重要的软实力资源，而绿色发展理念正是当前中国的价值和政策。从党的政策来看，党历来重视环境治理与改善。在局部执政时期，党就特别重视农村特别是西北农村的环境问题。新中国成立后，尤其是改革开放以来，全国执政的中国共产党推进制定了一系列有利于环境保护的法律法规。进入21世纪，中国共产党开始将生态问题作为全党急需解决的重要问题。不但提出并完整阐述了科学发展观，而且在党的十八大确立了“经济建设、政治建设、文化建设、社会建设、生态文明建设”五位一体的中国特色社会主义建设总体布局。尤其是党的十八届五中全会，将绿色生态与社会发展辩证统一起来，提出了绿色发展理念为重要内容的新发展理念，将党对绿色生态的理解程度和重视程度向前推进了一大步。与不断推进环境治理的政策相似，可持续发展已经成为全党乃至全国的价值选择。由于新中国是在积贫积弱的基础上建立起来的，追求国家富强和人民富裕一直是中国共产党人的价值选择，而在当代则表现为可持续发展。“生态兴则文明兴，生态衰则文明衰”，“生态保护是功在当代，利在千秋的事业”，“经济要上台阶，生态文明也要上台阶。我们要下定决心，实现我们对人民的承诺”，“小康全面不全面，生态环境质量是关键”。① 践行绿色发展理念就是为了实现中华民族伟大复兴，为了中华民族永续发展。由于这种价值目标和政策反映了全世界人民的共同追求，因此，才更有吸引力。正如联合国

① 《十八大以来习近平60多次谈生态文明》，人民网，2015年3月10日，见 http://politics.people.com.cn/n/2015/0310/c1001-26666629.html。

副秘书长阿奇姆·施泰纳说：“中国在生态文明这个领域中，不仅是给自己，而且也给世界一个机会，让我们更好地了解朝着绿色经济的转型。”① 推进绿色生态是全世界面临的重大课题，因此，全世界都为中国共产党推进环境治理引领可持续发展的决心所吸引。

绿色发展实践还体现在中国的外交政策和风格上。一个国家的价值观和政策通过一定的外交途径表现出来。与发达国家环境治理的理论与实践相比较，中国的绿色发展理念引申出的外交政策更具吸引力。发达国家在早期的国内环境治理中，以粗暴的污染转移为重要方式，虽然其国内污染问题基本好转，但是却造成发展中国家和地区环境的全局性恶化，进而成为全球问题。在当前的全球环境治理中，发达国家凭借其话语权、领导权和强大的硬实力，妄图制定有利于自身发展的全球环境治理规则，并限制发展中国家和地区的排放权乃至发展权。反观中国共产党提出的绿色发展理念，在外交上，中国首先积极展示国内推进绿色发展的进程、信心与决心，能够为其他国家提供借鉴。其次在全球环境治理进程中，中国始终站在发展中国家和地区迫切需要发展的战略高度，坚决揭露发达国家独占发展权并挑拨发展中国家和地区之间关系的图谋。再次中国还以身作则，在经济社会可承受范围内向国际社会作出较高的减排承诺。最后中国还将生态问题形成的历史与现实原因相结合。提出由于历史上发达国家对全球资源掠夺、对全球环境污染等原因，发达国家应该在全球环境治理中向发展中国家和地区提供经济、技术、资金等方面的援助。中国依托于绿色发展理念形成的全球环境治理外交，体现了全人类的利益和前途，更具吸引力，自然会得到越来越多的发展中国家和地区的支持。

---

① 《十八大以来习近平60多次谈生态文明》，人民网，2015年3月10日，见http://politics.people.com.cn/n/2015/0310/c1001-26666629.html。

中国的绿色发展还能形成重要的绿色文化，成为重要的软实力资源。约瑟夫·奈就详细地论述了美国的文化有利于建立他国民众对美国的正面印象，他说美国外交官乔治·凯南就特别重视“以文化接触为手段来打消世界舆论对美国的负面印象”。① 约瑟夫·奈还坦诚的揭露“如果不是多年来西方文化形象在柏林墙倒塌前就对其进行了渗透和破坏，锤子和压路机也不会管用”。②“正是因为西方的经济和文化的吸引真正赢得了大部分年轻人的心智”。③ 绿色发展理念本身就是文化的重要组成部分，必然有文化吸引力。绿色发展实践能够转化为文化吸引力。新时代，关注低碳经济，关注环境保护已经成为中国的新文化并发展为新的价值理念，从党和国家及政府的视角，其期望加快发展绿色经济，引导国民经济的可持续发展，进而不断满足人民的美好生活需要。从普通民众的视角，其对绿色生活的向往越来越强烈，坚决支持党的绿色发展理念与实践，进而形成一种全新的绿色文化。这种绿色文化与发达国家相比，更符合广大发展中国家和地区的实际情况，符合人类社会的发展规律和整体利益，更加吸引发展中国家和地区的人民群众，进而形成一种新的软实力。与这种理念相适应，不少地方打造宜居城市，全国也不断掀起环保风暴，必然也对世界环境治理局势形成影响。

三、践行绿色发展理念，汇聚世界人力资源

随着经济社会的快速发展以及生态环境的恶化，优美的社会环境在某些地方甚至成为“奢侈品”，越来越成为吸引人才的软实力资源。如前所述，因为环境问题而选择向欧美发达国家移民，或者在国内向东南沿海流动的高层次人才越来越多。改革开放初期，很多人移民欧美国家

---

① [美]约瑟夫·奈:《软力量》，吴晓辉、钱程译，东方出版社2005年版，第47页。
② [美]约瑟夫·奈:《软力量》，吴晓辉、钱程译，东方出版社2005年版，第51页。
③ [美]约瑟夫·奈:《软力量》，吴晓辉、钱程译，东方出版社2005年版，第52页。

看中的是他们经济发达的优势及舒适的物质条件，对环境方面的考虑比较少，相反当时欧美国家的环境污染比较严重。今天，人们的观念发生了重大的变化，虽然物质方面依然是精英阶层移民发达国家的主要原因，但是基于环境考虑移民的群体迅速壮大，成为仅次于物质需要的第二个主要原因。根据岳婷婷对中国留美博士统计数字的整理：1987年，中国留美博士计划毕业后留在美国的比例是55.4%，毕业时已经在美国找到工作、确定留在美国的比例是44.6%；到1999年，计划留在美国的中国留美博士比例升至89.8%，毕业时确定留在美国者比例升至59.7%。进入21世纪以来，这一群体仍倾向留在美国。2001—2010年，持临时签证的中国留美博士的平均滞留率为88.6%，较全体美国外籍博士的平均滞留率（69.8%）高出近20个百分点。[①] 面对这种人力资源流失的情况，绿色发展理念既推进经济社会可持续的中高速发展，不断增加物质财富，又着眼于环境友好、绿色宜居，能够形成吸引世界人力资源的新引擎。

第一，绿色发展理念以经济的可持续发展吸引人才聚集。人类社会发展最根本的是绿色发展，只有绿色发展才能实现可持续发展。物质需要是人的最基本需要，只有经济发展，才能给予民众更好的工作和生活条件，才能具备吸引世界人才的基础。人类追求的绿色生态也是在经济发展甚至发达的基础上的绿色生态，而不是现代工业不发达甚至小农时代的绿色生态。当前中国既是高速发展的世界第二大经济体，又因为自然环境恶化而不断透支着经济发展前景，只有坚持绿色发展，坚持经济可持续的较快发展，才能发展为新的人才聚集地。同时，与其他国家相比，中国依然有着相当的优势。与欧美发达国家相比，虽然中国整体实

① 岳婷婷：《改革开放以来的中国留美博士群体研究》，《兰州大学学报（社会科学版）》2015年第2期。

力较差，但是相比于欧美发展乏力的情况，中国经济持续中高速发展，而且绿色科技的创新能力不断提升，尤其是沿海不少城市的发达程度已经逐渐比肩发达国家，甚至吸引着越来越多发达国家的高层次人才向当地聚集。以前，发展中国家和地区民众或者发达国家的“贫困者”是到中国“淘金”的主力，而现在则表现为越来越多的高端人才到中国学习、工作、生活。与广大发展中国家和地区相比，中国一方面具有无可比拟的经济优势。另外，在环境方面，中国已经处于严格治理并逐渐好转的阶段。而其他很多发展中国家和地区（比如印度）仍然处于环境的不断严重恶化之中。因此，只要中国坚持绿色发展，必然会形成吸引人才聚集的经济发展优势。

第二，坚持环境治理是吸引人才的重要条件。优美的自然环境是最普惠的福利，是人类日渐迫切的需要，只有将人民群众日益关心的美好生活需要满足好，才是真正的以人为本，才是真正的以马克思主义为指导。改革开放以来，中国非常重视环境的治理，到 21 世纪更是成为党特别关注的议题，并在治国理政中积极实践，形成吸引人才聚集的软实力资源。首先是管控食品安全，保护人民群众生命健康。三鹿毒奶粉事件是新中国成立以来最严重的食品安全事件之一，虽然这一事件并不是因为工业污染造成的，但是其造成民族奶品行业集体沦陷的危害，也促使党和政府深刻认识食品安全问题，并日益重视环境污染对人们生命健康的影响。正如习近平强调，食品安全是民生工程、民心工程，加强食品安全监管，要严字当头，严谨标准，严格监管，严厉处罚，严肃问责。其次是推进环境治理，形成优美宜居的绿色城镇。城镇是人类生产生活的重要聚集地，因此，建设优美宜居城镇非常重要。改革开放以来的较长时间里，工业快速发展引发的环境污染普遍而明显，进而导致空气净化器、净水机成为不少居民的家庭必备。这种情况下，建设绿色城镇必然要求企业更加严格的控制污染源排放，也要求政府以铁腕推进产业升级。再次是降低单位生产能耗，合理利用资源。坚持环境治理必须坚持源头治理。工业废弃物源于日益扩张的工业生产。当国家、企业积极发展绿色科技，提高生产效率，在降低单位生产能耗的基础上扩大生产，必然为搞好环境治理，吸引人才奠定基础。

当前，生态和谐与否，环境优美与否在某种程度上决定着高层次人才的去向。《2011 中国私人财富报告》是基于对 2600 余位高净值人士①的调研和对 100 余位专家、客户经理及高净值人士的访谈而成，其调研显示：近年来，中国向境外投资移民人数出现快速增长。以美国为例，中国累计投资移民的人数最近 5 年的复合增长率达到 73%。近 60%接受调研的千万富翁已经完成投资移民或有相关考虑。而亿万富翁（可投资资产规模在 1 亿元人民币以上）中，约 27%已经完成了投资移民，而正在考虑的受访者占比也高达 47%。②如此高比例的精英人士考虑投资移民到欧美发达资本主义国家的一个重要原因就是生态环境。因此，只有加强绿色生态治理，还民众蓝天白云，才能留住自己的人才，汇聚世界的人才。

第五节　绿色发展育民：绿色发展理念有利于满足人民自觉的绿色文化需要

形成绿色文化特别重要。绿色文化为中华文化能够注入绿色基因，是为促进绿色发展的新动力。社会意识对社会存在具有能动的反作用，正确的社会意识能够促进社会存在的发展，错误的社会意识会阻碍社

① 主要指可投资资产在 1 千万人民币以上的富裕群体。

② 招商银行、贝恩顾问公司：《2011 中国私人财富报告》，第 24 页。

会存在的发展。因此，只有积极主动地培育人民群众形成正确的社会意识，并消除错误的社会意识，才能推动社会不断向前发展。另外，在特定的条件下，意识甚至能起到决定作用。正如毛泽东所说："一定的文化（当作观念形态的文化）是一定社会的政治和经济的反映，又给予伟大影响和作用于一定社会的政治和经济；而经济是基础，政治则是经济的集中表现。这是我们对于文化和政治、经济的关系及政治和经济的关系的基本观点。那末，一定形态的政治和经济是首先决定那一定形态的文化的；然后，那一定形态的文化又才给予影响和作用于一定形态的政治和经济。"① 文化的特殊作用和独特功能就是对个人和社会的"教化"，从而塑造个人，引导社会。江泽民说："发展社会主义文化的根本任务，是培养一代又一代有理想、有道德、有文化、有纪律的公民。"② 习近平指出："我们要继续坚持走中国特色社会主义文化发展道路，推动社会主义文化大发展大繁荣……丰富人民群众精神文化生活，增强人民精神力量。"③ 文化主要表现为传播传承文明（个人可以在较短的时间内掌握人类在较长的时间中积累的经验、知识和价值观念），规范人的行为（文化所代表的就是历史积淀下来的，并被特定社会、一定群体所共同认可、遵循的行为规范，它对个体的行为具有先在的给定性和约束性），凝聚社会力量（作为价值体系和行为规范，文化提供着关于是与非、善与恶、美与丑、好与坏等社会标准，并可以通过社会教育而内化为个人的是非感、正义感、羞耻感、审美感、责任感等，从而提高人们的道德情操、认识水平和人生境界，凝

---

① 《毛泽东选集》第二卷，人民出版社 1991 年版，第 663—664 页。

② 《江泽民文选》第三卷，人民出版社 2006 年版，第 277 页。

③ 习近平：《全面贯彻落实党的十八大精神要突出抓好六个方面工作》，《求是》2013 年第 1 期。

聚社会力量）等作用。[①] 文化总是与一定的经济、政治状况相适应的，在文化的发展实践长过程中，文化既可以跟随经济社会发展，同时作为有意识的人也可以推进新的文化建设工程，形成人民群众新的价值理念，推动文化与经济、政治发展的良性互动。在推进绿色发展的关键时期，塑造先进的绿色文化，以之"教化"个人与社会，能够起到事半功倍的效果。

一、绿色文化匮乏是酿成生态危机并影响人民需要满足的重要因素

如前所述，当文化中蕴含着丰富的绿色基因，必然成为促进绿色发展的动力。相反，如果绿色文化匮乏，必然对生态环境造成负面影响。

第一，绿色文化匮乏是由中国经济社会发展阶段决定的。绿色生态需要是在满足了人的基本物质需要之后的更高层次的需要，因此，在一个经济落后的社会形成较为先进的绿色文化是不现实的。近代以来，中国就面临着发展社会生产力的重要任务。旧中国，半殖民地半封建的社会性质是生产力发展的主要障碍，因此，近代中国人民的历史任务就是反帝反封建。新中国成立后，随着社会主要矛盾发生变化，中国共产党逐渐形成以经济建设为中心的战略。在相当长的时间里，党特别重视环境治理，但是相对于贫穷落后面貌来说，显然不是主要任务。可以说，从政府到民间均不具备形成绿色文化的条件。

第二，绿色文化匮乏是由文化建设的规律决定的。一定的经济、政治条件决定着一定文化的发展程度和发展方向。绿色文化必然要由绿色发展的经济、政治实践及水平所决定。在全国人民追求物质财富量的增长的过程中，全党乃至全国人民均不具备全面推动绿色文化创新发展的

① 杨耕：《文化的作用是什么?》，《光明日报》2015 年 10 月 14 日。

主动性和创造性。

第三，绿色文化的匮乏与当时中国人的受教育程度及思想情况有关。从受教育情况来说，受制于中国经济等各方面的落后，在改革开放初期总体的受教育水平是很低的，1985 年，全国普通高校在校生仅 170.3 万，到 1998 年也仅仅增长到 340.8 万。① 这些都严重影响了人们对工业污染的认识：由于缺乏相关的理论观点，所以很难形成绿色文化。从人们的思想观念来看，思想阵地不断遭受到错误思想的误导。首先是“文化大革命”极“左”思潮导致当时不少人陷入主观主义、唯心主义。其次是资本的暴力增殖属性不断影响着人们的思想，造成一种“一切向钱看”的不良倾向，不利于人民群众反思工业发展的消极方面。再次，发达国家在转移高能耗高排放产业的过程中，过分宣扬渲染他们的经济发达，而对其中的污染问题却被有意无意地忽略，进而影响到人民群众对环境保护的认识。

在绿色文化匮乏的背景下，环境污染问题日益加重是现代大工业快速发展的必然代价。

绿色文化匮乏，首先就缺少了制约资本的有效理论。如前所述，资本的暴力增殖属性是造成生态危机的根本因素，因此，如果能够在一定程度上抑制资本的暴力增殖属性，必然能够降低环境破坏程度，进而在相当程度上推进绿色发展。文化能起到塑造人、感染人的巨大作用。绿色文化的发展能够塑造全社会形成关注环境污染，推进环境治理的良好效果。如果绿色文化匮乏，就不能向人们宣传资本的本质，使人们深刻认识造成生态危机的根本原因，也不能动员人民形成节制资本的统一战线。

---

① 倪小敏：《我国本专科教育发展的回顾与对策展望》，《浙江社会科学》2004 年第 3 期。

绿色文化匮乏，还会制约推进绿色科技发展的有效力量。绿色科技是推进绿色发展的重要支撑，只有发展绿色科技，才能保障绿色发展的有序推进，才能在提高生产效率中降低对自然环境的开发掠夺。绿色科技是绿色文化的重要组成部分，绿色文化匮乏当然意味着绿色科技力量匮乏，自然不能形成有效的绿色发展趋势。绿色文化匮乏将限制人民群众的绿色需要进而影响其推进绿色科技发展的积极性。需要是人类向前发展的基本动力，只有人类有绿色需要，进而才会形成绿色科技的需要并转化为推进社会可持续发展的新动力。绿色文化匮乏还将影响政府推进绿色科技发展的积极性。民众需要是影响政府决策的晴雨表，只有民众深刻关注的，才能成为党和政府优先考虑的对象。绿色文化匮乏，将会使环境保护偏离党和国家的工作中心，进而欠缺推动绿色科技发展的主动性。

绿色文化匮乏还会影响环境治理的依法建设。依法建设是维护社会稳定发展的重要条件，同时也是社会多方利益群体博弈的重要舞台。为推进绿色发展加快依法建设也面临这种困境，即：某些对生态环境造成重大污染的企业作为既得利益者，倾向于反对严格的环境治理，而且在社会上拥有一定的话语权。绿色文化将人民群众的力量凝聚起来，形成与既得利益群体作斗争的合力，有利于环境立法相关工作的开展。

纵观欧美发达国家的环境保护方面的依法建设，都与日渐形成的新文化有很大关系。在 20 世纪 50—80 年代，第三次环境保护运动席卷美国。正是因为环境保护成为全美国人民的共识，成为人们共同的文化追求，才为各项环保法案的立法、执法、司法奠定了基础。与当时的欧美国家相比，改革开放初期，中国绿色文化尚未形成，甚至“四人帮”的“社会主义不会形成污染”的论调仍然影响着一些人，很多人关于环境治理的理论还相当僵化，关于发展的观点仍然重视经济体量的增加。以上诸多因素，导致出台一系列环保法案并严格执行尚需时日，形成有利于环保的创新型经济也未到时机。

绿色文化匮乏还会影响人们防治污染理论的发展。事实证明，虽然人类尚不能够彻底解决工业发展对环境造成的污染，但是早期的预防和治理还是可以限制污染蔓延的广度和深度，并降低其对人生命健康的危害。由于绿色文化匮乏，欧美发达国家二战后经历了污染迅速增量以致酿成重大的环境危机。中国在改革开放以后，虽然没有发生过类似欧美国家的大规模环境危机事件。但是由于绿色文化匮乏，导致没能制止环境污染问题的漫延，给我们留下了不少教训。

二、贯彻绿色发展理念有利于促进绿色文化建设

绿色发展理念因时因势而生，反映了社会的热点问题和民众的迫切诉求。该理论以发展为核心，符合人类社会向前发展的价值追求。坚持以绿色发展理念感染人、感动人、内化人，促进形成人民普遍遵循的绿色文化，将促进人民成为推进绿色发展的主体，为绿色发展注入动力。绿色发展理念主要从信仰、价值观、规范和法令、符号、技术、语言等文化六要素方面促进绿色文化形成发展。

（一）绿色发展理念促进形成绿色文化的信仰要素

信仰是关于世界如何运转的观念，指的是一个人认为正确的一系列学说。不同的人，由于学习、生活、工作经历的不同，进而形成不同的文化信仰。在生产力水平较为落后的情况下，人民探索并把握自然和人类社会运行规律的能力比较低，因此，就形成了唯心主义的世界观和价值观，人们以其指导自己的生产生活，唯心主义自然就成为当时人的信仰。当更先进更科学的马克思主义创立后，人们以马克思主义指导自己的生产生活，马克思主义就成为人们的新信仰。

绿色发展理念是关于发展形态的新认识，它摒除了传统的粗放型增长方式。贯彻绿色发展理念，有利于人民群众深刻认识中国社会主要矛

盾的历史性全局性变化，形成关于人类社会与自然发展规律，及其相互关系的新认识；有利于人民群众深刻认识生态危机发生发展的原因，促进人民在推进经济社会发展进程中，降低能源消耗，保护生态环境，形成人与自然和谐共生的新局面。新时代，当人民群众主动地以绿色发展理念指导自己的行动，绿色发展理念自然就成为人民的新信仰，进而必然有利于绿色文化建设。

（二）绿色发展理念促进形成绿色文化的价值观要素

价值观是人认定事物、辨明是非的一种思维或取向，从而体现出人、事、物一定的价值或作用。当一种理论真正掌握群众，该理论所界定的思维与言行规范将成为人民群众自觉遵守的标准，就形成一种价值观。在中国，社会主义核心价值观是指导人民在思维与言行中自觉遵守的规范。在资本主义国家，资产阶级价值观是其本国民众在思维与言行中自觉遵守的规范。价值观直接影响人们关于自然，关于人类社会，关于自然与人类社会关系的认识。在资本主义世界体系，发达国家资产阶级为了维护其全球统治地位，发达资本主义国家为了维护不平等的国际秩序，总是试图以资产阶级价值观影响他国民众，限制其他国家发展。

当今，一方面中国经济社会全面发展，并不断实现中华民族伟大复兴。另一方面大工业发展造成的生态危机日益严峻。西方发达资本主义国家以所谓环境问题对华施压，试图遏制中国发展，遏制中国的和平崛起。为了实现其野心和图谋，西方发达资本主义国家对华渗透资产阶级价值观，并试图占领中国思想阵地。面对日益复杂的国内外形势，绿色发展理念能起到促进社会主义核心价值观践行，维护我国思想阵地的作用。首先，绿色发展理念深刻论述中国国情，推进中国绿色发展的理论与实践，不断满足人民日益增长的美好生活需要，促进人的解放发展。当人民群众得到切实的解放发展，自然就能够判断是非，形成正确的价值判断。其次，绿色发展理念彻底批判错误思想。当人民群众彻底抛弃错误思想，自然会要求新的价值判断，并向关于绿色发展理念的价值观靠拢。再次，绿色发展理念推进人民成为绿色发展的主体。当人民群众成为绿色发展的主体，享受绿色发展的成果，必然也就形成了绿色发展理念掌握群众的新局面。

（三）绿色发展理念促进形成绿色文化的规范和法令要素

规范和法令是重要的行动导向，是文化的重要组成部分。有什么样的规范和法令，就会形成什么样的文化。比如，在社会主义国家，社会主义规范和法令促进形成社会主义文化。当然，关于绿色发展的规范和法令，就会推进形成绿色文化。在西方，将环境治理的理论与资产阶级发展观相结合，自然就形成了有利于资产阶级统治的关于环境治理的规范和法令，进而形成与之相适应的文化形态。中国是社会主义国家，要以有利于人民群众的规范和法令促进绿色文化建设。

由于绿色发展是新事物，是不同于西方环境治理的新事物，因此，可借鉴的经验不多，可遵循的理论也不多，这就要求党在探索中不断形成关于绿色发展的新的规范和法令。绿色发展理念作为指导新时代绿色发展的理论，将起到重要的指导作用。首先，绿色发展理念将指引规范和法令的价值目标，即：推进绿色发展，满足人民需要。其次，绿色发展理念将指引规范和法令的方法原则，即：发挥人民主体作用，不断促进绿色发展。再次，绿色发展理念将指引规范和法令的评价机制，即：人民群众的满意度。当有利于绿色发展的规范和法令建立起来，并成为人民群众生产生活的普遍遵循，必然有利于形成绿色文化。

（四）绿色发展理念促进形成绿色文化的符号要素

符号是信仰和价值观的重要表征。不同的信仰和价值观要通过不同的符号表现出来。因此，我们通过观察不同群体对符号的喜好，并了解符号的基本寓意，就可以判断不同群体的信仰与价值观。比如，由于信仰和价值观的不同，不同国家和地区的人形成对不同颜色的偏好，进而成为一种符号。不同国家和地区的人还会形成对某些行为的偏好，也会成为一种符号。在某些资本主义国家，由于资产阶级价值观指导形成抽象的自由观，进而甚至会导致暴力成为其所谓的文化符号。

绿色发展理念将促进形成绿色发展的新符号，成为关于绿色发展的信仰与价值观的基本表征，进而成为文化建设的重要组成部分。首先，绿色发展理念改变了传统的以促进物质财富增量为主要特征的文化符号，代之以反映生态良好，人与自然和谐共生的绿色文化新符号。其次，绿色发展理念将促使绿色文化符号成为人民的新风尚。贯彻绿色发展理念，即是在理论与实践上推进绿色发展的过程，也是将绿色文化符号与绿色发展实践紧密结合并广泛宣传的过程。当人民自觉的以绿色文化符号作为绿色发展的基本表征，就形成了绿色文化掌握群众的新局面。

（五）绿色发展理念促进形成绿色文化的技术要素

科学技术是第一生产力，科学技术的发展有利于促进文化形态的发展。文化是对社会存在的反映，当科学技术促进社会存在发生翻天覆地的变化，自然就会形成鲜明的与之相适应的文化形态。同时，科学技术本身属于文化的重要组成部分，科学技术的发展水平代表了文化建设的水平，自然是文化的基本要素。

在绿色文化建设的过程中，绿色科技起着非常重要的作用，以绿色科技作为支撑，才能促进贯彻绿色发展理念，才能形成有利于绿色文化建设的新基础。同时，发展绿色科技，才能不断丰富绿色文化的内涵。因此，贯彻绿色发展理念，形成绿色文化的技术要素非常重要。首先，贯彻绿色发展理念，有利于国家力量向绿色科技发展方面倾斜，将不断提高绿色科技的创新和发展速度。其次，贯彻绿色发展理念，有利于绿色科技的成果转化，有利于绿色科技与绿色产业协调发展。当绿色科技成为人民科技创新的价值目标，必然会促进人民把我国建设成为富强民主文明和谐美丽的社会主义现代化强国，当绿色发展实践反映到文化领域，必然促进绿色文化建设。同时，当绿色科技蓬勃发展，必然丰富了文化建设的绿色内涵和绿色底蕴。

（六）绿色发展理念促进形成绿色文化的语言要素

语言是文化的重要表现形式，很多文化形态都要以语言形式表现出来。绿色发展理念也要通过语言表现出来。有什么性质的语言就会形成与之相适应的文化形态。在阶级社会，由于统治阶级的思想控制，形成有利于剥削的语言，必然就会形成有利于剥削的文化形态。在社会主义社会，则完全相反。在绿色发展的关键时刻，如果人民信仰错误的思想，不以绿色发展的语言要求自己，必然不利于绿色文化建设。

绿色发展理念有利于人们形成绿色发展的语言。首先，绿色发展理念作为价值观指导人民的言行，必然指导人们形成对中国绿色发展道路的正确认识，必然指导人们以绿色发展的语言表达自己的相关观点。其次，绿色发展理念促进人们提高生活水平和实践水平，由于社会意识反映社会存在，当人以语言表达自己的意识时，必然会将自己的生产生活实践作为自己的输出内容，而其中必然蕴含绿色发展品质，进而自觉的形成绿色发展的语言。

三、以绿色发展理念大众化促进绿色文化建设

绿色发展理念是符合社会发展规律的发展观。首先在于其因时因势而生，反映了社会的热点问题和民众的迫切诉求。同时，该理论以发展为核心，有力地批判了自然中心主义思想，符合人类社会向前发展的价值追求。人民群众是创造历史的主体，只有坚持绿色发展理念大众化才能促进人民成为推进绿色发展的主体，推动中国乃至全世界的可持续发展。

绿色发展理念大众化源于其以发展为核心，推进经济社会可持续发

展，符合人类社会的根本利益。20 世纪 50 年代以来，欧美发达国家曾掀起环保风暴并形成一定的发展理念，这种治理运动虽然使其本国本地区逐渐摆脱环境污染，但是其高能耗高排放产业的向外转移反而加剧了全世界的环境污染形势。新时期，面对全球愈演愈烈的生态危机，欧美发达国家的环保理念却试图以牺牲发展中国家和地区的发展权利为代价，试图形成发达国家垄断发展权的事实。这种新式帝国主义不符合社会向前发展的规律，不符合广大发展中国家和地区民众的根本利益。绿色发展理念紧紧抓住这个核心问题，特别重视包括中国在内的广大发展中国家和地区要求快速发展的愿望，符合全世界的发展方向。以此为契机，就必须推进绿色发展理念大众化。进而，才能促使民众形成正确的发展观，当民众不为西方的错误发展观和生态观所影响，就能形成反对西方错误思想的强大力量。也只有全世界都树立了以发展为价值目标的环境治理思想，才能使全世界树立“一荣俱荣，一损俱损”的理念，倒逼发达国家重视发展中国家和地区的发展问题和环境问题，进而形成和谐有序的全球环境治理局面。

绿色文化能够限制资本增殖，消解消费异化。由于绿色文化能够凝聚全社会推进可持续发展的力量，因此，其能够对抗资本暴力增殖的属性，进而限制资本对自然环境的开发掠夺。资本为了实现暴力增殖，总是引导民众多消费、高消费、重复消费，既给消费者造成沉重的经济负担，更会引发对自然资源的巨大浪费，还会因“无效生产”造成更多的无价值能耗排放，甚至会引发经济危机。相反，从人类最基本的道德出发，则应适度消费。可见，消费异化是资本暴力增殖属性的重要表现。在此背景下，推进绿色文化大众化，有利于民众认清消费异化的形成原因及其本质，并逐渐建立起正确的消费观。以美国为例，众所周知美国是人均资源消费最高的国家，但是由于没有形成科学的绿色文化，美国的人均生活资源消费一直在增加。这种异化的消费观也会造成对自然环境开发、利用的异化。相反，如果全世界人民都建立以节俭适度为原则的消费观，形成真正的供需平衡，将极大地减少人类对自然资源的开发，为经济社会的可持续发展奠定必要基础。同时，这种供需平衡，也降低了引发经济危机的风险，而且避免经济危机本身就有利于民众生产、生活的有序展开。同时，异化消费还包括以不正常的极低价格进行消费。高消费是由于资本的诱导引起的，不正常的低层次消费则是由于资本对民众财富的掠夺引发的。由于资本对民众的掠夺日益严重，不少民众丧失了满足一般需要的消费能力，于是资本就为这些人量身定制了低消费。现实生活中，我们可以发现很多低价劣质的商品广泛存在于市场秩序不规范的农村，而且销量很高。由于其劣质，必然造成易损，由于其销量很大，必然造成对自然资源的大量开发使用。最终的结果是既很难满足人民群众的生活需要，又造成了对自然资源的重复开发和浪费。绿色文化就是要形成新的平衡的发展态势，在资方与劳方形成新的平衡，在资本与民众间形成新的平衡，限制资本的暴力增殖属性，限制消费异化。

绿色发展理念大众化有利于凝聚推动绿色发展的诸方面力量，尤其是人民群众的力量。人民群众是历史的创造者，要开创绿色发展的新局面，必须要有人民群众作为主力军积极参与，而绿色文化大众化就是广泛发动群众的关键一步。只有实现绿色发展理念大众化，才能教育人民群众深刻理解发展社会生产力是人类社会发展的基本方向，才能深刻理解经济发展与环境治理的辩证关系，才能使人民群众树立科学而坚定的发展观，并自觉抵制自然中心主义思想等错误思想。在现实生活中，民众由于在绿色发展方面知识匮乏，很容易被错误言论误导。尤其是西方发达国家试图利用环境问题误导中国民众并限制中国发展的思想不断对华渗透。可见，绿色发展理念大众化非常必要。绿色发展理念大众化还有利于坚定人民群众环境治理的信心和决心。在工业化尚未完全实现的中国推进环境治理是一项艰巨的任务，尤其是要保证经济的中高速发展更使困难加剧。绿色发展理念大众化能够提高民众对环境治理的信心，并激励民众从自我做起。要促使民众意识到环境保护的重要性，意识到千千万万个个人的不环保行为也会造成严重的环境污染。还要教育民众支持党和政府的环保行动。由于环境治理，必然会影响一些人的既得利益。比如，关停一些规模小、污染严重的企业。绿色文化促使人们正确认识个人利益与国家利益，眼前利益与根本利益的辩证统一关系，必然形成全民支持环保，全民践行环保的高潮。

绿色发展理念反映了发展形势的不断变化。世界是向前发展的，不同时代有不同的发展模式和特点，进而要求与之相适应的发展理念。二战以后，随着工业造成的环境污染越来越严重，全世界日益呈现出新的发展方式变革。从全世界来看，西方发达国家的学者是比较早地提出并呼吁绿色发展的，但是由于资本主义制度的限制，只能停留在理论阶段。相反在中国，中国共产党提出并贯彻绿色发展理念。绿色发展理念是对环境问题越来越严重的必然反应。只有推进绿色发展理念大众化，才能使民众认清世界可持续发展形势的严峻性，中国积极推动绿色发展理念大众化正是表达了科学推进环境治理促进经济持续发展的决心。

第六节　绿色发展乐民：绿色发展理念有利于满足人民安居乐业的心理需要

一、人类多样性需要的考察

马斯洛将人的需要分为生理需要和心理需要。生理需要是指人类维持自身生存的最基本需要，包括：氧气，水，食物，睡眠，并以此实现身体机能的平衡和良好。这是人类生存发展最基本的需要，没有这些需要的满足，人类就只能灭亡。另外，人类还有心理上的需要，包括安全、爱与归属、尊重、自我实现等。生理需要是与其他动物基本一致的与生俱来的本能，它是心理需要形成和发展的基础。心理需要虽然与生理需要相伴而生，但是整体上又是人在生存需要满足后逐渐显现出来的高层次需要形式。越是在低等级的社会形态，社会生产力不发达，生理层次的需要就会越发重要，并且在人类的整体需要中占比较高。随着社会生产力的发展，人类获得物质财富的能力越来越强，当人类的基本生理需要获得满足，必然会形成日益强烈的心理需要。随着人类社会的发展，人类需要经历了由低层次向高层次，日益多样化的发展趋势，其中社会与个人越来越关注人对高层次需要的满足。

在前工业时代，人们主要着眼于追求自己的低层次物质需要的满足，只有极少数的统治阶级不但物质生活丰富，而且有较高水平的精神生活。原始社会后期以来，人类劳动已经能够创造出满足生存需要的物质财富，但是由于统治阶级占有了大量的劳动财富，人民群众并不能在生产力的缓慢发展中获得较多的物质需要满足，数千年挣扎在饥饿的边缘。在工业革命以前，很多国家和地区的民众的反抗斗争都是以求得生存为基本目标。在中国古代，唐朝末年的黄巢起义军就喊出了“天补均平”的口号，直到太平天国起义将这种均平思想进一步细化。在西方，早在十四五世纪，就有人试图实践空想社会主义方案。到 20 世纪前期，仍有工人为求得生存发动罢工以及暴力斗争。在前工业时代，从整体来看，低层次物质需要更强烈、更直接，进而决定着社会的发展方向，以及人民群众的斗争方向。

直到工业革命以后，大工业生产促进物质财富迅速膨胀，发达国家民众的物质需要基本满足，才为其民众的高层次需要满足创造了条件。工业革命以来，社会物质财富迅速膨胀，统治阶级的物质需要得到极大满足，才为人民群众的低层次物质需要满足提供了可能性。比如美国从

20 世纪初期就开始推动汽车逐渐普及，到 1950 年汽车保有量已经达到 6897 万辆，[①] 普及程度已经非常高，这充分说明发达国家在 20 世纪前期已经基本满足了人们基本物质需要，进而为人民群众提出并满足多样化的需要提供了条件。

工业革命以来，资本主义国家尤其是发达资本主义国家人民群众需要的满足情况出现这样几个特点。首先，在发达资本主义国家，工人阶级虽然基本实现了对生存需要的满足，但是其并没有实现财务自由，并不等于实现了物质需要的完全满足。人类的物质需要是随着社会发展而不断发展的，甚至可以说是无限发展的，它有一个由量到质并不断形成新的物质需要的转变，而且资本也能够引导社会形成新的物质需要，比如，资本能够通过制造某些需要的短缺，进而引导民众形成新的物质需要。其次，在发达资本主义国家，人民群众在心理方面的需要得到一定满足但是并没有多方面满足的实现。以美国为例，虽然其境内经常发生枪击事件，但是政府依然以所谓抽象的自由允许人们自由买卖枪支，自然会造成不少民众安全感匮乏。在资本主义社会，资本故意制造了金字塔式的多阶层社会结构，虽然少数工人通过努力成为打工贵族，收入较高，看似实现了自我价值，但是仍然要遭受资产阶级的剥削，而且越是能力强，越是被剥削更多的剩余价值。资本主义制度制造了“法律面前一律平等”的理念，看似给普通人以尊重，但是却不给人们真正的受尊重的经济地位。在工业污染严重的情况下，人民群众对优美环境的需要越来越强烈，但是发达资本主义国家在环境治理中也带有明显的局限性。在早期的工业发展中，资产阶级为了攫取剩余价值将本国民众置于污染环境中。在今天，它们又试图通过向发展中国家和地区转移高能耗

① 刘学琼：《商用车动力传动系统优化匹配研究》，华中科技大学 2005 年硕士学位论文。

高排放产业将全世界人民置于污染环境之中。

可见，在阶级社会，统治阶级只会一味追求自身需要的实现，而实现方式则是剥削人民群众。今天，虽然不少国家尤其是发达国家民众的基本生理需要得到基本满足，为人类实现心理需要创造了条件，但是由于资本对社会的控制及手段更加多样成熟，它们不但控制了生产资料使人民群众永远不可能完全满足其物质需要，而且控制着人民群众在虚假的归属、尊重、自我实现中自我陶醉，并日益丧失了追求自我解放的精神意识。

二、绿色发展理念满足人民安居乐业的心理需要

绿色发展理念是着眼于可持续发展的全方位的发展理念，它表现为强大的物质力量和精神力量，进而能够满足人民群众的全方位心理需要。

绿色发展理念是强大的物质力量。如前所述，人类社会生产力的发展必然能够提高人类创造物质财富的能力，进而必然促进人类物质需要水平的提高，因此，人类创造的社会财富也是无止境的，人类的物质需要也是无止境的，从量的需要到质的需要，再到精的需要。绿色发展理念的物质力量就是在新时代满足人民群众在物质方面的新的高层次的需要。首先，发展环境保护技术本身就是不断提升产品丰富度及品质的进程。比如人类社会对石油炼化技术的改进，不但提高了石油的利用率，而且丰富了石油产品。人们对冶炼技术的改进，既有利于淘汰技术落后的小冶炼企业，也有利于满足社会的高端需要。

其次，绿色发展能够为民众提供更加丰富的物质产品以满足人民群众的基本生理需要，并维护人的基本生理机能。生理需要是人最基本的不能缺少的需要，是任何时代的第一需要。虽然当前时代的物质生产已经能够满足人们的物质需要，但是由于环境污染的加剧，造成了这种需

要的异化。比如，不少地区的空气、水、食物等都遭受到严重污染，如果当地人大量摄入，就会损害人的身体机能，危害人的生命健康，因此，新的形势要求重新审视并满足人的生理需要。绿色发展理念致力于加强环境污染治理，能够减少工农业生产对空气、水资源、以及土壤的污染，有利于人民群众获取干净的空气水、食物等。为人民提供洁净的饮食既是满足人的生理需要，同时，也是一种心理需要，因为这种满足使人们免于遭受污染物危害的恐惧而获得安全感。

绿色发展理念作为全方位推进可持续发展的发展观又表现为精神力量，能够在多方面满足人民群众安居乐业的心理需要。

第一，绿色发展理念能够满足人们追求安全的物质满足的心理，又可以扩展到对自己安全需要的满足。如前所述，人类追求基本生存资源本身就是一种心理需要。当前民众的物质需要与以前的有着很大的不同。以前主要是源于物质财富的短缺，人类追求这个满足的过程，主要是由生理的极度需要支配的，而且受污染的生存资料较少。如今则在一定程度上发生了改变，在不少国家和地区，物质财富不再短缺，但是遭受污染的问题越来越严重，如果随意饮食，甚至会损坏自己的身体机能，影响人的生命健康。比如，因为空气污染造成呼吸系统疾病的发病率越来越高，这进而严重影响了人类获得安全的心理需要。以绿色发展理念指导积极的环境治理与保护工作为人民提供安全健康的生活资料，有利于人民摒除相关的恐惧心理。绿色发展也能够推进社会的平衡充分发展，促进不发达地区的发展，进而满足不发达地区群众的物质需要的满足。中国是发展中国家，贫困人口占相当大的比例，到 2015 年，中国贫困人口尚有 7000 多万，① （虽然到 2020 年底，我国脱贫攻坚战取得

① 《国务院扶贫办：中国尚有 7000 万贫困人口，6 年内要全部脱贫》，观察者网，2015 年 10 月 12 日，见 http://www.guancha.cn/Rural/2015_10_12_337238_2.shtml。

全面胜利，但是仍有不少民众的物质生活水平较低），如果扩展到全世界，将有数亿人口的基本物质需要不能得到满足。绿色发展理念是进一步推进经济可持续发展的理论，它不但能够持续增加安全的物质财富，而且也关注发展的平衡与充分，促进国内较落后地区快速发展，也有利于促进不发达国家和地区快速发展，有利于减少贫困人口，实现人类整体的物质需要得到满足。

第二，绿色发展理念能够满足人们自我实现的心理需要。绿色发展理念能够在各个层面促进社会发展，不但促进绿色科技快速发展，而且绿色产业、绿色金融等的发展，也进一步满足人的多样化发展有利于人的自我实现。首先，社会财富的增加，分配的均衡化，可以满足人们追求物质满足的心理需要。其次，在物质需要满足的基础上，又为人的全面发展创造了条件。人们可以参与环保科技的直接研发，为社会可持续发展作出贡献，人们可以参与到环保产业的大发展浪潮中，在变革中展示自己推动社会发展的力量。再次，物质财富的增加使人民群众在一定程度上实现了财务自由，能够做自己喜欢的事情，也是为自我实现。

第三，绿色发展理念满足人民群众多样化的先进的文化需要。文化是在社会实践中形成的，它既是对社会实践的反映，又起着指导社会实践的能动作用。先进的文化有利于推进社会发展，落后的文化则会造成发展停滞甚至退步。从满足人类需要，促进人全面发展的角度来说，人类需要先进的文化，需要它指导人类社会实践的正确方向。

社会主义文化是当前中国社会的主流文化，为绝大多数国人信仰，但是亦存在进一步丰富发展的紧迫性，需要在社会实践中日益多样化，又需要与资本主义性质的文化坚决斗争并取得胜利。首先，社会主义文化将绿色发展理念形成的绿色文化纳入社会主义文化体系中，有利于满足人民群众的多样化文化需要。文艺、体育等只是文化的局部表现形式，文化的本质是指导民众深化对社会实践的认识，而绝不仅仅是为了丰富人们的娱乐生活。当前最大的社会实践是中国特色社会主义建设，社会主义文化是对这一实践活动的生动反映，而绿色文化则是其中的重要组成部分。绿色文化就是要指导民众深化对绿色发展的认识，深刻理解党推进绿色发展的背景过程、前景目标，支持党推进社会可持续发展的政策策略。其次，在绿色文化建设中，还要积极清除虚假的“绿色文化”，如前所述，资本主义性质的唯心主义文化从来没有停止过试图影响中国人民，演变中国政权性质的活动。这种落后文化要么诱导人民形成对绿色生态的非理性狂热，要么诱导人民形成对物质财富的非理性狂热。改革开放初期，资产阶级思想的渗透导致了部分人对物质财富的狂热追求，形成过度生产进而又导致不少低端工业产品过剩。中央财经领导小组办公室副主任杨伟民就公开指出：我国供给体系总体是中低端产品过剩高端产品供给不足。① 面对愈演愈烈的生态问题，资产阶级思想又试图诱导中国人民在暂时的物质满足中，去除居安思危的传统，片面追求纯粹的绿色生态，试图破坏中国独立自主发展的工业基础。绿色发展理念摒除民众在生态建设方面面对复杂信息时的迷茫心态，使人们认识到在大是大非面前，选择不站队，做老好人也是不对的。在思想斗争中，不支持正确的思想本质上就是对错误思想的默认甚至支持。历史虚无主义思潮在一定范围内流行，就是因为有的人不能、不愿、不屑甚至不敢旗帜鲜明地反对各种错误言论，而对手则是有组织的，有预谋的，有资金支持的，并且掌握了舆论的宣传规律。构建绿色文化，要争取其中的“中间分子”，形成反对错误思想的统一战线，形成人民力量的凝聚，从根本上杜绝错误的绿色理论，为贯彻绿色发展理念，坚持绿色发展道路注入动力。

---

① 《我国供给体系总体是中低端产品过剩　高端产品供给不足》，《中国质量报》2015 年 11 月 23 日。

第四，绿色发展理念能够满足人民群众被尊重的心理需要，形成全新的归属感。满足人的被尊重的需要要求一定的历史条件。从理论上来说，人与人的平等、互相尊重是必然的，不尊重他人本身就是一种不被认可的错误行为。在社会实践中，被尊重者一般是对社会发展、集体发展作出了较大贡献的人或者群体。他们有的推进了经济社会的发展，有利于物质财富的增加，有的道德水平高，引领了社会道德的发展方向等。在新时代，中国已经成为日益受外国人尊重的国家，不但因为本国经济迅速发展，还是因为中国已经成为推动世界经济发展的发动机，也是因为中国推动构建公平正义的国际新秩序。但是面对人们日益增长的美好生活工作环境需要，中国的生态建设尚有巨大的发展空间。一方面是中国自然环境的污染确实有越来越严重的倾向，另一方面又存在某些媒体的蛊惑性宣传。曲建平在研究浙江嘉兴市两起环境污染事件时就指出：本地各网站论坛大肆炒作，推波助澜作用相当明显，甚至有境外媒体和非法网站参与炒作，造成较大的负面影响，进而造成其他企业遭受不明真相群众的围攻。[①] 这就造成不少外国人甚至包括部分中国人不了解中国的生态现状，不利于提高人民的自信心，不利于提高中国国际地位。践行绿色发展理念有利于改善环境，满足民众受尊重的心理需要。首先，通过践行绿色发展理念，推进经济社会持续中高速发展，能够让更多的人过上更加富裕的生活，这种经济奇迹本身就是获得外国人尊重的资本。其次，践行绿色发展理念促使民众在广阔的领域里，为社会可持续发展作出越来越大的贡献，自然会使相关人员成为受尊重的对象。再次，在持续高速发展中较好地推进环境治理，满足人民群众日益增长的美好生活需要，创造世界上环境治理的新奇迹，并引导全世界的绿色

① 曲建平：《环境污染引发的群体性事件成因及解决路径》，《公安学刊（浙江警察学院学报）》2011 年第 5 期。

发展方向，也能激发人民群众的自豪感。

第五，践行绿色发展理念还是满足人民群众关于爱与归属的需要。爱与归属有狭义与广义的解释，可以表现为人对社会对国家的爱和归属，也可以表现为人对家庭、家族或者集体等较大群体的归属。绿色发展理念表达了党领导国家不断满足人民群众全方位美好生活需要的价值目标和实践方法论，自然是“爱”的一种表达方式。绿色发展理念将人民群众以新的文化氛围凝聚起来，形成齐心协力促进社会可持续发展的文化力量，自然也会形成民众的新的归属。与此同时，践行绿色发展理念也能够在新的生产斗争中形成新的归属，比如，在与国内狭隘的生态思想作斗争的过程中形成对正确思想群体的归属感，在与资产阶级生态思想作斗争的过程中，形成对维护国家利益群体的归属感。

第六，践行绿色发展理念创造丰富的物质财富有利于提升民众的安全感。当前社会矛盾较突出，治安甚至刑事案件发生的数量较多，一个重要的原因是发展不平衡，部分群众不能满足自己最基本的物质需要，如果个别人不能经受住错误思想的蛊惑，就有可能走上违法犯罪的道路。绿色发展理念可以在这些方面有所作为。首先，绿色发展理念能够推进经济社会以新常态的中高速发展，增加社会财富，均衡分配财富，满足贫困人口的基本物质需要，进而能够降低少数人酿成治安甚至刑事案件的几率。其次，以绿色文化指导人民，也能增加民众的幸福感而降低此类事件。一是绿色文化宣传本身就包含了法治宣传，有利于民众形成遵法守法的意识。二是践行绿色发展理念本身就是了解并满足群众需要的社会实践活动，倾听民众心声，反映民众疾苦，了解民众需要进而满足民众需要。三是绿色文化本身就是宣传社会主义核心价值观，培育民众成为有文化、有道德、远离错误思想的良好公民。

第五章　绿色发展理念的特点及意义

第一节　绿色发展理念的特点

绿色发展理念顺应时代要求、人民要求而生，是马克思主义发展观中国化的重要理论成果，是习近平新时代中国特色社会主义思想的重要组成部分，具有鲜明的特点。

一、绿色发展理念具有科学性

绿色发展理念是一整套关于在新时代推进中国可持续发展的科学体系。第一，以马克思主义为指导决定了绿色发展理念的科学性。科学的理论都是在正确的哲学观指导下建立起来的。在历史发展的过程中，剥削阶级以唯心主义认识世界，虽然也可以形成一些有利于当时社会发展的理论，但是在关于社会发展的重大理论和实践问题上是无法形成正确认识的。资本主义制度较之前的制度更有利于促进经济社会发展，但是，资产阶级为维护其阶级统治地位也大肆宣传历史虚无主义。马克思主义认识到人民群众是历史的创造者，中国共产党在执政中坚持依靠人民，服务人民，不断推进理论创新，并在新时代提出绿色发展理念，保证了该理论的科学性。绿色发展理念是党结合新时代国情、世情提出来的，更是在人民群众的社会发展实践中创造出来的，进而具有科学性。

第二，绿色发展理念在实践中提出并不断丰富完善，保证了其科学性。绿色发展理念不是空中楼阁，而是有其实践基础，这保证了它能够适合中国社会的实际情况。首先，党在探索中不断完善丰富自己的发展观，并最终提出绿色发展理念。正是因为有新中国成立以来尤其是改革开放以来的丰富的社会发展实践为基础，党才能根据实际情况对发展目标，发展策略，发展动力等问题进行深刻的探索和顶层设计，在这个基础上，绿色发展理念的提出就顺理成章。其次，绿色发展理念提出后也经历了一个不断丰富和完善的过程，而且这个过程是长期的，是在实践中逐渐实现的。自从党的十八届五中全会提出绿色发展理念，党、政府、社会、学者以及一些团体都在经济发展的过程中对该理论进行积极的探索和研究。党和政府推进了更严格的环保实践，学者及媒体不断阐释其丰富的内涵与时代意蕴，这些都保证了该理念的科学性。

第三，绿色发展理念的科学性在于它能够掌握群众，指导人类社会的发展实践。人民群众是历史的创造者，科学的理论是指导人类社会发展实践的理论，这就决定了科学的理论必须掌握人民群众，转变成人民群众创造历史的精神动力。首先，绿色发展理念是为了满足人们需要提出来的理论和实践，因为其必然会获得人民的赞同。其次，绿色发展理念以人民群众的语言进行总结概括，为掌握群众奠定了基础。人民群众不是专业的理论工作者或者学者，因此，不太容易理解或者接受特别晦涩的理论，这就要求解读绿色发展理念必须以贴近人民群众的语言，而非纯粹的理论话语和学术话语，才能真正被人民群众接受。比如我们熟悉的“两山”理念就具有这样的特点。再次，绿色发展理念更能够形成全社会的文化氛围推进绿色发展的进程。绿色发展理念成为一种文化氛围占领人民群众的思想阵地非常重要，否则这个思想阵地就会被其他错误思想占领。由于外国资产阶级掌握了世界舆论的话语权，对国内的思想舆论也造成很大的负面影响。绿色发展理念提出后，要通过宣传进而形成人民群众自觉掌握和实践绿色发展理念的文化氛围，引领人民群众形成正确的思想，彰显其科学性。

二、绿色发展理念具有实践性

理论不具有实践性和可操作性，也就没有生命力。西方的学者甚至政府由于脱离群众，经常塑造一些无法实践或者只能在少数地区实践的理论观点。从西方进行环境治理和发展转型的进程来看，其中很多理论纯粹就是其主观臆想。比如，前述的自然中心主义思想，虽然它认识到生态破坏的严重性，但是将自然生态平衡作为人类社会发展唯一的价值目标，与人类社会发展的本质相违背。还有西方学者提出的生态马克思主义学说，只是从马克思主义文本论述生态问题，与马克思主义生态思想截然不同。生态马克思主义认识到资本对生态环境的重大破坏，但是他们又认为资本主义制度对环境治理无能为力，只是笼统地提出只有到社会主义共产主义才能够完全解决环境污染问题。这种理论也是脱离群众的，因为它几乎没有对现实中的社会发展提出建设性的，具有可操作性的意见。再看西方发达资本主义国家推进环境治理的举措，他们只关注本国本地区的生态问题，不顾世界生态系统的一体化与统一性，他们实施的基本措施，不但在全球环境治理中无法推广，而且不能遏制世界环境的恶化，从根本上也不利于其本国的可持续发展。

与发达国家相比，中国共产党提出的绿色发展理念从实践中来到实践中去，在实践中检验发展，并进一步指导实践，能够解决现实发展中的诸多问题，并推进经济社会发展的进程。

第一，绿色发展理念的价值目标与人民群众推动经济社会发展实践的方向目标相一致，能够与人类社会发展实践相融合。如前所述，人类参加社会发展实践的目的即为促进发展，任何开历史倒车的理论与实践都不符合人类的利益，因此，任何的违反人类发展方向的理论与实践都必然会遭到全人类的坚决反对。虽然剥削阶级要维护其阶级统治的既得利益，但是他们始终不能阻止人类向前发展的进步潮流，始终不能阻止人全面解放全面发展的进步潮流。由此可见，只有与人民群众的利益相一致的理论才能与人民群众推进经济社会发展的实践相结合。绿色发展理念以发展为核心价值目标，着眼于人类参与经济社会发展实践的需要，不断满足人民群众日益增长的美好生活需要。绿色发展理念要求坚持绿色生态不动摇，与人类追求的生态美丽目标相统一。这样绿色发展理念就与新时代的人类发展实践统一起来，就能够指导人类发展实践并在这个发展实践中进一步发展完善。

第二，绿色发展理念已经指导中国经济社会发展实践取得了重大发展成就，在实践中论证了该理论的实践性。绿色发展理念在酝酿和丰富的过程中，已经体现出其实践性，并取得绿色发展的重大成就。进入21世纪，随着生态破坏越来越严重，党关于绿色发展的实践早已展开。比如环境治理举措越来越严格，不但法律法规更加完善，而且形成“违法必究，执法必严”的司法实践，尤其是新修订的《中华人民共和国环境保护法》颁布后，为执法司法奠定了基础。再就是不断发展低碳环保的先进科学技术，积极发展新能源，以汽车产业为例，中国的新能源汽车已经成为重要的产业，很多相关技术走在世界前列。从近几年的发展情况来看，主要工业废弃物的排放明显减少，制造业持续向高端升级，经济社会也保持中高速发展。绿色发展实践的丰富成果，凸显绿色发展理念的实践性。

第三，绿色发展理念本身就是理论与实践的统一，包含了丰富的方法论内涵，与发达国家纸上谈兵的理论大为不同。绿色发展理念本身就是着眼于发展大局，要考虑其促进社会实践的作用。因此，在绿色发展实践中，蕴涵着发展目标、发展动力、发展路径等一系列理论问题。党在领导绿色发展实践过程中，也包含着主体功能区、循环经济等与社会实践相通的内容。

三、绿色发展理念具有人民性

在阶级社会，任何政策均不是以人民利益为考量的，虽然不少政策在客观上也会使人民群众受益。发达资本主义国家在其经济社会发展中从来不会以人民为中心考虑问题。他们对工业污染的治理，就足见其反人民性。19 世纪中期以后，工业废弃物污染对人民群众生命健康的危害已经非常明显。比如部分群众长期生活在废水、废气之中，引发相关病变。此后近百年的时间里，又酿成各种严重的生态危机事件。但是资产阶级从来没有从人与自然关系全局的角度考虑发展方式的转型。直到二战以后，才逐渐成为资产阶级精英人士的讨论的重点议题，1962 年出版的《寂静的春天》为其开端。

与发达资本主义国家的理论与实践相比，绿色发展理念以实现人的全面发展为导向，着眼于切实满足人民群众在当前社会发展阶段的民生需要，体现出鲜明的人民性。

第一，绿色发展理念要求全面满足人在新时代的各类各层次美好生活需要，体现了其人民性特点。新时代，在经济已经得到较大发展的背景下，人民群众的需要也日益发展，既有对物质需要水平的新提高，更有更高层次的心理需要的提升。绿色发展理念作为新发展理念的重要组成部分，在理论和实践中均体现了对人民日益增长的美好生活需要的满足。首先，党全心全意为人民服务的宗旨决定了党的任何理论均以满足人民的需要为目标。其次，绿色发展理念的提出本身就是着眼于环境遭到污染而经济发展不平衡不充分的现实，提出的解决办法和策略，与新时代的民生需要相一致。再次，在践行绿色发展理念进程中，能够实现经济的可持续中高速发展，进一步满足民众在物质方面量与质的双重需要，是为绿色发展富民，又以建立美丽中国为目标，着力改善环境，能够起到健民、聚民、育民、安民的重要作用。

第二，绿色发展理念是实现共产主义征程中的阶段性理论成果，必然反映出以人民为中心的特点。中国共产党领导革命与建设的最高理想是实现共产主义。根据马克思恩格斯的设想，共产主义社会应该是物质财富极大丰富的条件下满足了人的各方面需要，进而实现了人的全面解放全面发展的社会。在向社会主义共产主义发展的进程中，要经过多个台阶式发展的伟大阶段，在每一个阶段都要实现物质发展的阶段性目标，人的发展的阶段性目标，进而最终实现共产主义的奋斗目标。绿色发展理念是马克思主义中国化的最新理论成果，是新时代党的发展观，它必然关注并着眼于满足新时代的人民需要，实现人在新时代的发展，为人的全面解放全面发展的实现奠定基础。

第三，绿色发展理念本质上是人民群众智慧的结晶。历史是人民群众创造的，党又是全心全意为人民服务的，因此，党在领导革命与建设的过程中就特别重视群众智慧，群众实践，进而总结为真理性的科学理论。在绿色发展理念酝酿、提出以及丰富的过程中，党坚持从群众中来到群众中去，了解人民群众的真正需要，了解人民群众关于可持续发展的理解和策略，无论是绿色科技的发展进步，还是环境治理日渐成效，都是人民群众在发展实践中创造出来的。党所做的只不过是把群众的智慧和经验系统化、理论化，并逐渐形成既适合中国国情，又能够发挥地方特色的新型发展理念。

四、绿色发展理念具有历史性

任何理论的提出都不是孤立的，都有其发展变化的历史进程，在这个发展变化进程中，理论在否定之否定中不断丰富完善。

第一，绿色发展理念是对马克思主义中国化理论的继承和发展。首先，绿色发展理念从其指导思想可以追溯到马克思恩格斯的思想，正是因为普遍意义的马克思主义哲学、政治经济学、科学社会主义等理论的指导，党才能深刻认知社会发展的规律，并在新时代提出绿色发展理念。其次，从其基本内容来看，绿色发展理念是对改革开放以来不同时期发展观的继承和发展。改革开放以来，根据不同的实际情况，党的发展观经历了多次调整，其中有两个重要表现，一是越来越重视发展问题，二是越来越重视环境问题，而且二者趋向统一。在新时代，党提出绿色发展理念正是对改革开放以来伟大历史进程的总结。

第二，绿色发展理念本身也有自己发展变化的进程。首先，党的十八届五中全会之前，党发展理念的调整变化即是绿色发展理念的酝酿过程，正是改革开放以来经济的快速发展才为绿色发展的理论与实践奠定了经济基础和思想基础。党不断总结经验和教训才能正确认识环境治理与经济发展的辩证关系。其次，党的十八届五中全会之后，全党根据新情况，新形势和新问题不断发展、完善和丰富绿色发展理念。不但习近平总书记关于绿色发展的认识进一步深化，并在很多场合大力宣传，以推动全社会研究发展和实践绿色发展，而且学者们也进一步就该理论展开研究。再次，党的十九大对绿色发展理念的内涵、发展策略等作出更深刻的分析，标志着绿色发展理念发展到一个新的阶段。

第三，绿色发展理念是批判继承世界各国各地区发展观的理论成果，该理论蕴涵着人类历史上各时期发展观的正确成分。首先，绿色发展理念是对中国古代传统的人与自然关系思想的借鉴。中国古代先进人士创新提出朴素的人与自然关系思想，关于环境治理的实践也不断丰富和发展。党特别重视传统文化的传承，对中国古代人与自然关系思想了解颇多，促进绿色发展理念的形成发展。其次，对发达资本主义国家人与自然关系思想的批判借鉴。发达资本主义国家在环境治理中积累了不少可借鉴的经验。中国共产党是开放包容的学习型政党，最善于总结人类发展中的优秀文明成果，尚在20世纪六七十年代，全党就特别重视研究西方环境污染的治理问题。在新时代全球环境治理中，中国与西方发达资本主义国家的联系越来越密切，其中在治理经验上的合作也有更广阔的前景。

五、绿色发展理念具有具体性

绿色发展理念是党将马克思主义理论与中国实际相结合创造出来的理论，在本质上它带有中国特色和民族特色，是为中国可持续发展服务的。

第一，绿色发展理念所着眼的实践是具体的，决定了该理论的具体性。实践丰富多彩，人类的认识也有一个不断丰富发展的过程。中国如果不能与社会发展实践相结合，发展理念将成为无源之水，无本之木，甚至最终滑入唯心主义的深渊。

第二，绿色发展理念是在探索中国发展中的具体问题中逐渐形成的，它主要是用来解决中国的发展问题，同时还要注意不同地区的差异性特点，因此，其本身就是具体的，而不是普遍的。首先，绿色发展理念是马克思主义中国化的理论成果，是党将马克思主义理论与中国实际相结合创立的，这就决定了该理论是符合中国实际情况的。其次，绿色发展理念是在中国的具体发展实践中产生的。绿色发展理念虽然于党的十八届五中全会提出，但是经历了长期的酝酿过程，党深刻研究发展中的具体问题，其中深刻论述的发展目标、发展策略、发展动力等均是具体的。再次，绿色发展理念是党领导人民群众创立的，在本质上是要满足人民群众的具体民生需要。人民群众的需要不是抽象的，而是丰富多彩，不断发展的。党提出绿色发展理念正是要通过发展方式的转型满足人民群众的各层次需要。绿色发展理念在中国着眼于实际问题，解决具体问题，着眼于地区具体差异，必然具有具体性。

第三，绿色发展理念是由中国具体的社会发展阶段和发展程度决定的，在其他国家的适应性较低。根据人类社会的发展进程，在经济基础较为薄弱的情况下，人类对物质财富的需要度较高，反之则会下降。在当前世界，既有西方发达国家，他们的环境相对较好，因此，其推进绿色发展的紧迫性较低，还有经济基础更加薄弱的发展中国家和地区，他们发展经济的冲动很容易突破环境治理的底线。在中国，既面临绿色发展的紧迫性，又有一定的政治、经济、文化条件促进该理论实践，是机遇与挑战并存。党根据中国国情创新绿色发展理念必然更适合中国国情。

六、绿色发展理念具有发展性

任何理论都不是为了解决某一具体问题而临时起意的，人类总是着眼于理论的发展和创新，有意识地形成长期指导社会发展实践的理论，这是人类文化传承的需要。在人类社会发展实践中，人类总是对各种理论进行发展完善，促进理论对社会发展实践的长期指导。

第一，绿色发展理念是中国共产党发展观与时俱进的理论成果。党的理论具有与时俱进发展的品质，只有发展观才能不断适应快速变化的国内外形势，才能起到不断指导社会发展进程的作用。反之，如果发展观不创新，就会引发经济停滞甚至社会倒退。比如，中国古代的大多数封建王朝在前期都会制定一些有利于社会发展的得当的政策，到了中后期则会陷入发展停滞甚至战乱倒退。中国共产党人立足初心使命，不断总结经验教训，积极主动地推进发展理念丰富创新。

第二，绿色发展理念适应中国社会发展水平和发展规律，具有美好的发展前景。党特别重视在实践中进行理论的创新和发展，因此绿色发展理念就具有了无比的生命力。首先，党将绿色发展理念作为长期坚持的理论，并为此做出探索和努力，党深入规划推进绿色发展的诸项政策，决定了一个相当长的时期内的发展方向和策略。其次，绿色发展理念的科学性决定了其美好的发展前景。绿色发展理念从实践中来，从群众中来，从发展中来，这种指导社会发展实践的科学性决定了在中国要长期坚持，不断丰富。

第三，绿色发展理念能够与世界发展形势相结合，促进全球环境治理。虽然绿色发展理念是中国共产党提出的，具有具体性，但是其基本原理与方法论却符合全世界人民的利益，只要能根据本国国情坚持发展，坚持环境治理，就能推进本国的可持续发展，只是其中的策略方法必须是具体的。尤其是对于广大发展中国家和地区，他们面临着严峻的发展问题，严峻的环境污染问题，也面临着发达国家的环境剥削，因此，坚持独立自主地推进适合本国国情的绿色发展道路就具有重大的意义。绿色发展理念为全球环境治理提供中国智慧与中国经验，有利于促进世界可持续发展。

第二节　绿色发展理念的意义

绿色发展理念是推进中国可持续发展，不断满足人民日益增长的美好生活需要的新动力，也必将促进全球环境治理，构建人类生态命运共同体。

一、绿色发展理念进一步丰富了马克思主义关于发展的理论，推动了马克思主义中国化的进程

马克思主义是马克思恩格斯创立的关于人类社会发展一般规律的理论，这个理论是指导人类社会发展进步直至共产主义社会的指导思想，

为加快人类社会发展进步，实现人的全面发展奠定了思想基础和理论基础。

根据马克思恩格斯的基本思想，只有经过一定的资本主义阶段的发展，才能在生产力水平较为发达的基础上过渡到社会主义社会。但是，各国各地区在发展过程中有自己的实际情况。这就要求马克思主义与不同国家和地区的实际情况相结合，不断发展马克思主义关于社会发展的理论，不断将马克思主义关于社会发展的理论具体化，推进本国本地区的可持续发展，促进形成适合不同国家和地区实际情况地向社会主义过渡的道路。

在世界社会主义运动进程中，一旦将马克思主义理论与本国实际紧密结合起来，就会促进本国本地区的发展，如果僵化理解马克思主义关于社会发展的理论，就会给社会发展造成负面影响。首先将马克思主义与本国国情相结合的是苏俄。列宁不但创造性地在一个较为落后的国家首先建立社会主义制度，而且创造性地将马克思主义的种种设想变为现实，促进了苏俄以及苏联经济社会的发展。苏联不但由一个落后的农业国变为一个强大的工业国，而且进一步推进社会主义运动成为世界发展潮流。但是，由于苏联始终没有处理好坚持社会主义基本制度与改革具体体制之间的关系①，不但造成其本国解体，也导致世界社会主义运动陷入低谷。

中国也是将马克思主义与中国实践相结合，取得马克思主义中国化成果较为丰富的国家。新中国成立后，一度僵化地学习苏联建设经验，既推动中国快速实现工业化，也造成较大的负面影响。改革开放以后，党认真执行马克思主义与中国实际第二次相结合的思想，坚持调查研

① 高继文:《现实社会主义的两种发展形态——对苏联模式社会主义与中国特色社会主义的比较研究》,《山东师范大学学报（人文社会科学版）》2016 年第 2 期。

究、群众路线，以社会发展程度以及人民群众的基本需要为出发点，不断调整推进社会发展的理念，从“发展就是硬道理”到“三个代表”重要思想，再到科学发展观，这些中国化的马克思主义发展理论引领了中国经济社会的高速发展。

在新时代，中国特色社会主义事业中出现了许多新情况和新问题，这就要求全党进一步推进马克思主义中国化，加强顶层设计，以新的发展理论形成新的发展动力，进而引领中国在新时代的可持续发展。绿色发展理念正是基于中国环境污染日益严重并影响中国可持续发展的背景下提出来的，它以马克思主义哲学、政治经济学、科学社会主义等理论为基本指导，以改善人民生活、实现人在新时代的解放发展为短期目标，以最终实现共产主义、实现人的全面解放全面发展为长期目标，以人民群众的智慧创新为基本动力，以科技创新、政府调控、文化引领为基本路径，将马克思主义关于人类社会发展的理论与新时代的形势、问题紧密结合起来，并进一步大众化和具体化。绿色发展理念进一步丰富了马克思主义关于社会发展的理论，是马克思主义中国化的新理论。

二、绿色发展理念有利于推动可持续发展，实现中华民族伟大复兴

实现中华民族伟大复兴是中华民族、中国人民的百年梦想。自鸦片战争以来，从来没有一个历史时期如此接近民族复兴。新时代，绿色发展理念促进经济社会永续发展，将为中华民族伟大复兴注入新的精神和实践动力。

中华民族在历史上创造了辉煌灿烂的中华文明。首先，中华文明是世界上唯一延续下来的古代文明，这种文化传承自成体系，塑造了中华民族及中国人民的性格与精神风貌。其次，中华民族创造了丰富的物质文明和精神文明，不但促进了中国经济社会的发展，而且为世界经济发

展作出重大贡献。再次，中华民族在东北亚地区长期处于领导地位，不仅成为周边国家和地区文化发展的目标引领，而且是周边国家和地区的重要保护力量。中华民族的历史伟绩决定了中华民族的发展强盛之路是伟大的复兴之路。

明清以来，僵化落后的封建主义制度导致中国不断走下坡路，不但遭到西方国家长达百年的侵略，而且中华文明一度衰落。1840—1949年，中国在社会制度、民众精神风貌、军事实力、科技实力、开放程度等方面全面落后于世界先进国家，并成为各帝国主义国家争相侵略的半殖民地。也是这个时期，中国先进人士不断探索救国救民的道路，以极大的民族牺牲追求独立解放，追求社会发展。新中国成立后，党领导中国人民实现了经济、政治、社会、文化等诸多方面的飞跃式发展，中国的某些发展指标已经处于世界前列。新时代，经济保持中高速发展，先进的科学技术井喷，人民精神风貌前所未有的自信，为实现中华民族伟大复兴奠定了基础。

实现中华民族伟大复兴是中国人民的伟大夙愿。中国人民要求恢复曾经的荣耀和盛世，要求在复兴中真正摆脱被侵略的耻辱，实现被尊重的自我价值实现。当然，中华民族伟大复兴绝不是简单的恢复到古代的盛世，更不是非要领导世界，而是要在复兴中为世界发展作出更大贡献。

在新时代，环境污染问题越来越突出，成为制约社会可持续发展的重要障碍。由于长期的过度开发、过度排放，自然资源已经难以支撑中国经济社会的进一步高速发展，人的生存环境日益恶劣并危及人的生命健康，而且发达资本主义国家也以环境污染为借口试图遏制中国的发展。党提出绿色发展理念，从直接来说是保护环境和治理环境，从最终目标来说则是通过保护自然资源的可承受力，实现可持续发展。保护环境就是保护生产力，改善环境也是保护生产力。绿色发展理念致力于保护环境和改善环境，必然促进保护生产力，必然有利于促进实现中华民族伟大复兴的中国梦。

三、绿色发展理念有利于满足人民群众日益增长的美好生活需要，推进实现人的解放发展

社会发展是为满足人的多样化需要服务的，是为人的全面解放全面发展服务的，不能满足人的需要的社会发展是没有意义的，也是不存在的。尤其是在社会主义国家，执政党推进社会发展更是为了满足人的需要，不断推进实现人的解放发展。

自从人类诞生以来，人类就在不断参与生产劳动中满足自身需要。原始社会，由于社会生产力水平极度低下，是不可能满足人的需要的。在阶级社会，虽然资本主义制度推进社会生产力的极大飞跃，但是由于剥削阶级独占生产资料，在生产、流通等环节不断加强对劳动人民的剥削，使人民群众需要的满足情况被限制，进而永远处于被剥削的地位。直到社会主义社会，人民群众占有生产资料，才在政治、经济、文化等领域切实实现公平正义，才不断满足人民群众的多方面需要，并在不同的历史阶段促进实现人的解放发展。

新中国成立以来，经济社会全面快速发展促进人的需要逐渐获得满足。比如，以经济的快速发展解决了 14 亿人口的温饱问题，而且越来越多的人实现了小康正在走向富裕。以教育的普及一定程度上解决了阶层固化的问题，使贫困家庭的子女也可以通过读书改变自己的命运。以《中华人民共和国婚姻法》的颁布为契机在世界上较早地实现了男女平等。新中国成立以来，党以先进文化建设为导向，引领人民群众为社会主义建设注入不竭动力，在社会发展中实现自我价值。以社会建设引领现代国家建设，不断将社会主义民主、法治、平等的理念落实到社会发展实践中。

进入新时代，中国社会诸多方面建设取得显著成就，但是挑战也很严峻。在社会主要矛盾发生历史性全局性变化的情况下，越来越复杂的社会问题，人民日益增长的美好生活需要成为实现人全面解放全面发展进程中需要解决的重大问题。在新时代，我国发展不平衡不充分的问题比较严重，由于中低端产业占比较高，产业发展中的高能耗高排放现象比较突出，由于三大产业发展不平衡，有些地方的绿色产业发展乏力，进而影响民生。与这些问题相对应，人民的美好生活需要多样化发展，人们不但越来越多地要求提升物质生活质量，而且要求优美的生活环境，更加公平的社会环境，以及更大的自我实现的心理需要的满足。党提出绿色发展理念，就是要解决社会发展不平衡不充分的问题，通过绿色科技创新，建设天更蓝、水更清、人民生活更富裕、人们需要不断满足的美丽中国。践行绿色发展理念，在永续发展的基础上满足人的日益增长的美好生活需要，也将为在新时代进一步推进人的解放发展奠定了基础。

四、绿色发展理念的世界意义

世界是开放发展的，中国共产党提出的绿色发展理念是在学习世界发展经验的基础上形成的，同时也是促进世界发展的理论创新。

从历史的维度来说，中国的发展总是能为世界发展作出重大贡献。从古代中国开始，中国人民就积极与世界各国各地区民众交流，保持开放姿态，中国不但从其他国家文明中汲取营养，而且不吝啬的将高水平的科技创新传播到世界各地。中华文明的繁荣直接带动了整个中华文明圈的发展。到资本主义时代，情况发生重大变化。发达资本主义国家本质上不同于中国，他们以侵略、掠夺、控制其他国家为目的，资本主义世界体系就是发达国家试图长期剥削发展中国家和地区资源和劳动财富的体系。资本主义制度发展的历史，就是落后国家逐渐成为发达国家附庸的历史。

改革开放以来，我们的发展道路、发展速度、精神风貌都已经在潜移默化地影响着世界其他国家和地区。尤其是发展中国家和地区特别关注中国快速发展的经验。在世界经济不景气的背景下，部分发达国家也开始关注中国共产党和中国政府在经济发展中发挥的作用。随着中国特色社会主义进入新时代，绿色发展理念不但有利于解决中国的可持续发展问题，而且与全球环境治理紧密联系，其世界意义不断彰显。

第一，绿色发展理念引领世界发展潮流。绿色发展理念是以经济可持续发展为目标的发展理念，是以环境治理推进中国可持续发展的理念。但是在世界上，发达国家却试图以环境问题遏制发展中国家和地区的发展权。他们或者炮制唯心主义的发展理论在世界广泛散播试图误导发展中国家和地区的发展方向，或者利用其御用的“民间”组织（比如绿色和平组织）扰乱发展中国家和地区的发展秩序。绿色发展理念要求在全球环境治理中积极反对发达资本主义国家的霸权主义政策，积极谋求发展中国家和地区的排放权和发展权，有利于将发展中国家和地区真正团结起来，有利于形成公平正义的发展环境。

第二，绿色发展理念对全球环境治理提出合理化建议。中国在国内环境治理中提出的基本理论对世界其他国家有一定的借鉴意义。在全球环境治理时代，绿色发展理念正确认识世界各国家和地区的权利与义务，推进全球环境治理。绿色发展理念要求发达国家作为污染大户对发展中国家和地区提供技术和资金的支持。首先，这符合谁污染谁治理的原则。发达资本主义国家的快速发展是以持续掠夺发展中国家与地区的自然资源和生态环境为代价的。在殖民时代，大多以直接侵略掠夺的方式出现。在原殖民地半殖民地国家和地区纷纷独立后，大多又以不平等交换的方式进行掠夺。在全球环境治理中，发达资本主义国家对发展中国家和地区提供一定的技术和资金具有补偿意义。

其次，环境污染是一荣俱荣一损俱损的世界性危机，发达资本主义国家对发展中国家和地区的技术资金支持，本身也是对其自身环境的维护。发达资本主义国家对发展中国家和地区提供技术资金支持，将促进全球环境治理的全球动员，为世界可持续发展注入动力。绿色发展理念要求形成先进的绿色文化，为全球环境治理注入动力。能否形成先进的绿色文化，关系全球环境治理的大局。在不少发展中国家和地区，由于受到资产阶级错误思想的影响，不少民众形成抽象的、片面的、僵化的环境治理思想。形成先进的绿色文化，有利于民众形成关于经济发展与环境治理，本国环境治理与全球环境治理，发达国家环境治理与发展中国家和地区环境治理关系的正确认识，形成抵制错误思想的自觉。

第三，中国践行绿色发展理念为世界绿色发展作出重大贡献。在世界范围内，中国不仅仅是绿色发展的倡导者，而且是绿色发展的积极实践者。中国共产党不但深刻认识到面对全球化的生态危机，人类已经结成一荣俱荣，一损俱损的命运共同体，而且在绿色发展实践中积极作为，既促进了本国的绿色发展，也为世界的绿色发展作出贡献。首先，中国通过积极的国内环境治理，为世界绿色发展作出贡献。从人类命运共同体的角度，任何国家对环境治理的贡献都有利于整个世界的绿色发展。从作为“世界工厂”的角度来说，中国的环境治理颇具世界意义。其次，中国在全球环境治理中根据本国发展情况作出较高的减排承诺，起到无可替代的表率作用。与发达资本主义国家借全球环境治理谋求本国优先发展权不同，中国既反对发达资本主义国家对发展中国家和地区的环境剥削，又以适当让步引领全球环境治理进入新阶段。比如，中国在全球环境治理中提出以各国家和地区人口作为减排承诺的基础的主张，符合发展中国家和地区的长远利益。

第六章 绿色发展理念的实践路径

第一节 坚持、加强和改善党的领导是贯彻绿色发展理念的根本保障

中国共产党是新时代中国特色社会主义建设的领导核心。《中华人民共和国宪法》明确指出："中国共产党领导是中国特色社会主义最本质的特征"，"中国各族人民将继续在中国共产党领导下，在马克思列宁主义、毛泽东思想、邓小平理论、'三个代表'重要思想、科学发展观、习近平新时代中国特色社会主义思想指引下，坚持人民民主专政，坚持社会主义道路，坚持改革开放，不断完善社会主义的各项制度，发展社会主义市场经济，发展社会主义民主，健全社会主义法治，贯彻新发展理念，自力更生，艰苦奋斗，逐步实现工业、农业、国防和科学技术的现代化，推动物质文明、政治文明、精神文明、社会文明、生态文明协调发展，把我国建设成为富强民主文明和谐美丽的社会主义现代化强国，实现中华民族伟大复兴"。①"党政军民学，东西南北中，党是领导一切的"。②

---

① 《中华人民共和国宪法》，中国政府网，www.gov.cn/xinwen/2018-03/22/content_5276319.htm。

② 习近平：《决胜全面建成小康社会 夺取新时代中国特色社会主义伟大胜利——在中国共产党第十九次全国代表大会上的报告》，人民出版社2017年版，第20页。

只有根据新时代的实际情况，坚持党领导绿色发展实践才能保障党全心全意为人民服务的价值目标顺利实现。

一、坚持、加强和改善党的领导是做好中国一切工作的根本保障

中国是社会主义国家，只有坚持、加强和改善中国共产党的领导，才能保障人民当家作主的地位，才能不断满足人民群众的需要。

第一，中国人民在中国共产党的领导下取得解放，不但翻身做了主人，更是在新中国社会主义建设中不断满足自身日益增长的物质文化需要。1840 年以来，中国逐渐沦为半殖民地半封建社会，中国人民遭受到三座大山的压迫和剥削。在 109 年的革命进程中，地主阶级、农民阶级和资产阶级都不能领导中国革命取得胜利，都不能领导中国人民获得解放和富裕发动人民战争，不但以其为人民服务的宗旨打动群众，而且在局部执政中不断满足人民群众的需要。只有发动人民战争，取得了彻底的民族独立和人民解放。在新中国的建设进程中，中国共产党时时事事为人民群众着想。中国共产党领导进行社会主义革命，建立起社会主义制度，是为人民群众当家作主的制度保障。社会主义改造胜利后，在中国实现了史无前例的公平正义，人民群众被剥削被压迫的历史从此结束。在社会主义现代化建设中，不管是社会主义现代化建设初期，还是改革开放以来，党是坚持以经济建设为中心，推进社会生产力快速发展。

纵观中国共产党领导中国革命和建设的历史，只要坚持、加强和改善党的领导，中国革命和建设就能取得巨大成就，就能在革命和建设中不断满足人民群众的各项需要。相反，如果党的领导出现问题，就会影响中国革命和建设的发展前途。比如，在中国共产党的历史上曾经多次出现“左”倾错误，都对中国的革命与建设事业造成了重大损失。

中国共产党领导中国革命与建设的历史，就是中国人民的诸项需要不断得到满足的历史。在近代中国，由于三座大山的压迫和剥削，人民群众连最基本的安全和温饱都得不到保障，尤其是抗日战争时期，中国军民因战争伤亡至少3500万。在新民主主义革命时期，只有中国共产党主张积极抗日，主张国内和平，积极为民众谋利益。在社会主义现代化建设时期，中国共产党又领导中国人民做了几件大事。首先，维护国家和平的发展环境。新中国成立后，中国共产党领导中国人民开展了抗美援朝战争、对印自卫反击战、对越自卫反击战等。从根本上打破了近代以来被帝国主义侵略奴役的局面，保障了国家领土安全，为中国经济社会的迅速发展奠定了基础。其次，领导经济社会发展取得重大成就。新中国成立后，党领导建立起独立的完善的国民经济体系，促进社会生产力飞跃式发展。时至今日，中国不但成为世界第二大经济体，而且工业产值高居世界第一，是世界上仅有的布局全部工业门类的国家。在这个基础上，人民群众的生活水平极大提高，人民群众的需要已经由最基本的物质文化需要向日益增长的美好生活需要转变。

第二，中国共产党在领导中国革命和建设中取得了很多经验。中国共产党的执政经验是在百年的革命与建设历程中逐渐取得的，是中国共产党长期执政，并不断满足人民群众需要的基本保障。中国有自己的特殊国情，在中国只有中国共产党能够了解中国国情，能够领导中国的一切工作。在中国革命进程中，地主阶级、农民阶级、资产阶级都试图领导中国革命走向胜利，而导致失败的非常重要的原因是他们不能在革命或者改革过程中形成符合中国实际的思想理论，而是照搬古代的斗争经验或者照搬外国的斗争经验。中国共产党的革命理论与经验是在中国革命的进程中创立发展的，越是坚持斗争，越是能够形成丰富的斗争经验，中国共产党越是能够游刃有余地领导中国的革命事业。新中国成立后，中国共产党又在领导社会主义建设的实践中逐步积累起丰富的建设经验。总结起来就是，中国共产党始终坚持以马克思主义为指导是领导中国革命和建设取得胜利的思想保障。历史上，任何其他的思想都是为统治阶级服务的，都不可能真正发动人民群众并满足人民群众的需要，只有马克思主义以实现人的全面解放全面发展为基本价值目标。中国共产党以马克思主义为指导，保证了其一切工作以人民为中心，以实现人的全面解放全面发展为基本追求。同时，在现实的革命与建设实践中，党不断满足人民群众的具体的多样化需要。在革命战争年代，中国共产党主要满足人民群众对自身解放的需要，在社会主义现代化建设时期，中国共产党主要满足人民群众日益增长的物质文化生活需要。中国革命与建设的历史深刻证明了，只有全心全意为人民服务的政党才有生命力和战斗力。在革命战争年代，以孙中山为代表的资产阶级革命家也洞察了封建主义必然被取代的社会规律，举起资产阶级民主革命的大旗，但是由于其不能满足人民群众的政治、经济、文化利益，必然要面对失败的结局。中国共产党则是依靠人民、发动人民、为了人民，最终取得领导新民主主义革命的重大胜利。在新中国的社会主义建设中，只要中国共产党着力解决主要矛盾，不断满足人民群众的需要，中国的建设就会向前发展，反之，在“文化大革命”的动荡年代，阶级矛盾战胜一切，民生改善被停滞，党和国家就会遭受重大损失。

第三，中国共产党善于总结经验教训，与时俱进。马克思主义要求理论与实际相结合，并在实践中总结经验教训。中国近代历史上农民阶级、地主阶级、资产阶级、无产阶级均探索领导中国走上民族独立人民解放的道路，只有中国共产党善于总结经验教训。农民阶级没有摆脱斗争中的均平思想。地主阶级不能深刻认识到封建主义制度被资本主义制度取代的社会发展趋势。资产阶级虽然在中国主张建立资产阶级共和国，但是他们没有在失败中认识到人民群众的伟大力量，不敢旗帜鲜明地发动占中国人口绝大多数的农民群众。只有中国共产党，在革命过程中不断总结经验教训。比如，革命进程中逐渐认识到结成革命统一战线的重要性。1923 年“二七”惨案发生后，中国共产党意识到工人阶级单枪匹马不能取得革命的胜利，随后，国共实现第一次合作，中国共产党与农民阶级、小资产阶级和民族资产阶级结成统一战线。在抗日战争时期，中国共产党又结合新形势，与英美派大地主大资产阶级结成抗日民族统一战线。

新中国成立后，中国共产党作为社会主义建设的领导核心，在领导社会主义建设实践中不断总结经验教训。在资本主义社会，资产阶级执政党很难或者只能被动地总结经验教训。首先，资本主义执政党和资本主义国家都是为资本和资本家服务的，他们要服务于资本的暴力增殖，服务于资本家的高额利润。不管是在近代历史上资本主义国家利用武力侵略落后国家和地区，还是现代他们以资本主义世界经济体系控制落后国家和地区，都实现了西方发达国家资本的暴力增殖，增加了资本家的财富，同时也加剧了国际矛盾以及他们本国的阶级矛盾。其次，资产阶级执政党在政策执行上头疼医头脚疼医脚，不能从根本上推进经济社会的全面协调发展。资本主义政党制度建立以来，资产阶级也推进了一些制度创新，主要是对其制度进行细节上的修补，不能真正解决社会主要矛盾。比如，在工人阶级日益表现出伟大的反对资产阶级的力量的时候，资产阶级试图通过不断扶植工人贵族阶层，对工人阶级进行分化瓦解，但是这不能从根本上解决资本主义社会主要矛盾。在生态环境遭到危机式破坏的情况下，虽然资本主义国家进行了一系列的环境保护，但是他们不会也不敢从资本暴力增殖的角度进行总清算。与之相反，中国共产党是代表人民群众利益的无产阶级政党，因此，他们能够领导一切工作顺利推进。由于中国共产党的任何工作都是以人民为中心的，而人类社会发展的终极目标就是不断满足人民群众的根本利益，因此，中国共产党在现阶段的一切工作实践，都有利于满足人民群众的需要，实现人民群众的发展，不但不会加剧社会矛盾，而是有利于逐渐解决社会诸项矛盾。

二、党治国理政的理论与实践具有与时俱进的品质

中国共产党治国理政的理论与实践与时俱进，不但在历史上已经领导社会主义建设取得伟大成就，而且也预示着党能够领导中国可持续发展。

新民主主义革命时期，党在局部执政时，就与时俱进地推进自己治国理政的理论与实践。在理论上正确判断中国社会的主要矛盾，在实践中主要是着力解决这个主要矛盾。在党的二大上，中国共产党对近代中国社会的主要矛盾和主要任务做了前所未有的正确判断，这个判断为党在实践中加强局部执政，进而为实现全国执政准备了理论基础。在新民主主义革命时期，中国共产党根据社会主要矛盾的发展变化，不断调整改进自己治国理政的理论。在抗日战争时期，中国人民面临的最主要任务是打败入侵的日本帝国主义，因此，党的局部治国理政就是要团结所有可以团结的爱国人士，发动全民族的抗战，这就决定了“减租减息”政策的出台。在解放战争时期，中国人民最主要的任务是打败代表国内大地主大资产阶级，以及外国资本主义利益的国民党政府的反动统治，因此，党在局部的治国理政中就特别注意发动遭受三座大山压迫的工农阶级。因此，中国共产党发动了史无前例的土地改革运动。通过土地改革运动，遭受两千多年剥削的中国农民第一次实现了自己获得土地的愿望，因此，就自觉地成为中国革命的生力军。

新中国成立后，中国共产党很快建立起全国的治理体系，其治国理政理论和实践实现新的发展和与时俱进。首先是根据社会形势推进了社会主义改造。新中国成立后，中国共产党敏锐地意识到社会主要矛盾发生了变化，尤其是无产阶级与资产阶级的矛盾日益凸显出来，为了满足

人民群众的物质与文化需要，也为了维护人民民主专政的国家政权，党推进社会主义改造，将资产阶级改造为自食其力的劳动者。社会主义制度建立，为了解决新的社会矛盾，毛泽东提出实现马克思主义与中国实际第二次结合。此后半个多世纪的进程中，虽然党的理论与实践亦有一些反复，但是整体上是以经济建设为中心，致力于构建完善的国民经济体系，实现人民群众短期利益与长远利益的统一。

可见，中国共产党关于治国理政的理论与实践的与时俱进品质是一贯的。一方面，积极开展治国理政的理论创新，不断适应实践的新形势和新要求，不断推进中国社会向前发展。另一方面，总结治国理政实践中的经验教训，不断丰富党治国理政的理论，并实现“理论掌握群众”。

三、生态失衡形势下党治国理政理论与实践的新转型

中国共产党在局部执政时期，就已经开始关注环境保护问题，随后一直到 20 世纪 60 年代，中国共产党在环境保护方面主要是关注如何应对如何改造恶劣的自然环境。中国共产党局部执政时期，延安自然环境比较恶劣，农民的农业收入非常低，中国共产党就致力于水土保持，并进行了相关的立法工作。新中国成立后，从农业发展的维度，全国水利建设的水平较低，自然环境对全国农业的影响非常严重，因此，治理大江大河成为一个相当长的时期内以毛泽东为核心的党中央的重要工作。从工业发展的维度，旧社会中国的工业发展水平非常低，不能说当时的工业发展没有对环境造成污染，而是这种污染没有超过环境的自我净化修复能力，又由于当时中国处于连一辆拖拉机都制造不了的窘境，而且钢铁产量非常低，都要求中国以重工业建设为中心，逐渐建立起完整的国民经济体系。因此，在工业建设布局的过程中，虽然也有环境方面的考虑，但是整体来说主要还是看重要资源的分布状况、交通状况，以及

对全国经济社会发展的带动作用。所以，当时的主要工业企业集中于东北、北京、上海、山西、武汉等地。

20世纪70年代以来，尤其是改革开放以来，随着国内制造业迅速发展进而造成比较严重的环境问题，影响到人们的生命健康，与此同时，西方国家的环境治理运动如火如荼，再加之党恢复了实事求是的思想路线，党对工业污染的认识开始深化，提出了“不走西方国家先污染后治理老路”的思想。但是，受制于当时的生产力水平，党的发展理念仍然主要侧重于物质财富数量的积累，同时加强绿色技术创新，提高生产效率并治理工业废弃物。邓小平就谆谆告诫“发展就是硬道理”，同时又重视森林的发展保护。

20世纪90年代，以江泽民同志为核心的党的第三代中央领导集体正确判断国内外形势的深刻变化，提出了“三个代表”重要思想，其中“代表最先进生产力发展方向”是党的发展观进一步转型，进一步丰富的直接体现。“三个代表”重要思想特别突出“先进”二字，与“科学技术是第一生产力”“发展就是硬道理”等观点相比，指向更加明确具体。中共十五大，将“三个代表”重要思想写入党章，确立为党长期坚持的指导思想，标志着党发展观阶段性转型成功。进入新世纪新阶段，以胡锦涛同志为总书记的党中央深刻分析世情国情，尤其是环境污染问题越来越严重的背景下，提出了“科学发展观”。“科学发展观”强调全面协调可持续，强调实现经济发展与人口、资源、环境相协调，是对先进生产力在环境污染越来越严重背景下的具体阐释。“科学发展观”作为党的发展观，将永续发展作为全党的主要任务。党的十八大以来，以习近平同志为核心的党中央提出新发展理念，其中绿色发展理念是非常重要的组成部分。新发展理念不但进一步明确了党治国理政的价值目标，而且蕴含着方法论要求，将发展目标、发展方式、发展动力等问题包含在一揽子解决方案里，不断推进新时代中国特色社会主义的新发展。与党治国理政理论的与时俱进相一致，党的治国理政实践不断丰富发展。新中国成立后，党坚持根据中国实际以及人民具体的、迫切地需要，不断加强环境治理，推进绿色发展实践。

基本成就方面，改革开放以来虽然没有制止环境的恶化的趋势，但是也没有发生如西方发达国家曾经发生过的大规模的持续的甚至影响数十年的恶劣生态危机事件，而且某些领域某些地区污染源排放在持续减少，取得了环境治理的阶段性胜利。同时，中国抓住经济社会快速发展的战略机遇期，从引进发达国家的资本和设备到走自力更生的发展道路，实现了中国制造业由低端向高端的发展，绿色科技成果井喷，绿色产业蓬勃发展。不可否认党的治国理政过程中也有不少失误甚至错误，比如，在环境治理中存在着一刀切的现象，但是从总体来说，党治国理政在实践上的转型是符合社会发展规律的。在具体实践中，党能够不断克服不足和缺点，逐渐把握社会发展规律并促进经济社会发展，逐渐把握环境治理、环境保护规律，促进经济社会可持续发展。

纵观新中国成立以来党的治国理政实践，随着环境污染的加剧而深刻转型，在环境治理方面取得较大成就。事实证明，只有坚持、加强和改善党的领导，才能不断正确认识发展中的新情况与新问题，不断开创治国理政的新局面。面对环境问题的加剧，只有无产阶级政党，才能把马克思主义生态理论与环境问题的发展变化，与社会生产力水平，与人民需要的发展变化紧密结合起来，最终推进绿色发展。

第二节　坚持以人民为中心是贯彻绿色发展理念的根本动力

人民群众是历史的创造者，只有以人民为中心，才能提高其创造历史的积极性、主动性。新时代，贯彻绿色发展理念是人民群众创造历史的生动实践，坚持以人民为中心，将为贯彻绿色发展理念注入新的动力。

一、人民群众是历史的创造者

马克思主义主张群众史观，认为人民群众是历史的创造者，与唯心主义有着本质的区别。

第一，人民群众是社会物质财富的创造者。人类社会赖以生存的所有物质财富，都是人民群众创造的，其中做出最大贡献的是劳动群众。马克思恩格斯通过考察人类社会发展的历史进程，指出：传统的历史发展理论习惯于从人们的思想动机来解释人类历史的发展，而没有进一步分析人们产生某些思想动机的原因，当然也就没有解释人类社会的物质生产发展是出现某些思想动机的根源。也因为传统历史发展理论主要是研究英雄人物的思想动机，进而就形成了影响深远的英雄史观。当马克思恩格斯深刻考察了个人思想动机与人类整体思想动机的区别后，说："一方面，我们已经看到，在历史上活动的许多单个愿望在大多数场合下所得到的完全不是预期的结果，往往是恰恰相反的结果，因而它们的动机对全部结果来说同样地只有从属的意义。另一方面，又产生了一个新的问题：在这些动机背后隐藏着的又是什么样的动力？在行动者的头脑中以这些动机的形式出现的历史原因又是什么？"① 这种深刻的探究精神引领马克思主义经典作家研究隐藏在个人动机背后"构成历史的真正的最后动力的动力"。作为英雄人物的统治阶级的思想动机与人民群众的思想动机是不同的，统治阶级的思想动机是维护其阶级统治，人民群众的思想动机是创造劳动财富以满足自身和社会发展的需要。与此同时，人民群众推进了创造社会物质财富的社会实践。人民群众从不同的

① 《马克思恩格斯选集》第四卷，人民出版社 1995 年版，第 248 页。

层面参与到物质生产实践中，有的群体在生产实践中直接参与到劳动生产中，有的群体参与到生产管理中，有的群体参与到生产技术的革新中。可以说只要承认物质生产实践在人类社会发展中的决定作用，就必然承认人民群众在社会历史发展中的主体作用。

第二，人民群众是社会精神财富的创造者。人民群众的物质生产活动是精神财富创造的源泉。任何精神财富都是由满足了物质需要的人创造的，对于人民群众，越是物质需要方面满足的程度高，越是能够创造丰富的精神财富。比如现代社会创造了远远高于古代社会的精神财富。首先，精神财富是对人类社会发展实践活动的总结概括，而人民群众是生产实践和社会实践的主要实践者。因此，任何精神财富的发展都必须由人民群众的物质生产实践作为基础。其次，人民群众还是精神财富的直接创造者。今天仍有不少人对人民群众创造精神财富存在疑问，比如有人说："李煜的词来自宫廷生活和亡国之恨，一些著名的美术作品来自湖光山色的自然界。如果说，李煜和唐寅也要先吃饭，然后才能填词和画画，从而将他们的词、画说成是人民群众创造的，那就未免太牵强了，也决不是唯物史观的原意。"① 这种言论对人民群众这个概念进行了庸俗化的理解。人民群众是一个历史范畴，是指一切对人类社会发展起着推动作用的人们。在阶级社会，人民群众主要是指劳动群众（既包括参与体力劳动的群众，又包括参与脑力劳动的群众），同时还包括一部分促进了社会发展的统治阶级群体。一方面，任何的精神财富都是源于生活而又高于生活，劳动群众最普通的社会生活，包括穿衣吃饭、婚丧嫁娶、社会风俗构成了精神财富的本体。它是最基本，最普遍的社会思想观念，也是分散、无序的思想观念，然后由知识分子将其总结概括为被社会所普遍认可的主流思想和主导理念，最后影响于整个社会，回归

① 李景源:《人民群众是历史的创造者新论》,《理论学刊》2015 年第 7 期。

于普通民众的观念之中。可见，民间劳动群众思想观念决定了社会精英思想观念的形成和发展。另一方面，大部分精英知识分子是劳动群众的重要组成部分，代表劳动群众创造精神财富。在知识分子中，只有少部分靠剥削劳动人民为生，大部分都是靠自己的脑力劳动为生，他们通过自己的知识为人类社会创造丰富的自然科学、社会科学、文学艺术等脑力劳动成果。再一方面，推动社会发展的统治阶级也可以作为人民群众的一员创造丰富的精神财富。有的统治阶级群体从社会制度的角度进行精神文化建设，虽然带有维护阶级统治的主观意图，但是客观上有利于通过维护社会稳定促进社会发展。有的统治阶级群体本身就是知识分子，具有创造精神财富的本质特征。

第三，人民群众是社会变革的决定力量。生产力决定生产关系，而生产力水平的发展是由人民群众参与社会发展实践的过程决定的，因此人民群众是人类社会发展的根本动力。从物质生产的角度来说，正是人民群众在社会物质生产中不断积累生产的经验和技术，积累对自然界和人类社会发展规律的认识，才为新的科学技术的发展奠定了条件，也为社会形态的更替奠定了条件。正如恩格斯指出:“当居于统治地位的封建贵族的疯狂争斗的喧叫充塞着中世纪的时候，被压迫阶级的静悄悄地劳动却在破坏着整个西欧的封建制度，创造着使封建主的地位日益削弱的条件。固然，在农村里贵族老爷们还是作威作福，折磨农奴，靠他们的血汗过着奢侈生活，骑马践踏他们的庄稼，强奸他们的妻女。但是，周围已经兴起了城市:在意大利、法国南部和莱茵河畔，古罗马的自治市从灰烬中复活了;在其他地方，特别在德意志内部，兴建着新的城市，这些城市总是用护城墙和护城壕围绕着，只有用大量军队才能攻下，因此是比贵族的城堡强大得多的要塞。在这些城墙和城壕的后面，发展了中世纪的手工业（十足市民行会的和小的），积累起最初的资本，产生了城市相互之间和城市与外界之间商业来往的需要，而与这种需要同时，也逐渐产生了保护商业来往的手段。”[①]1956 年 11 月有 15 日毛泽东在中共八届二中全会上也说：“生产力是最革命的因素。生产力发展了，总是要革命的。生产力有两项，一项是人，一项是工具。工具是人创造的，工具要革命，它会通过人来讲话，通过劳动者来讲话，破坏旧的生产关系，破坏旧的社会关系。”[②] 在阶级社会，人民群众对社会发展的决定力量还表现为直接推动社会变革，最主要的就是阶级斗争。马克思主义认为阶级斗争是阶级社会发展的直接动力，而人民群众则是阶级斗争的主体。当人民群众再也不能忍受统治阶级的剥削和压迫，必然要通过反抗甚至是暴力斗争表现出来。阶级斗争可以促进社会发展的量变，打击了当时的统治者，迫使他们改革经济和政治体制，从而促进了生产力的发展，推动了社会进步。阶级斗争还可以推进社会变革中的质变，突出地表现为促进一种社会形态向另一种社会形态的演变。

二、以人民为中心是中国革命与建设胜利的根本动力

中国革命与建设所面对的困难在古今中外都罕见，不发挥人民群众的根本性动力，就不能取得革命的伟大胜利，就不能取得社会主义建设的伟大成就。

在民主革命时期，以孙中山为代表的资产阶级革命派首先提出了资产阶级革命道路以图实现中国的独立解放，他们总结农民阶级、地主阶级和资产阶级维新派探索独立解放进程中的经验和教训，不但引领了当时中国社会发展的方向，也开一股思想解放之风。但是由于在革命过程中，没有真正意识到敌人强大和野蛮，没有意识到只有人民群众才是社会发展的根本动力，没有真正把占人口绝大多数的农民发动起来，就决

① 《马克思恩格斯全集》第二十一卷，人民出版社 1965 年版，第 448 页。

② 《毛泽东选集》第五卷，人民出版社 1977 年版，第 319 页。

定了其必然失败的命运。首先，其革命思想没有充分重视人民群众，尤其是处于底层的人民群众。比如在三民主义思想中的民权主义仅仅是规定了资产阶级在国家和社会中的地位和权力。虽然说资产阶级的建国方案重视资产阶级的地位和权力是正常的，也是必然的，但是放在中国近代社会的大环境中，不重视农民不关注农民的单枪匹马的斗争必然遭受失败的命运。其次，在其革命实践中，革命派或发动会党或发动新军或发动军阀，不发动农民必然导致革命力量薄弱。

中国共产党在学习马克思主义理论和领导中国革命的实践中逐渐认识到人民群众是推动人类社会发展的根本动力。十月革命一声炮响给中国送来了马克思主义，中国近代先进分子开始学习马克思主义并以其为指导探索救国救民的新道路。马克思主义深刻揭示了人类社会发展的根本动力和直接动力等问题，为人类社会发展指明了道路。中国共产党以马克思主义为指导，必然会关注并发动人民群众，形成推动社会发展的人民力量。在理论学习创新与革命实践中，中国共产党对人民群众的理解越来越丰富。中国共产党一开始是学习俄国十月革命的经验，将党的工作中心放在城市发动工人阶级，同时辅以发动农民。当中国共产党深刻认识到工人阶级单枪匹马斗争很难取得革命胜利，于是中共三大又作出与国民党展开党内合作的正式决议。大革命失败后，党又在探索革命道路过程中将工作中心转移到农村。抗日战争时期，随着日本帝国主义发动全面侵华战争，中国共产党又根据形势变化将亲英美派的大地主大资产阶级纳入统一战线。在革命战争中，中国共产党对人民这一概念的主体和组成有了全面而深刻的理解。一方面，劳动群众是人民群众的主体，在中国，由于农民人数众多，受压迫严重，自然就成为推动社会变革的主要力量。另一方面，随着社会形势发展变化，人民的组成也在发生变化，只要有助于解决社会主要矛盾并推动社会发展的群体都属于人民的范畴。这就促使中国共产党，根据社会形势和社会主要矛盾的发展变化不断发挥人民的主体作用，领导新民主主义革命走向胜利。

新中国建设之所以取得伟大成就，也是因为发动群众成为社会主义建设的主力军。列宁说：“生机勃勃的创造性的社会主义是由人民群众自己创立的。”①毛泽东说：“要在人民群众那里学得知识，制定政策。”②国民党在其统治时期，也经历了一段较为稳定的建设时期，但是由于其不能以人民为中心，进而不能为实现经济社会可持续快速发展注入动力。国民党由于已经与国内外资本勾结起来，因此其一系列政策必然会体现大地主和大资产阶级以及外国资本主义的利益，而不是满足人民群众的需要，进而也就不能发挥人民推动社会建设的主体力量。在国际上，国民党不敢与侵略中国掠夺中国的帝国主义决裂，因为蒋介石的独裁专制统治就是依靠英美帝国主义的支持建立起来的。在国内，国民党与大地主大资产阶级紧密勾结起来，国民党政府颁行的一系列政策决议都以满足大地主大资产阶级的需要为最先考虑。比如20世纪30年代的货币改革，在一般意义上，统一货币对于促进经济社会发展意义重大，但是当时的货币改革首先是一个大地主大资产阶级掠夺人民的货币政策，以信用日渐丧失的国民党政府作担保发行的货币必然导致通货膨胀，民众财富被掠夺，社会矛盾激化。解放战争后期，蒋经国在上海“打虎”的失败进一步证明了国民党政府以大地主大资产阶级为中心，不敢也不能触动利益集团，必然无法发动人民群众成为推动社会发展的根本动力。

新中国成立后，党进一步发动群众依靠群众。比如在“一五计划”实施期间，中国共产党就特别重视发动人民群众。为了增加生产，积累资金，1953年9月，中共中央发出了紧急通知，要求工业战线增加生产，增加收入，厉行节约，紧缩开支，超额完成国家计划。全国各厂矿、交

① 《列宁全集》第三十三卷，人民出版社1985年版，第53页。

② 《毛泽东文集》第八卷，人民出版社1999年版，第324页。

通企业的干部和工人，响应中共中央的号召，制定增产节约计划，在全国范围内迅速掀起了轰轰烈烈的增产节约、劳动竞赛运动。到 1954 年，这个运动进一步发展成为全国范围的技术革新运动。中共中央在 1953 年 9—10 月间召开中国共产党第二次全国组织工作会议，讨论干部工作问题和党的建设问题。会议指出，过渡时期党的组织工作的一个重要任务，就是要动员全党全国人民的力量，从组织上来保证党的总路线贯彻，保证第一个五年计划的顺利实现。由于全党重视发挥人民群众在推动社会发展中的主体力量作用，“一五计划”超额完成任务，人民群众的生活水平也得到广泛提高。1956 年提前一年完成了第一个五年计划的各项主要指标，1957 年全国职工的平均工资达到 637 元，比 1952 年增长 42.8%，农民的收入比 1952 年增加近 30%。人民平均消费水平，1957 年达到 102 元，比 1952 年的 76 元提高 34.2%。文教、卫生、科学、艺术事业也有很大发展。正如《关于建国以来党的若干历史问题的决议》对“一五计划”的评价：“我国第一个五年计划的经济建设，依靠我们自己的努力，加上苏联和其他友好国家的支援，同样取得了重大的成就。一批为国家工业化所必需而过去又非常薄弱的基础工业建立了起来。从一九五三年到一九五六年，全国工业总产值平均每年递增百分之十九点六，农业总产值平均每年递增百分之四点八。经济发展比较快，经济效果比较好，重要经济部门之间的比例比较协调。市场繁荣，物价稳定。人民生活显著改善。”①

改革开放以来，社会快速发展也要归因于人民群众力量的充分发挥。首先，从理论上中国共产党对人民群众的伟大作用的认识更加深刻，比如邓小平提出了“三个有利于”作为衡量各方面工作成败的标准，强调要“把‘人民拥护不拥护’、‘人民赞成不赞成’、‘人民高兴不高兴’、

① 《三中全会以来重要文献选编》下，中央文献出版社 2011 年版，第 135 页。

'人民答应不答应'作为制定各项方针政策的出发点和归宿"，坚持改革开放路线，满足人民对美好生活新期待。江泽民首次提出"以人民群众为本"的观点。以胡锦涛同志为总书记的党中央明确提出了"以人为本""人民主体作用"等概念，强调发展为了人民，发展依靠人民，发展成果由人民共享等重要思想。其次，在实践中，人民群众为中国社会发展做出了重大的不可预期的伟大贡献。邓小平在谈到我国农民的积极性和创造性时说："农村改革中的好多东西，都是基层创造出来的，我们把它拿来加工提高作为全国的指导。"①"农村改革中，我们完全没有预料到的最大收获，就是乡镇企业发展起来了，突然冒出搞多种行业，搞商品经济，搞各种小型企业，异军突起。这不是我们中央的功绩。乡镇企业每年都是百分之二十几的增长率，持续了几年，一直到现在还是这样。"②"那不是我们领导出的主意，而是基层农业单位和农民自己创造的。"③ 与党积极发动人民群众参与社会主义建设相一致，中国特色社会主义建设取得伟大成就，中国人民的生活水平得到史无前例的飞跃式提升。宏观经济方面，中国的经济总量多年位居世界第二位，制造业产值多年高居世界第一位，高端产业发展较快。民生方面，居民收入提高较快，1978 年我国职工工资总额为 568.9 亿元，2009 年达到 40288.2 亿元，职工平均工资由 1978 年的 615 元增加到 2009 年的 32736 元，扶贫减贫任务完成可观，党已经领导全国人民掀起全面建成小康社会。

三、以人民为中心是贯彻绿色发展理念的根本动力

中国特色社会主义进入新时代，国内外形势发展重大变化，社会主要矛盾发生全局性、历史性变化。从国际上，随着中国综合国力的增

① 《邓小平文选》第三卷，人民出版社 1993 年版，第 382 页。

② 《邓小平文选》第三卷，人民出版社 1993 年版，第 238 页。

③ 《邓小平文选》第三卷，人民出版社 1993 年版，第 252 页。

强，中国威胁论和中国唱衰论从不同的侧面进一步泛滥起来，他们服务于发达资本主义国家遏制中国发展甚至使中国沦为其附庸的险恶用心，这就导致中国参与国际竞争的广度、深度包括困难程度都史无前例。在国内，资本力量的增强，进而对生态环境的破坏能力不断加强，造成环境污染加剧，这就与人民群众追求美好生活环境的矛盾日益突出。可见，社会转型期的矛盾日益复杂化，经济社会发展状态与人民需要都发生了质的变化，这说明改革开放以来的发展方式已经不能满足经济社会可持续发展的需要，已经不能满足人民群众追求优美环境的美好生活的诉求。只有坚持以人民为中心，才能把握社会发展新方向，为绿色发展注入根本动力。

思想是行动的先导，以马克思主义为指导的中国共产党始终能把握中国经济社会的发展变化，提出引领经济社会发展的新思想、新理论。中国特色社会主义进入新时代，党深刻把握新时代社会主要矛盾和国内外形势的重大变化，提出以绿色发展理念、以人民为中心等理论为重要内容的习近平新时代中国特色社会主义思想。中共十八届五中全会提出："坚持可持续发展，必须坚持节约资源和保护环境的基本国策，坚持可持续发展，坚定走生产发展、生活富裕、生态良好的文明发展道路，加快建设资源节约型、环境友好型社会，形成人与自然和谐发展现代化建设新格局，推进美丽中国建设，为全球生态安全作出新贡献。"①中共十九大报告对以人民为中心这一重要命题的丰富内涵作了深入的阐述："人民是历史的创造者，是决定党和国家前途命运的根本力量。必须坚持人民主体地位，坚持立党为公、执政为民，践行全心全意为人民服务的根本宗旨，把党的群众路线贯彻到治国理政全部活动之中，把

① 《中国共产党第十八届中央委员会第五次全体会议公报》，《求是》2015 年第 21 期。

人民对美好生活的向往作为奋斗目标，依靠人民创造历史伟业。”① 提出“人与自然是生命共同体，人类必须尊重自然、顺应自然、保护自然。人类只有遵循自然规律才能有效防止在开发利用自然上走弯路，人类对大自然的伤害最终会伤及人类自身，这是无法抗拒的规律。我们要建设的现代化是人与自然和谐共生的现代化，既要创造更多物质财富和精神财富以满足人民日益增长的美好生活需要，也要提供更多优质生态产品以满足人民日益增长的优美生态环境需要。必须坚持节约优先、保护优先、自然恢复为主的方针，形成节约资源和保护环境的空间格局、产业结构、生产方式、生活方式，还自然以宁静、和谐、美丽”②。以人民为中心的思想对绿色发展理念的发展目标、发展动力、发展路径等内容进行了集中总结和概括，体现了价值目标和方法论的辩证统一，有利于绿色发展理念的贯彻，有利于对共产主义发展目标的阶段性实现。正如党的十九大报告明确要求：“加快建立绿色生产和消费的法律制度和政策导向，建立健全绿色低碳循环发展的经济体系。构建市场导向的绿色技术创新体系，发展绿色金融，壮大节能环保产业、清洁生产产业、清洁能源产业。推进能源生产和消费革命，构建清洁低碳、安全高效的能源体系。推进资源全面节约和循环利用，实施国家节水行动，降低能耗、物耗，实现生产系统和生活系统循环链接。倡导简约适度、绿色低碳的生活方式，反对奢侈浪费和不合理消费，开展创建节约型机关、绿色家庭、绿色学校、绿色社区和绿色出行等行动。” ③

以人民为中心的思想首先解决了为谁发展的问题。为谁发展，谁就

---

① 习近平：《决胜全面建成小康社会　夺取新时代中国特色社会主义伟大胜利——在中国共产党第十九次全国代表大会上的报告》，人民出版社 2017 年版，第 21 页。

② 习近平：《决胜全面建成小康社会　夺取新时代中国特色社会主义伟大胜利——在中国共产党第十九次全国代表大会上的报告》，人民出版社 2017 年版，第 50 页。

③ 习近平：《决胜全面建成小康社会　夺取新时代中国特色社会主义伟大胜利——在中国共产党第十九次全国代表大会上的报告》，人民出版社 2017 年版，第 50—51 页。

应该成为社会发展的主体，这是解决发展动力的前提条件。在发达资本主义国家，执政党领导社会发展的目的是为了资本增殖和资产阶级获取剩余价值，因此他们在发展中就必然要促进生产，刺激人民群众消费。这种对利润的暴力追逐，必然导致资产阶级对生态环境的暴力掠夺。同时，资产阶级又以错误思想占领思想阵地，误导人民认为资产阶级统治的政府能够真正解决生态环境问题，进而实现真正的可持续发展。总之，错误发展观必然会导致人们对美好生活的追求和生态环境的恶化之间的矛盾越来越严重，进而不利于经济社会长期可持续发展。以人民为中心的发展观，决定了执政党领导经济社会发展的目的是为了满足人民群众日益增长的美好生活需要。人民需要什么，经济社会发展就要创造什么，人民需要优美的工作生活环境，党就推进绿色发展实践，推进生态文明建设。绿色发展理念在理论上与社会发展进程和社会发展阶段相一致，在实践上则有利于执政党发动人民群众成为社会发展的根本动力。

以人民为中心的思想解决了发展动力的问题。只有解决好发展动力问题，才能推动社会可持续发展。在资本主义社会，将资本作为社会发展的动力，一方面资本的稀缺性会造成少数资方在社会发展中拥有更高的话语权，他们有权决定实现什么样的发展，如何发展以及为谁发展。这就导致为了实现资本增值，为了增加资本家的财富，而大肆掠夺生态环境的行为屡禁不止。另一方面，拥有资本的资方还会独享稀缺的与优美环境相关的诸项权利。在生态环境遭到大肆破坏的情况下，优美的环境已经成为稀缺资源，享受价格非常昂贵。资方因为占有劳动群众的剩余价值，坐拥巨额财富，进而有能力购买稀缺的优美环境资源。在中国，虽然承认了资本等生产要素对经济社会发展的推动作用，但是从根本上认为人民群众才是推动社会发展的根本动力。新时代，人民群众日益增长的美好生活需要日益提升，这必然要求推动人民自觉创造有利于自身发展，有利于社会可持续发展的物质财富和精神财富，进而成为推进社会可持续发展，实现中华民族伟大复兴的根本动力。

以人民为中心的思想为提升人民能力提出了基本路径，其中就包括满足人民的优美环境的需要。人的需要的满足程度与人的能力的提升程度紧密联系。首先，人的需要就包括提升自身能力的需要，某种意义上，二者是完全一致的。其次，人的需要获得满足，才能为自身能力的提升提供良好的条件。新时代，贯彻绿色发展理念就是通过使民众共享社会发展成果以提升人民的促进绿色发展的能力。贯彻绿色发展理念有利于推动群众共享社会在物质、精神诸方面的发展成果。绿色发展理念要求根据不同地区的地理、经济、文化情况，推进差异化的主体功能区发展，推动人民群众在实现新的满足的过程中提高其促进社会发展的能力。贯彻绿色发展理念有利于促进科技进步，进而提高人民群众促进社会发展的能力。绿色发展理念是以科技进步为重要内核的发展道路，它要求更有效率的发展，要求人与自然和谐发展。在这个过程中，必然会推动人民群众掌握绿色发展的知识、理念、技术，成为推动经济社会发展的根本动力。

第三节　发展绿色经济是贯彻绿色发展理念的基本途径

物质利益是人民利益在价值形态上的首先表现。[①] 经济发展是人类社会发展的核心内容，是人类获得物质财富的最主要途径。贯彻绿色发展理念的基本目的是不断提高获得物质财富的能力，因此发展绿色经济是其中最基本的途径。

---

① 史家亮：《价值哲学视域下中国特色社会主义理论体系人民性研究》，人民出版社 2020 年版，第 26 页。

一、绿色经济是对传统工业经济的扬弃

绿色经济是指以经济与环境的和谐为目标的一种新的经济形式。它将环保技术、清洁生产工艺等众多有益于环境的技术转化为生产力，并通过有益于环境或与环境无对抗的经济行为，实现经济的可持续增长。[①]

绿色经济在世界经济发展中经历了一个不断转型完善的过程。1989年，英国环境经济学家大卫·皮尔斯在《绿色经济的蓝图》中首先提出了绿色经济的概念，当时的绿色经济概念多用于区域性的案例分析，重视从污染末端的治理上推进生产过程的绿色化。到21世纪初期，世界尤其是西方发达国家对绿色经济有了更深刻的认识。人类对其对立面——"褐色经济"[②]——的危害有了更深刻的认识，而2008年的全球金融危机更让人们了解了传统发展方式的不可持续性，完全放任自由的市场经济加剧了资本的野蛮生长以及对自然环境的野蛮破坏，人们开始更多地思考绿色经济问题。2010年联合国"里约+20"峰会召开，其重要主题即为"绿色经济在可持续发展和消除贫困方面的作用"，指明了绿色经济的两大功能。一是促进可持续发展，二是消除贫困带来社会公平。绿色经济具有导向功能，即：效率导向，引导资本由资源利用率比较低的产业向资源利用率比较高的产业流动；规模导向，控制排放总量，倒逼发展方式转型；公平导向，以发展绿色经济为契机，推进整个世界的资源分类均衡化。

由上述可见，发达国家首先提出绿色经济的概念，并随着社会发展其内涵不断丰富，进而成为联合国乃至全世界的发展目标和方向，这对

① 《发展绿色经济，谋求互利共赢》，《人民日报》2010年11月24日。

② 联合国开发计划署在《全球绿色新政》中定义了绿色经济的相反概念"褐色经济"：依赖低能效、利用不可再生能源、高材耗、对生态环境的不可持续利用以及带来高度气候变化的风险。转引自唐啸：《绿色经济理论最新发展述评》，《国外理论动态》2014年第1期。

中国发展方式的转型并形成绿色发展理念具有一定的借鉴意义。同时，源于发达国家的绿色经济毕竟属于资本主义世界经济体系的范畴，中国共产党的绿色发展理念必然与之表现相似而本质迥异。

第一，绿色发展理念在本质上属于社会主义经济发展理论的范畴，是马克思主义中国化理论的重要组成部分，是马克思主义发展观的重要内容，因此其价值目标和方法论内涵与西方国家主导的绿色经济在本质上是不同的。首先，绿色发展理念指导形成的具有社会主义性质的绿色经济首先要反映在生产关系领域，它必须要为社会主义的基本经济、政治、文化制度服务，要有利于促进社会主义各项事业的发展。其次，社会主义性质的绿色经济的价值目标是不断满足人民群众日益增长的美好生活需要，这与发达国家主导的为实现资本增殖的绿色经济是截然不同的。再次，在方法论要求上，发达资本主义国家主导的绿色经济强调对资本流动的引导，希望利用没有约束力的社会道德或者国际条约协定实现绿色经济的发展。

第二，中国的绿色经济属于绿色发展理念的重要组成部分，包括实现经济社会可持续发展的一揽子解决方案，与发达资本主义国家主导的绿色经济有着显著的不同。发达资本主义国家主导的绿色经济是一个纯粹的经济发展方案，虽然在发展变化中其内涵日益丰富，也加入了物质分配上的公平理念，但是在研究上仍然没有跳出其局限性。比如环境学者注重从污染治理的角度研究，经济学者注重从经济发展的角度研究，社会学者从社会公平正义的角度论述，而缺少一个能够统筹全局的，并起领导作用的机制。在中国，中国共产党一直致力于绿色发展，所以能够从整体上协调绿色经济的效率导向、规模导向与公平导向。党强调以唯物辩证法为指导，将理论与实践相结合，将效率优势、规模控制与公平目标紧密结合。在资本主义国家，要么过分强调效率，要么强调规模控制，而对社会公平又无动于衷，不可能真正实现绿色经济发展。虽然不少发达资本主义国家也已经意识到新自由主义的缺陷，越来越重视政府的调控作用，但是又很难抗衡已经壮大起来的资本力量。在发达资本主义国家主导的绿色经济理念中，不同力量处于不同的政治、经济、文化和社会地位，由于社会影响力不同，所以很难协调政治、经济、文化和社会协同发展推进。相反中国历来重视党的领导以及政府的调控作用，强调公权力对资本的监管，所以中国发展绿色经济有自己的优势。

发展绿色经济必需以传统工业经济的高度发展为基础，在扬弃的过程中推进经济社会的可持续发展。在资本主义国家，传统工业经济强调经济社会发展与社会财富的增加以满足资本增殖的需要，满足资产阶级的贪婪。绿色经济之所以越来越被发达资本主义国家重视，就是因为传统工业经济的不可持续性日益显现出来，已经影响到资本的增殖以及资产阶级的获利。可见，在发达国家，不管是发展传统工业经济还是日益系统化的绿色经济，都是为资本为资产阶级服务的。在传统工业经济时代，发达资本主义国家利用先发优势构建起有利于自己的世界殖民体系，将全世界联系在一起，其罪恶深重，而又在客观上推动社会生产力迅速发展，逐渐满足了资本增殖以及资产阶级越来越多的物质需要。当前的绿色经济发展，也能够推进经济社会进一步的发展，能够满足资本增殖以及资产阶级关于物质财富的新需要。

在中国，绿色发展理念指导绿色经济发展由个人利益导向逐渐转向重视社会公平导向。在资本主义国家，传统工业经济以满足资本增殖与资产阶级的贪婪为目标，虽然创造了巨量的社会物质财富，也造成了日益扩大的贫富分化。据资料显示，除去一战、二战等大规模战争会暂时打击资本，进而在战后为普通民众提供一些发展空间，越是社会稳定，资本对社会和民众的搜刮就越严重。其中，既包括资本对其国内民众的掠夺，也包括发达国家资本对发展中国家和地区的掠夺。比如，二战后初期，美国的民众生活曾经有一个大幅提高的过程，但是随着资本日益壮大而发生重大变化：美国的跨国公司发展迅速，但是民众的收入却增长缓慢。这些情况造成越来越尖锐的社会矛盾，西方的绿色经济理念试图借全球环境治理的时机促使发达国家及其资本在资金、技术等方面给予发展中国家和地区一定的支持，起到缓和矛盾，维护资本统治，尤其是维护发达国家资本统治世界的地位，必然有违公平正义。在中国，绿色发展理念指导形成的绿色经济，坚持以人民为中心，促进更平衡更充分地发展，将逐渐满足人民日益增长的美好生活需要。中国共产党坚持利用并节制资本，必然形成社会主义性质的绿色经济，为经济社会可持续发展注入动力。

二、中国发展绿色经济的条件

绿色经济是一定社会历史条件下的产物，所以发展绿色经济必须以相应的生产力条件为基础。发达国家由于率先完成高能耗高排放产业的转移，所以已经走了一条他国无法复制无法效仿的环境治理道路。不少发展中国家和地区由于经济水平落后，也不能完全发展绿色经济。中国作为世界第二大经济体，最大的发展中国家，人口众多，经济发展不平衡不充分，在一定程度上具备了发展绿色经济的条件。

第一，中国共产党洞察了经济社会发展方式转变的规律，保障了绿色经济的发展。以马克思主义为指导，保障了党探索并认识社会发展规律。马克思主义是总结社会发展进程而形成的关于社会发展规律的科学认识，它指导中国共产党形成了关于社会发展的正确价值目标，以及研究社会发展实践的方法论。社会主义制度确立以来，尤其是改革开放以来，党不断研究中国经济社会发展具体情况并作出正确判断，作出顶层设计，指导了中国社会发展的方向。从中共八大关于社会主要矛盾的正确判断到中国特色社会主义理论创新，无不体现出党对中国经济社会发展情况及发展趋势的科学认识。中共十九大对中国社会主义社会主要矛盾作出新的判断，将指引中国绿色经济发展的新方向。

第二，中国社会生产力的发展为绿色经济发展奠定了物质、技术条件。绿色经济表现为高科技引领的经济可持续发展。不少发展中国家和地区，因为生产力落后，自身的技术储备不足，而无法发展绿色经济，如果单纯地依靠发达国家在资金技术方面的支持，反而会永远处于资本主义经济体系生物链的底端，沦为发达国家的经济殖民地而丧失独立自主发展的地位，很难使本国人民享受到绿色经济发展的成果，尤其是一些较小的发展中国家和地区更是如此。中国则与之不同。首先，中国改革开放以来的物质财富增长为中国的独立自主发展奠定了经济基础。其次，中国的科技创新发展程度已经走在世界前列，具备以高科技发展引领中国更加平衡充分发展的可能性必将促进绿色经济发展。

三、中国发展绿色经济的对策

绿色经济是一种全新的经济发展方式，需要在党的领导下加强顶层设计，批判借鉴发达资本主义国家的经验教训，提出适合中国国情的路径对策。

第一，加强党对发展绿色经济的顶层设计。绿色经济是一种执政党和政府介入程度比较高的经济发展方式，只有如此才能引导资本的流动方向，因此中国发展绿色经济首先要加强顶层设计。改革开放以来，虽然市场经济蓬勃发展，但是中国共产党一直重视党对经济建设的领导以及政府对经济建设的宏观调控。发展绿色经济需要执政党发挥更大的作用，因此加强党的顶层设计就显得非常重要。首先，党要处理好绿色经济与绿色发展的关系，要加快建立推进绿色生产法律制度政策导向，建立健全绿色低碳循环发展经济体系。发展绿色经济是绿色发展的重要实现路径，而绿色发展是实现中国经济社会可持续发展的一揽子解决方案，因此为发展绿色经济而忽视文化、制度等方面的发展是不可取的。

其次，党要构建市场导向的经济发展新体系，既要发展绿色金融、重大节能环保产业、清洁生产产业、清洁能源产业，又要推进能源生产和消费革命，构建清洁低碳，安全高效的能源体系。

第二，发展绿色经济要批判借鉴国际上的经验教训。发达国家关于绿色经济的理论与实践要早于中国出现，而且在不少方面居于领先地位，虽然其本质与我们的不同，但是借鉴有益的西方文明成果可以起到事半功倍的效果。发达资本主义国家主导的绿色经济发展给中国较多的经验教训，比如发展环境保护技术、产业，严格法律法规，采取积极的财税政策导向，推动其本国的环境污染治理，说明这是富有成效的政策。但是其转移高能耗高排放产业的政策则需要中国辩证对待。因为这种做法不但不能从根本上治理环境污染，反而会加剧全球的环境污染以及本国的工业空心化。一旦发生工业空心化，必然危急经济社会可持续发展，危急人民群众需要的满足，对发展中国家和地区危害尤为严重。以南非为例，20 世纪 80 年代，南非曾经是一个发展比较快的发展中国家，但是由于在治理环境污染时甚至放弃了本国工业的独立发展，造成民族产业大量倒闭，而西方发达国家资本逐渐控制了南非的经济命脉。南非当时以初级的采矿业为主，尚不具备向高端制造业或者高端金融业快速转型的条件，片面强调环境治理，导致国家独立自主发展的地位遭到重创。

第三，发展绿色经济还必须从中央到地方，从企业到个人加强对绿色经济的认识。首先要认识到绿色经济的核心是经济建设，绿色经济中的经济发展与环境保护是辩证统一关系，要分清其中的主次轻重关系。改革开放以来，党确定以经济建设作为工作中心，一直到今天仍然是必须要坚持的。因此，在传统工业经济向绿色经济发展转型的过程中，不能影响经济建设的大局。从不同区域来看，要按照全国主体功能区规划，对自然资源规范开发利用，既要制定高能耗高排放产业的升级甚至退出机制，又要警惕各地以保护环境为借口无序发展旅游业。无序发展旅游业本身就有可能对当地环境造成破坏，而且过多发展旅游业会冲淡工业发展在中国经济发展中的中心地位。其次，要处理好经济发展方式转型与民生需要之间的关系。经济发展是满足民生需要的基本路径，满足民生需要是党执政兴国的基本目标，尤其是满足人民最基本的物质需要不能受到影响。作为地方政府，要与环保部门协调制定绿色经济转型发展的进程。

第四节　加强制度建设，为贯彻绿色发展理念提供引领

新中国成立以来，在探索社会主义建设规律的过程中，日益建立起完善的制度，尤其是中国特色社会主义制度，“是当代中国发展进步的制度保障，集中体现了中国特色社会主义的特点和优点”①。邓小平对此也有很多论述，他强调中国不搞社会主义，就“必然退回到半封建半殖民地”。认为“只有社会主义制度才能从根本上解决贫困的问题。所以我们不会容忍有的人反对社会主义”②，“只有社会主义才能有凝聚力，才能解决大家的困难，才能避免两极分化，逐步实现共同富裕。如果中国只有一千万人富裕了，十亿多人还是贫困的，那怎么能解决稳定问题……经济发展到一定程度，必须搞共同富裕。我们要的是共同富裕，这样社会就稳定了……中国情况是非常特殊的，即使百分之五十一的人先富裕起来了，还有百分之四十九，也就是六亿多人仍处于贫困之

① 石仲泉：《邓小平与中国特色社会主义制度的建立》，《毛泽东邓小平理论研究》2014 年第 7 期。

② 《邓小平文选》第三卷，人民出版社 1993 年版，第 208 页。

中，也不会有稳定。中国搞资本主义行不通，只有搞社会主义，实现共同富裕，社会才能稳定，才能发展。社会主义的一个含义就是共同富裕”①。

中国特色社会主义制度体系是马克思主义中国化理论的重要组成部分，具有与时俱进的品质，它要在不断发展的社会实践中不断丰富和发展。同时，它又指导保证了中国特色社会主义事业的永续发展。尚在改革开放初期，邓小平就针对经济快速发展的形势，提出政治体制改革的重要性，他说："不改革政治体制，就不能保障经济体制改革的成果，不能使经济体制改革继续前进，就会阻碍生产力的发展，阻碍四个现代化的实现。"② 在改革开放中，党进一步推进"社会主义制度自我完善和发展，在经济、政治、文化、社会等各个领域形成一整套相互衔接、相互联系的制度体系"③。同时，其中的一系列具体制度"符合我国国情，顺应时代潮流，有利于保持党和国家活力、调动广大人民群众和社会各方面的积极性、主动性、创造性，有利于解放和发展社会生产力、推动经济社会全面发展，有利于维护民族团结、社会稳定、国家统一"④。中国特色社会主义制度体系是蕴涵着经济、文化、政治、社会各项体制在内的制度体系。

一、推进制度建设要与中国实际情况相结合

绿色发展理念是党在今天治国理政的重要发展理念，健全绿色发展的各项制度也是中国特色社会主义制度体系发展变化的重要组成部分。因此，健全绿色发展的制度建设必须以中国特色社会主义制度为基础，

---

① 《邓小平年谱（1975—1997）》下，中央文献出版社 2004 年版，第 1312 页。
② 《邓小平文选》第三卷，人民出版社 1993 年版，第 176 页。
③ 《十七大以来重要文献选编》下，中央文献出版社 2013 年版，第 436 页。
④ 《十七大以来重要文献选编》下，中央文献出版社 2013 年版，第 436—437 页。

在具体体制上吸取发达国家推进环境治理以及转变发展方式的经验教训，最根本的是要根据中国国情的发展实践进行创新。

第一，健全绿色发展的相关制度要从中国特色社会主义制度体系建设的全盘进行考虑，其本质是对中国特色社会主义制度体系的丰富和发展，不能与之本质相违背。

首先，完善推进绿色发展的相关制度，要与中国特色社会主义制度建设整体统筹考虑，必须从发展完善健全中国特色社会主义制度的角度推进绿色发展的相关制度建设，而不能另起炉灶，更不能照抄资本主义国家推进社会发展与环境治理的基本制度。在这一过程中，要深刻认识社会主义制度与资本主义制度的本质区别，才能坚定中国特色社会主义制度建设的方向，消除资本主义制度的负面影响。其次，关于绿色发展的相关制度建设必须着眼于以人民为中心，着眼于人的全面发展，以及人的现实需求满足。在社会主义国家，人类创设的制度必然要服务于人的全面解放和全面发展，人类社会的永续繁衍。同时，制度又必然压抑人的本性欲望，要求人类“有条不紊地牺牲力比多，并把它强行转移到对社会有用的活动和表现上去”①。在这个过程中，要从全体人民群众的利益出发，不能局限于某个人某个群体的发展需求，更不能一味地支持某些资本所有者尤其是外国资本所有者关于环境治理的理解与对策建议。

第二，推进制度建设要服务中国国情，兼顾公平与效率的统一。新中国成立以后，中国转入以经济建设为中心任务的大发展时期，这是由中国国情及社会主要矛盾决定的。在中共七届二中全会上，毛泽东就庄严宣告了将恢复和发展城市中的生产作为中心任务。中共十一届三中全

① 陈朝宗:《制度学理论与我国制度创新实践》，中共中央党校出版社 2008 年版，第 165 页。

会也要求把党的工作中心转移到经济建设上来，即便在我国经济社会建设已经取得较大成就的背景下，中共十九大依然要求全党“以经济建设为中心，坚持四项基本原则，坚持改革开放，自力更生，艰苦创业，为把我国建设成为富强民主文明和谐美丽的社会主义现代化强国而奋斗”①。因此，关于绿色发展相关制度的建设一定要关照这个国情，不能放弃经济持续中高速发展这个基本目标。

同时，还要关注公平与效率的关系。在资本主义社会，效率是资本的唯一目标，因此其引发的社会矛盾越来越多，也越来越尖锐。在改革开放初期，一方面受困于较为落后的社会发展情况，曾一度坚持效率优先，兼顾公平，推进了社会生产力的飞跃式发展。另一方面，社会主义本质又要求实现公平、正义，因此在经济社会已经取得较大发展，社会矛盾又日渐尖锐的情况下，我们党将公平摆在更加凸显的位置。中共十七大即指出：“把提高效率同促进社会公平结合起来”，“初次分配和再分配都要处理好效率和公平的关系，再分配更加注重公平。”② 推进绿色发展，是党转变发展方式，更加凸显社会公平的一个重要契机。首先，相较于成熟的传统的工业经济，人力资源在其中起着更大的作用，这必然会刺激企业及其他机构更加重视提高工人的收入水平。其次，绿色发展要求政府提升调控的力度，并管控资本的暴力增殖属性，这样的举措有利于提升工人收入在社会总收入中的比例。再次，绿色发展致力于向全体人民群众提供高质量的物质文化生活，其本身就具有普惠性，能够彰显其公平性。比如，绿色发展理念注重对落后贫困地区自然资源的恢复，改造或者有限度开发，有利于扶贫工作的开展，进而实现社会公平。

---

① 习近平：《决胜全面建成小康社会　夺取新时代中国特色社会主义伟大胜利——在中国共产党第十九次全国代表大会上的报告》，人民出版社 2017 年版，第 12 页。

② 《十七大以来重要文献选编》上，中央文献出版社 2009 年版，第 8、30 页。

第三，推进制度建设要将中国的实践经验与世界潮流相结合。中国共产党既善于总结自身实践的经验教训，又善于借鉴他国的经验教训，这是中国革命与建设取得胜利的重要原因。中国特色社会主义制度既是在中国改革开放的实践中逐渐丰富完善的，又顺应了世界的趋势和潮流。比如中国特色社会主义基本经济制度既推进了中国的经济发展，又顺应了经济全球化的趋势，既是中国经济、政治实践经验的总结和升华，又引领了发展中国家和地区经济发展的潮流。因此关于绿色发展的制度建设既要总结中国的发展经验又要借鉴其他国家的经验和教训。

推进制度建设，首先要总结中国发展的经验和教训，要着眼于解决社会主要矛盾。新中国成立以来，只要党正确判断国内社会主要矛盾，并以此推进制度建设就能促进经济社会的迅速发展，否则就会造成发展缓慢甚至停滞。在资本主义国家，其主要矛盾始终是阶级矛盾，因此，虽然发达国家在发展程度上要远远领先，但是其推进发展的制度建设长期着眼于维护资产阶级的统治地位。因此，对发达国家关于发展的经验教训要批判借鉴，而不是全面照搬。新时代，中国社会主要矛盾发生历史性全局性变化，人民对美好生活的需要不断提高，要求党不断总结经验教训，加强制度建设，推进绿色发展。其次，要将中国的发展与世界潮流相结合。中国的发展与世界潮流相一致。当今世界的主题是和平与发展，只有和平才能为中国以及整个世界塑造快速发展的良好环境，也只有可持续发展才能维护世界的长期和平。从世界来看，发展中国家和地区是渴望和平与发展的，是世界的重要构成力量，而发达国家却有着更多的限制他国发展的冲动。因此，中国推进绿色发展的制度建设，一定要与世界追求和平与发展的大趋势统一起来，而不能对霸权主义妥协。

二、加强法治建设，为绿色发展保驾护航

依法治国是中国共产党治国理政的基本方略。法，既能保证社会建

设的有序进行，又能为其发展指明方向目标。新中国成立后，党就特别重视法治建设。以新中国最早颁布的《中华人民共和国婚姻法》为例，第一条就严正指出“实行男女婚姻自由，一夫一妻，男女权利平等的婚姻制度”①，为新中国社会秩序的改革指明了方向，其中“违反本法者，依法制裁”②的条款为新式的男女关系提供了保障，新中国的妇女解放也因此走在了世界前列。绿色发展作为党新时期的发展道路，也应该以立法、司法的形式加以保障，进而能够推进中国的绿色发展走在世界前列。

（一）加强立法，明确绿色发展的方向

从总体上来说，中共十九大已经指明了绿色发展的方向：建设富强民主文明和谐美丽的社会主义现代化强国。同时，绿色发展又是具体的落实到各层面的发展实践，因此必须要确定社会与个人明确而具体的实践目标。中外工业发展中的经验教训，引导中国共产党领导了大量的立法工作，既制定了综合性的环保法律，又颁布了不少单行的环保法律法规。比如最基本的《中华人民共和国环境保护法》，提出了环境保护的基本方向：“保护和改善环境，防止污染和其他公害，保障公众健康，推进生态文明建设，促进经济可持续发展。”③《中华人民共和国森林法》规定其基本目标为“保护、培育和合理利用森林资源，加快国土绿化，发挥森林蓄水保土、调节气候、改善环境和提供林产品的作用，适应社会主义建设和人民生活的需要”④。《中华人民共和国清洁生产促进法》规定：“促进清洁生产，提高资源利用效率，减少和避免污染物的产生，保护和改善环境，保障人体健康，促进经济与社会可持续发展。”⑤即便

① 《中华人民共和国婚姻法》，第一章第一条。

② 《中华人民共和国婚姻法》，附则、第二十六条。

③ 《中华人民共和国环境保护法》，第一章第一条。

④ 《中华人民共和国森林法》，第一章第一条。

⑤ 《中华人民共和国清洁生产促进法》，第一章第一条。

不含地方性法规，关于环境保护的法律法规亦有上百部，基本上形成了全覆盖的环境保护局面，为大多数行业的节能环保提供了方向。从以上条款可以看出，环境治理总是与经济发展，与人的发展紧密联系在一起，任何的环境治理都是为人类社会服务的。

同时，推进绿色发展的立法工作仍然有进一步发展完善的空间。第一，随着经济社会发展的推进，法律不能覆盖的产业行业会随时出现，中央及地方立法部门要及时关注并制定相应的法律法规。新兴行业由于缺乏政策引导与法令制约，主要由市场机制调配资源，很容易出现野蛮生长的情况，这种短时的异化投资与消费会直接或者间接地破坏生态环境。近年来快速发展的新兴行业已经深刻地印证了这一点。以深入群众生活的外卖行业来看，巨量的外包装在生产和处理过程中造成重大的资源浪费和环境污染。再以高科技的新能源产业为例，由于法律法规不健全，导致没有核心技术的企业大量涌入，生产的新能源车辆在舒适性、续航能力、耐用程度等方面均不能满足人的基本需要，既是对资源的严重浪费，也会透支人民群众对新兴产业的支持。加强环保立法就是要起到引领作用，要在某个行业发展之初预估其发展情况，积极的从法治角度进行规范。一旦大规模的资源浪费与环境污染出现，就会加大治理的难度。

第二，对低能耗排放产业发展的立法尚不能满足需求。“十三五”规划中专门提出发展绿色环保产业，将环保产业的建设提升到治国理政的新高度。但是尚未有专门的针对环保产业的立法，也就无法界定环保产业的范围、发展方向，以及各级政府的支持力度，不利于提高企业的积极性。另外，关于高科技企业创立和发展，传统产业技术升级等相关的法律法规也不甚完备。虽然关于科技发展的法律法规比较多，比如，《中华人民共和国科学技术进步法》规定了科学技术在现代化建设中的优先发展地位，但是尚未颁行更加明晰完善的单行法。由于法律法规相对不完善，而且现有的某些规定又缺乏约束力，甚至会朝令夕改，就不利于为高科技企业创造良好的政府支持环境、融资环境，也不利于相关企业的发展。

第三，对不符合新时代绿色发展的法律法规进行修订。有的法律法规颁布时间较早，甚至是 20 世纪 80 年代颁布的，其中提出的思想与举措已经严重不符合快速发展的新时代中国社会。如果法律法规条文对于补偿或者奖惩额度较低，就不利于发挥法律法规的调控作用。比如《中华人民共和国防沙治沙法》是 2003 年开始实施的，《山东省建设项目环境保护管理办法》从 1987 年实施后一直沿用 30 年，直到 2017 年才重新修订。由于改革开放以来，中国经济社会迅速发展，物质财富迅速增加，导致某些长时间未经修订的法律法规对违法行为的财产处罚金额过低，因为违法成本低，所以就起不到震慑作用。比如 1983 年颁布的《中华人民共和国海洋石油勘探开发环境保护管理条例》中关于违法处罚的条款：（一）对造成海洋环境污染的企业、事业单位、作业者的罚款，最高额为人民币十万元。（二）对企业、事业单位、作业者的下列违法行为，罚款最高额为人民币五千元：1. 不按规定向主管部门报告重大油污染事故；2. 不按规定使用化学消油剂。（三）对企业、事业单位、作业者的下列违法行为，罚款最高额为人民币一千元：1. 不按规定配备防污记录簿；2. 防污记录簿的记载非正规化或者伪造；3. 不按规定报告或通知有关情况；4. 阻挠公务人员或指派人员执行公务。① 以上罚款额度在 20 世纪 80 年代初期尚可算作高额，而在今天已经无法起到有效的惩戒作用。这些情况决定了修订现行法律法规的必要性与紧迫性。只有加紧修法，才能使法令条文更有针对性的指导当前的环保工作。只有加紧修法，才能在一定程度上制止资本暴力谋取剩余价值的冲动。

---

① 《中华人民共和国海洋石油勘探开发环境保护管理条例》，第二十七条。

总之根据实际情况修订已经颁布的法律法规，颁布新的法律法规，使得法律法规真正起到规范人的行为，惩罚破坏环境的违法行为，保护鼓励人民自觉守法，自觉维护生态平衡的作用。

（二）要明确责任，奖罚分明清晰，公正司法，保障法律法规的执行与尊严

执法司法实践中需要解决的问题很多。第一，我国环境执法机构设置不合理。环境保护执法对知识素质的要求非常高，但是在现实中，中央和省市执法力量雄厚，区县执法力量薄弱，乡镇一级甚至没有执法人员，呈倒金字塔结构。事实上，农村和城郊的污染状况最为严重，基层执法力量的不足，导致环境法律实施困难。对此，加强环境执法队伍建设特别重要，要利用学习培训等方式加强对基层执法人员的培养，使他们的意识能力迅速提高。还要通过政策引导、收入提高等方式吸引越来越多的大学生加入基层执法队伍。还要加强基层执法队伍的硬件建设，提高其执法能力。

第二，个别地方政府干预环境保护执法的现象依然存在。在个别地方，经济欠发达，即便是高能耗高污染企业也是当地解决就业、促进经济发展以及纳税的重要力量，这就导致出现个别地方政府干预环境治理执法的情况。对此，要建立地方政府与执法力量相对独立而又密切合作的机制，真正理顺关系。二者相对独立才能保证执法队伍公正执法，严格执法，互相合作才能使执法队伍了解地方政府保证民生的执政目的，地方政府才能深刻理解环境保护的紧迫性和必然性。其中，最重要的是改变某些地区产业单一的情况，真正建立绿色发展机制，改变以高能耗高污染单一产业为主的发展布局，才能有效破除这一困局。

第三，某些法令条文造成司法实践的困境。法令条文以言简意赅为重要标准，但是有时确实造成司法上的困境。比如《最高人民法院关于审理环境民事公益诉讼案件适用法律若干问题的解释》规定了社会组织

不得借公益诉讼牟取经济利益[①]。但是在司法实践中，有时很难分清“牟取经济利益”和“维持生存”。这就要求提高司法实践中的主动性和创造性，以上述案例为例，由于不同地区的经济发展水平不同，最低工资标准不同，因此司法实践中要根据实际情况正确区分“牟取经济利益”和“维持生存”的区别，而不能一刀切，一味地以法令条文限制而不作为是错误的。

面对环境保护立法执法司法中的困境，加强立法执法司法已经成为社会可持续发展的迫切要求。首先，要根据新情况和新问题，并借鉴西方发达国家的经验教训，对相关法律法规进行完善修订，为民众守法和环保部门执法确定明确的目标和方向。其次，要建立一支专业的执法队伍。由于在一个较长的时期内环保部门处于弱势，导致执法力量建设也比较落后。因此，加强执法司法队伍建设就成为推进绿色发展中的迫切任务。再次，要提高各级领导干部的法治理念。“党的领导干部既是法律的制定者，更是法律的执行者。他们法治理念的高低决定着社会治理的成效，决定着社会治理进程中的法治化水平。提高社会治理法治化水平，关键看各级领导干部的遵法与执法水平。”[②]各级领导干部法治理念的提高，将进一步提高党践行绿色发展理念的能力和水平，加快绿色发展进程，加快推进富强民主文明和谐美丽的社会主义现代化强国的建设进程。

三、建立科学的考核指标体系，为绿色发展指引方向

考核是上级对下级关于目标任务（尤其是近期目标任务）完成情况

① 《最高人民法院关于审理环境民事公益诉讼案件适用法律若干问题的解释》，第三十四条。

② 马德坤：《习近平关于社会治理的理论创新与实践探索》，《中国高校社会科学》2017 年第 3 期。

的考查。设立科学的考核指标，有利于下级确定明确的工作目标，并作出成绩，设立考核目标，并作为干部的选拔依据，有利于调动下级各部门的积极性及竞争性，既有利于社会发展，也有利于干部的平稳晋升。在中国特色社会主义建设中，虽然我们的总体目标是促进人的全面发展，满足人的各项民生需要，但是这种目标又可以分解为各级各类小目标，而且根据不同的社会发展阶段，有轻重缓急之分。

改革开放以来，为了适应经济快速发展，经济总量快速增加的需要，党对各级干部的主要考核指标即为 GDP，以此为基础又可以分为工业产值、农业产值、人均收入等诸方面。虽然在官方的文件中并未正式承认以 GDP 作为主要考核指标，但是从实践中可以看出 GDP 较高地区提拔起来的党政领导干部比例更高基本印证了这个问题，这种考核体系激发了党政干部推进本地区经济发展的积极性，当然不可否认其中的不足也非常明显。比如，个别地方政府为了提升 GDP 而不合理的开发利用自然资源，甚至出现地方政府干预环保部门调查执法情况。如果说在刚刚开放初期这种情况有其存在的必然性，在社会主要矛盾发生历史性全局性变化的新时代，这种做法无异于涸泽而渔。面对绿色发展日益凸显的新时代，必然要求转变中央对地方的考核指标体系，推进美丽中国建设。

总体来说，从根本上改变传统的以 GDP 增长作为干部考核的指标，而将绿色发展的一揽子方案设计成一个科学而有效的考核指标体系，确定各项指标在其中的分量和比例，使各级党政干部逐渐改变僵化地看问题的思想，从根本上改变唯 GDP 的思想，并且综合全面的分析社会发展情况。

（一）保证经济发展情况在整个指标体系里占最高权重

经济发展情况代表了人类改造自然、创造物质财富的能力，是衡量人类社会发展程度的最基本依据，经济发展情况决定了人类自我满足、自我实现的情况。

首先，物质生产是人类最基本的生产部门。物质需要是人类最早出现的生理需要，也是人类最基本的生存需要。随着社会发展，人类对物质生产的需要没有止境，从采摘狩猎到畜牧农耕，再到工业大生产，人类的物质生产由于人的需要而不断发展，在量与质的需要上持续提高。在这一进程中，人民在实现自我满足的同时，不断产生新的物质文化需要，这种需要通过经济发展进一步满足。物质生产能力是衡量一个国家和地区发展程度的最基本依据，虽然当前综合国力的竞争包括经济、政治、文化诸方面，但是最基本的物质生产情况决定了其他诸方面。一个经济发展迅速的国家必然在国际社会上享有越来越高的地位。

绿色发展理念是一个推进经济社会可持续发展的发展观，因此促进经济发展是其应有之义，而其中的环境治理是实现经济社会发展的有效手段，这就决定了经济发展必须占最高权重。再加上满足人的各层次民生需要经济发展，解决各种社会矛盾需要经济发展，因此在考核指标中必须重视各产业产值的增量问题，否则就会造成社会的倒退。

（二）根据主体功能区建设规划进行考核指标体系的设计

主体功能区建设是推动社会可持续发展的重要实现路径，由于各地生态环境、能源储备、交通情况等存在重大差异，根据当地生态情况推进产业发展，既可以发挥当地的资源优势，而且有利于保护当地环境，促进社会发展。

党在新时代推进主体功能区建设着眼于不断解决新时代的社会主要矛盾，推进形成全国环境的治理与平衡。具体来说，主体功能区建设规划以生态环境的容纳度为基础，要求当地根据实际情况发展第一、二、三产业。主体功能区建设规划要求从国家层面进行产业统筹布局，而不是要求各地都实现三个产业均衡发展。主体功能区建设规划要求在指标体系中注重高科技的利用率，注重不同产业发展对民众收入的影响，进而满足民众的需求。

（三）把环境保护作为考核的重要指标

保护环境就是保护生产力，只有真正把环境治理好才能推进经济可持续发展。环境的治理程度直接关系到经济发展程度。观察世界上发达国家和地区，其生态环境普遍优于快速发展的发展中国家和地区。

环境保护与治理是经济社会可持续发展的基础，以其为基础建立考核指标引导党政领导干部重视环保的积极性，是推进制度建设的应有之义。首先是要鼓励各级党政领导干部积极推进企业采用新技术或者进行技术升级。指标体系要明确地方政府在环境保护中的主体地位，进而必然能激发其积极性，并在这方面提高各级党政领导干部为企业尤其是为高科技企业服务的意识。其次是要核定地方的环境治理具体指标。在环境污染日益严重的情况下，超过自然环境可容纳度的情况比较普遍和突出，因此加强治理考核就非常重要。要注意对污染严重群众反映强烈的问题进行治理，推动各地切实提出有效的治理措施与路线图。

（四）以人民群众的满意度作为最根本的考核指标

在资本主义国家，任何的发展都是为资产阶级服务的，因此其推进环境治理虽然在一定程度上满足了人民对优美环境的需要，但是在本质上仍然是为了满足资产阶级持续获利的需要。中国共产党以马克思主义为指导，其领导中国革命与建设，最根本的是要满足人民群众的需要，因此就决定了以人民群众是否满意作为最根本的评价标准。

随着经济社会的迅速发展，人民群众的需要发生重大改变，不仅有由量到质的持续提高，而且需求的范畴日益扩大，因此对人民群众的满意度进行调查，既要涵盖其民生需要的各个方面，进而考核指标设计要能综合反映民众的基本情况，同时又要充分调研人民群众的各个群体，各个阶层的不同需要，由于民众的收入不同，知识结构不同，职业不同，其民生需要也不尽相同，比如高收入群体更加重视物质需要上质的提升，低收入群体更加注重物质需要上量的提升，一定要防止少数既得利益群体把持话语权，使党难以听到人民群众的声音，还要防止既得利益群体利用自己的话语权以少数群体的诉求影响普通民众的思想。另外，关于人民满意度的调查要由第三方非盈利机构开展，既防止公权力影响调查的公信力，又防止调查结果被既得利益群体左右。

四、提升政府行政能力，为绿色发展注入动力

现代社会的发展要求政府发挥关键性的调控作用，因此党政机关在新时代如何提升推进绿色发展的行政能力就成为非常重要的问题。

（一）中国党和政府的行政能力不断提高

中国党政机构的组织形式，决定了中国政府能够更好地调控经济社会发展，进而实现经济社会发展目标。

中国共产党特别重视对社会主义建设事业的领导，特别重视政府对社会发展的整体规划与调控。中国共产党成立以来，党的领导能力，政府的行政能力经历两次飞跃式发展。第一次是从局部执政到全国执政。由于社会主要矛盾及其他矛盾发生重大变化，从原来的在贫困落后地区执政到开始管理大城市，从主要面对农民与地主，到开始关注城市工人的利益以及私人资本家的需要。面对新形势，党重视调查研究，提出不少新理论，促进了马克思主义与中国实际第二次结合。不但在理论上提高了政府的行政能力，而且在实践中维护了社会稳定，促进了经济发展，满足了人民需要。第二次飞跃是从“计划经济”到社会主义市场经济。改革开放以来，中国与资本主义世界体系的联系越来越密切，在不断完善社会主义市场经济体制中，党和政府逐渐学会与资本打交道，学会为资本的正面作用服务。各级党政机关及党员干部都有针对性的提高

自己的行政能力，促进改革开放顺利推进。比如改革开放初期，由于当时中国各级官员对国际习惯不了解，而国外对中国的情况也不了解，所以一开始的招商引资大费周折。由于地方政府全力为招商引资服务，创新制度建设，创造了良好的生产环境，解决了企业的现实困难，促进了经济社会的发展。

（二）深化行政体制建设，提高政府推进绿色发展的行政能力

中国共产党领导的社会主义政权具有相当高的行政能力，可以根据时代变化，不断学习新事物，以集体的力量为社会发展注入动力。在绿色发展的背景下，党政机关必须进一步加强学习，提高推进绿色发展的行政能力，为绿色发展注入动力。

第一，各级党政机关要深化对绿色发展理念与实践的理解，加强队伍建设，组成一支核心的领导力量。首先是要充分理解我国绿色发展理念的本质及其与环保理念的关系，与外国发展理念、环保理念的异同，树立可持续发展的决心和信心。其次要加强相关人才队伍建设。地方党政机关在一个相当长的时期内习惯于粗放型发展方式，尤其是关于环境治理的专业人才匮乏，既欠缺专业性，又欠缺严谨性，不利于服务当地环境治理，不利于推进当地绿色发展，要采取引进与培养并举的方式逐渐解决这个问题。

第二，各地各级党政机关要群策群力推进绿色发展。绿色生态与经济发展是辩证统一的，决不能在实践中形成难以融合的两张皮，比如环保部门专管环境治理，其他机构专管自己负责的经济建设相关工作。既要绿色发展专业化，又要绿色发展综合化。改革开放之初，各地为了适应经济发展的新形势，不但成立了专业化的招商部门，而且为每个职能局甚至四大班子分解招商任务，奖惩结合，以奖为主的方式引导整个党政机关为招商引资服务。在绿色发展实践中，只有当地主要领导干部起到模范带头作用，才能创造良好的绿色发展环境，并

化解经济发展与绿色环保两张皮的情况。同时，相关经济部门在工作中牢记环保，环保部门在环境治理中牢记社会承受力及民生需要，实现二者的良性互动。

第五节　发展绿色文化，为贯彻绿色发展理念注入动力

广义的文化是指人类在社会发展实践中创造出来的物质财富、精神财富等一切内容的总和，狭义的文化是指社会发展中在一定的物质基础上形成的社会精神生活形式的总和，主要包括社会意识形态以及与之相适应的制度、组织等。我们所说的文化一般指狭义的文化，有什么样的物质基础就要形成什么样的文化，同时，文化又具有相对独立性，在一定的时间和限度内，它可以落后或者超越社会物质基础，当然进而就会限制或者促进社会生产力的发展。先进的文化是推动社会发展的巨大精神动力。建设先进的绿色文化，有利于践行绿色发展理念。

一、绿色文化建设的重大意义

绿色文化是适应我国社会生产力水平的，同时绿色文化又与社会主义文化的发展逻辑相适应。推进绿色文化建设有利于践行绿色发展理念。

第一，绿色文化能够起到整合作用，凝聚人民群众关于绿色发展的思想共识，促进建立共同推进绿色发展的合作机制。人具有社会性与个体性相统一的特点，对于一个人来说，他首先会关注自身个体的利益，甚至是自身个体的短期利益、暂时利益，这就需要一种文化认同将每个个体的利益整合起来。如前所述，人民群众的每个个体对绿色发展的理

解与诉求是不同的，或者因为经济收入的差距，或者因为是否占有资本的区别，或者因为知识水平的差异。如果任由这种差异发展，或者造成不同利益群体之间的冲突加剧，进而阻碍绿色发展的推进，或者导致强势群体引导贯彻绿色发展理念走向片面化，进而无法实现绿色发展的基本目标。通过绿色文化将人民群众的发展观与生态观统一起来，将短期的发展利益与长期的可持续发展利益结合起来，形成践行绿色发展理念的合力，有利于实现绿色发展的价值目标。

第二，绿色文化能够起到积极的导向作用，它引导人们形成正确的价值观。绿色文化影响着人们对绿色发展的理解，如果不能积极地发展科学的绿色文化，思想阵地就有可能被错误思想占领，进而引发不利于绿色发展的理论与实践。当前，社会上某些片面的抽象的环保思想对普通群众的影响不容小觑，比如不少人仍然没有摆脱对化工产业高污染的传统思维，某些片面宣传甚至夸大宣传国内污染情况及危害的文字、视频在网络上疯狂传播，在中国在全球环境治理外交中谋求排放权和发展权的背景下，不明真相的群众很容易被错误思想所迷惑，进而严重影响了中国维护国家利益，在外交中拓展中国发展空间的外交努力。发展绿色文化就是要使民众对发展问题、环保问题有一个科学的认识，进而形成正确的行为选择，坚决维护我国绿色发展的权利和方向。

第三，绿色文化能够传承新时代的发展观，为可持续发展注入不竭动力。文化具有稳定性、传承性和发展性，同时践行绿色发展理念是一个需要全中国人民长期艰苦努力才能完成的任务，绿色文化能够为这个过程源源不断地注入动力。今天，我们创造性建设绿色文化，也必将向未来向子孙后代传承绿色基因，他们不但认同和共享上一代的绿色文化，而且能够根据新形势、新问题、新情况进一步发展绿色文化。这将进一步保障中国人民推进绿色发展的延续性和可持续性，有利于一代又一代中国人为中华民族的伟大复兴做出贡献。

第四，绿色文化能够维护绿色发展的良好秩序，形成一个稳定的和谐的绿色发展环境。首先，绿色文化制约了政府、企业和个人的行为，政府不再急功近利地追求GDP增量，企业也在能耗排放方面自我约束，个人形成良好的消费理念，共同建设节约资源、循环利用资源的绿色发展社会。其次，绿色文化也形成了社会对错误思想的监督矫正机制。要监督资本的暴力增殖属性，监督个别企业高能耗高排放的现象，监督异化消费的思想导向。可以说，绿色文化是法律法规之外的另一层重要保障，有利于绿色发展实践顺利展开。

二、中国发展绿色文化的现实基础

虽然绿色文化对贯彻绿色发展理念意义重大，但是从中国的文化建设现状来看，尚存在不少挑战。

第一，绿色文化的基础——社会主义文化——建设相对落后，不利于绿色文化的构建与发展。中国共产党向来重视思想文化建设，改革开放以来就提出了“两手抓，两手都要硬”的思想，但是相对于经济建设方面的发展速度，社会主义文化建设滞后明显，相对于发达国家的文化建设，中国社会主义文化建设的基础以及政策策略都较为落后。中国共产党一度对物质生产的重视程度超过精神文明建设，比如从管理国家事务的职能部门来看，与经济发展有直接联系或者间接联系的要远远多于文化发展相关部门，而且在发展实践中可见不少文化相关职能部门的级别、发言权均较低。当前是一个资本主义制度占据统治地位的时代，资产阶级的文化建设经历了几百年的发展历史，不但已经形成了在世界占主导地位的局面，而且其政策策略也比较符合资产阶级文化发展规律。反观中国，由于政策策略方面的欠缺，导致中国的文化建设受到资本主义文化的很大冲击，挑战严峻。比如20世纪80年代出现了资产阶级自由化的思潮，后来又有历史虚无主义的泛滥，这些都不利于绿色文化建设。

第二，绿色文化建设欠缺发展实践基础。社会存在决定社会意识，有什么样的社会发展实践就会形成什么样的文化，而且实践越丰富，文化的内容就越丰富，越能够形成规律性的认识。改革开放以来，长期的关于粗放型发展的文化意识在中国占据主流，这种文化向绿色文化转型，是一个长期的过程。另外，中国绿色发展实践尚没有形成完善的理论和实践路径，也不利于绿色文化的形成。中国高端产业占比较低，高能耗高排放产业占比较高，低端产业向高端产业发展需要一个过程。在这个过程中，将会不断显现资金、技术、民生满足的欠缺，以及利益博弈等诸多问题。这些问题都将对绿色文化建设造成不利影响。当然，解决这些问题的过程也是推进绿色文化建设的过程。

第三，人们的知识水平也限制绿色文化的建设。绿色文化是一种包含经济学、政治学、文化学、马克思主义等学科知识在内的综合性思想理念，对人的知识水平的要求比较高。首先，中国的高等教育普及程度较低，进而严重限制了人们对绿色发展理念的理解，很多人纯粹从环保的角度理解绿色发展理念，甚至一些学者虽然将其理解为发展观，但是在潜意识里仍然主要从环保的角度进行阐释。另外，高等学校的教育教学质量参差不齐，有的高等学校师资短缺，不能为大学生创造较好的学习氛围和学习资源，这也严重限制了大学生知识素质的提高。其次，中国的高等教育重视专业及外语学习，而不重视通识教育，也包括马克思主义相关教育需要不断加强，这些导致大学生对绿色发展理念及相关知识的理解认识呈现碎片化，而系统性逻辑性较差，很容易遭到错误思想冲击而瓦解。如果从全国的角度看这个问题，接受高等教育的人口占比较低，中国人的知识基础整体还较薄弱。

机遇与挑战并存，中国的社会发展实践以及马克思主义指导地位为推进绿色文化建设提供了诸多有利条件。

第一，以马克思主义为指导保障了绿色文化的发展及其方向。马克思主义政党向来善于进行思想文化建设，中国共产党领导中国革命与建设取得重大胜利，一个重要的原因就是党狠抓思想文化建设，激发了人民群众参与革命和建设的积极性以及必胜的信心。在新时代，党关于贯彻践行绿色发展理念的宣传实践日益完善。首先是以习近平同志为核心的党中央高度重视，在重要会议上积极推进、协调各级政府制定政策。其次是党媒集体发声营造绿色发展的舆论环境，不但关注各地方的绿色发展政策，更加强调媒体在其中的监督职责。再次是环保部门积极作为，对大企业的污染行为敢于亮剑。复次，学者从历史、现实，国内、国际辩证统一的角度研究绿色发展的理论与实践。以上举措有利于提高人们对绿色文化建设的认识，提高人民群众推进绿色文化建设的自信与自觉。

第二，中国经济社会发展程度、发展阶段是建设绿色文化的经济基础。虽然当前中国经济基础较之发达国家较差，但是它主要限制了绿色文化的建设速度，并不是说绿色文化不能建设。同时，中国经济社会仍然处于世界罕见的中高速发展阶段，涌现出一大批高科技的创新型企业，而且军事科技的井喷式发展也为未来转民用提供了光明的前景。这种经济基础，必然会推进企业向低能耗排放的产业升级发展，必然引导人民群众形成健康合理的消费需要，必然有利于绿色文化建设。

第三，人民群众多层次美好生活需要的满足有利于绿色文化建设。随着人民群众生活水平的提高，我国社会主要矛盾发生历史性全局性变化，人民群众的需要也向多层次多领域发展，比如，关于先进文化的需要越来越强烈，质量越来越高。同时，人民是历史的创造者，必然也是文化建设的主体，当人民的美好生活需要得到满足，必然能够提高人民参与文化建设的能力与自觉，进而有利于绿色文化建设。

三、中国建设绿色文化的对策

绿色文化，重在建设，只要抓住有利条件解决挑战性问题，就能够尽快形成人人关注、支持、理解的绿色发展的文化氛围。

第一，建设绿色文化关键在党。群众路线是党工作的基本方法，不管是革命战争年代，还是社会主义建设时期，党之所以能够找到走向胜利的正确道路，就是因为在马克思主义指导下，向群众学习，向群众取经，坚持从群众中来到群众中去，在党群关系密切联系中开展思想政治教育，切实提高广大人民群众的理论水平和实践水平。建设绿色文化，广大党员干部必须与人民群众打成一片。首先是要关注绿色文化建设的现实困难，进一步拉近党群关系，干群关系，逐渐消除少数民众对党和政府不信任的情况。其次是要根据人民群众实际情况开展绿色发展理念的宣传。绿色发展实践，尤其是环境保护治理，必须会影响到部分民众的既得利益，甚至影响到部分民众需要的满足，影响到部分民众的生活水平。党员干部要深入了解，未雨绸缪，对影响到的生活问题要积极解决，对负面影响要有预判，从长远、全局的角度进行思想政治教育。再次，要帮助落后地区合理开发利用自然资源，引导他们践行绿色发展理念，在保护环境中增加收入，进而提升其对绿色发展的认识。

第二，建设绿色文化必须积极发展教育事业。青年学生是社会中思想比较先进的群体，能够引领社会的发展方向。引导青年学生形成自觉的绿色文化，有利于全社会的绿色文化建设。推进青年学生形成自觉的绿色文化必须加强学校教育，最基本的是要加强青年学生的马克思主义素养，为他们深刻理解该理念奠定思想基础。这必然要求教育工作者能够在课堂上准确宣传绿色发展理念及其实践的相关知识。在课堂外，要引导学生形成积极向上的文化生活。当前高校的大学生社团，以娱乐为目的的社团及活动较多，真正带有社会关怀意识的社团占比很少。以山东济南某高校为例，甚至以前经常举办的关于中国革命重大事件的纪念活动也日渐停止。学生没有社会关怀意识当然就不能深刻理解社会发展中的矛盾与诸问题。他们会喜欢蓝天白云，山清水秀，但是又很难自觉地意识到“饿肚子”欣赏蓝天白云就是社会的倒退，也不符合人类社会的根本利益。

第三，要在绿色发展实践中构建绿色文化。人类的社会发展实践是构建绿色文化的基础。如前所述，中国改革开放以来的高速发展为构建绿色文化奠定了一定的基础，在此基础上，进一步推进绿色发展实践能够加快绿色文化建设。绿色发展实践有利于中国高端产业的发展，有利于在社会发展实践中形成解决环境问题发展问题的策略方法，形成全社会民众受益的局面，必然有利于民众形成自觉的绿色文化。

第四，构建绿色文化必须坚决反对资产阶级文化的冲击。由于西方发达国家，掌握世界舆论的话语权，并熟悉各种宣传策略，造成资产阶级价值观严重冲击社会主义文化建设的局面。资产阶级价值观本质上是唯心主义的，受其影响的民众自然不能形成对绿色发展的正确认识。资产阶级价值观是为发达资本主义国家服务的，其目的就包括消解中国人的文化自信与文化自觉。在绿色文化的建设中，比较直接的是反对资产阶级价值观主导的自然中心主义思想。自然中心主义在自然观上犯了机械唯物主义的错误。在人与自然关系上，虽然自然中心主义思想强调自然的客观性，有其发生发展的规律，但是又认为人类无能、无知，否认人的主观能动性，否认人的理性思维。自然中心主义将自然规律设定为人类无法了解、认知并把握的神秘力量，是一种新式的不可知论，并最终会滑入唯心主义的深渊。构建绿色文化当然要揭露自然中心主义思想的缺点与不足。首先，自然中心主义割裂了人类与自然的联系。人类与自然的关系是辩证统一的，人类谋求自身发展必然受制于自然环境，同时在这一过程中，人类也不断审视生态问题，并提出保护、修复自然环境的思想与技术。自然中心主义将环境破坏完全归咎于人类掠夺是片面的。从地球发生发展的历史来看，地球曾经经历很多次大破坏甚至生命灭绝，以我们熟知的恐龙灭绝原因为例，就有陨石碰撞说、气候变迁说、物种斗争说、大陆漂移说等。自然中心主义者认为人类对环境只有掠夺也是错误的。在20世纪，确实由于人类的工业建设造成环境的巨大危机，但是也不可否认，人类社会已经形成保护环境的共识，正逐渐形成环境问题的全球治理实践，当然消除其中关于环保的争议也需要一个过程。由上述可见，自然虽然先于人类社会存在，但是其无法自我保护，同时，人类正在逐步构建保护自然的机制。其次，自然中心主义割裂了经济发展与环境保护的关系。经济发展与环境保护是辩证统一的，人类在推进经济发展的过程中不断提升自己保护自然的能力。自然中心主义者过分渲染人类为经济发展而破坏自然环境的一面，同时却弱化甚至不承认经济发展提升了人类保护自然环境能力这一事实。当我们将资产阶级文化，尤其是其中有关环境治理思想的不足与错误彻底揭露，必然起到解放人的思想作用，进而有利于绿色文化建设，并为贯彻绿色发展理念注入动力。

第六节　发展绿色科技，为贯彻绿色发展理念提供支撑

马克思恩格斯就已经认识到科学技术是生产力。到今天，更是成为第一生产力。因此，发展绿色科技将为践行绿色发展理念提供基本支撑。

一、科学技术是第一生产力

生产力包括三要素：劳动者、劳动工具和劳动对象，科学技术与三要

素充分结合，就会变成直接的生产力因素。科学技术被劳动者掌握就促进了劳动者方面生产力要素的发展，科学技术转化为更先进的劳动工具便提高了人类利用自然的能力，同时科学技术也为人类开拓了更广泛的劳动对象，丰富了人类生活。马克思就说：“大工业把巨大的自然力和自然科学并入生产过程，必然大大提高劳动生产率。”①

人类社会生产力的每一次飞跃都表现为科学技术的发展飞跃。在古代社会，不管是青铜工具的普及还是铁制工具的大量使用，都因为冶炼技术的提高以及成本的降低，进而提升了人类社会开发利用自然的能力和范围，创造出更多的社会财富。随着自然科学冲破宗教束缚迅速发展起来，并引发了改变世界的工业革命，推进了人类社会生产力的飞跃式发展。今天，科学技术对生产力的渗透发展到前所未有的程度，甚至没有科学技术就不会有社会生产力的发展，因此邓小平提出“科学技术是第一生产力”的思想，进一步发展了马克思主义科技观。

首先，科学技术对经济发展起着首要的变革作用。现代科学技术以各种形式渗透到社会生产活动的各个方面各个环节。从资源开发到社会生产，再到营销消费，都因科学技术的发展而发生质的改变，可以说社会的经济结构、劳动结构、产业结构、经营方式、消费模式都因科学技术发生了翻天覆地的变化，同时也推进经济社会进一步发展以适应人的新需要。

其次，科学技术在生产力诸因素中起着第一位的作用。科学技术以空前的发展规模和速度将生产力诸要素整合成一个复杂的体系。科学技术不但作用于生产力诸因素，更是体现为直接的生产力。从世界各国的发展进程也可以看出，社会生产力发达的国家和地区莫不是科学技术发达的国家和地区，因此我国财政在科学技术上的投入也越来越多。

---

①《资本论》第一卷，人民出版社2004年版，第444页。

再次，科学技术使管理日益科学化，也促进了社会生产力的发展。生产力发展要求诸要素之间有机结合，互相配合。比如实现物的因素与人的因素的有机结合，而管理则是其中的关键。现代科学技术的广泛应用，提高了劳动者的反应速度和能力，加快了生产进程，提升了生产效率。

二、绿色科技是对科学技术的丰富，是对人类科技观的发展

科学技术是为人类服务的，在不同的社会发展阶段，由于人类的需要不同，科学技术的属性也不同。新时代，绿色科技是根据人类的新需要而对科学技术的进一步丰富。

第一，绿色科技是新时代对科学技术的发展。人类社会总是向前发展的，科学技术也是不断发展的。当前推进绿色科技发展是人类推进科技发展进步的一个必经阶段。绿色科技是对已有科学技术的完善、补充和创新，也为科学技术的进一步创新发展奠定了新基础。

第二，科学技术的发展推动人类由粗放型开发利用自然转向节约能源，保护治理环境，维护生态平衡。这是由人类社会的需要决定的。长期以来，人类社会的物质财富贫乏，再加上贫富分化等因素，群众的基本需要不能得到满足，再加之资本暴力增殖属性的影响，传统的科学技术主要以提升人类开发利用自然的能力为主。今天，生态环境遭到破坏，影响人的发展，当人类社会的根本利益遭到损害，必然要求形成推进绿色发展的共识。第二次世界大战以后，随着军事技术逐渐转为民用，绿色科技首先在发达国家受到重视，并形成产业化发展。中国发展绿色科技也体现了低能耗排放的要求，标志着科学技术发展目标的转变。

第三，绿色科技的发展将改变人民群众的科技观。科学技术是第一生产力，并不是科学技术决定论。有人提出科学技术的两面性也是不正

确的，而且这种观点影响很大。通过发展和宣传绿色科技，有利于逐渐改变人民群众对科学技术的错误看法。首先，绿色科技发展坚决反对科学技术决定论。科学技术决定论认为人类可以通过发展科学技术完全掌握自己的命运，而忽视了自然界的发展规律。发展绿色科技就是要不断宣传绿色科技，使人们认识到只有尊重自然、依托自然界发展规律的科学技术才是推进人类可持续发展的绿色科技。其次，绿色科技有利于改变人类关于科学技术两面性的观点。很多人认为科学技术既推动了人类社会的发展，又提高了人类自我毁灭的能力，比如，不少人经常以核能的开发利用论证科学技术的两面性。这是必须要驳斥的错误观点。科学技术之所以出现“两面性”不是因为科学技术本身，而是因为生产关系。在阶级社会，科学技术要满足统治阶级的物质欲望，因此科学技术不但要推动人类经济社会发展，还要满足统治阶级维护阶级统治甚至对外扩张的欲望，因此科学技术就成为发动战争的武器。比如，核能解决了人类发展中的一部分能源问题，同时美国的核武器也维护了美国的霸权，导致其不断地对世界其他国家进行掠夺。到共产主义社会，在人人平等的生产关系下，科学技术为全人类服务，必然能消除其“两面性”。在当前中国，社会主义制度决定了发展绿色科技首先要为人民群众和社会发展服务必然能够为贯彻绿色发展理念提供支撑。

三、中国发展绿色科技的条件

改革开放以来，随着中国经济社会及科学技术的快速发展，当代中国比以往任何时候都接近绿色发展，中国已经在一定程度上具备了发展绿色科技的条件。

第一，中国的快速发展为绿色科技发展奠定了经济基础。随着科学技术在社会生产力发展中的作用越来越大，各国之间的竞争已经成为发展科学技术之间的竞争，各国争相提高科技投入，使得发展高科技的成本投入越来越高。以美国为代表的发达国家由于科技投入非常大，占据了世界科技的最高峰，并独享科技发达带来的红利。广大发展中国家和地区由于科技投入不足等原因造成科技发展停滞，长期居于世界资本主义生产的底端。中国在改革开放初期也因资金等原因放弃了不少高投入的科技项目。随着经济实力的提升，中国科技投入越来越高，相对应的科技产出也越来越多。

第二，中国教育事业快速发展为绿色科技发展提供了智力资源。教育发展是科学技术发展的基础。由于中国教育基础薄弱等原因，所以到现在尚无法在科技实力上与美国等发达国家比肩，但是也不可否认改革开放后教育事业的发展是迅速的，为绿色科技发展奠定了一定的基础。首先是教育投入越来越多。从中国经济迅速发展的角度来说，每年关于教育事业投入的增量是巨大的。其次，教育的普及程度明显提升。“如今，中国小学学龄儿童净入学率[①]达到99.95%，初中毛入学率[②]超100%。”[③]高中教育甚至高等教育都出现普及化的趋势。在高等教育中，理工科的招生数量庞大，而且社会、学校、师生都特别重视自然科学专业教育，有利于我国绿色科技的发展。

---

① 净入学率是指按在籍户口、当地现行学制和规定入学年龄的适龄人口在校学生总数与适龄人口总数的比。

② 毛入学率主要反映一定程度的学校教育的发展规模和相应年龄段人口的受教育机会。由于在校学生数有可能超过适龄人口数，因此毛入学率有可能出现大于百分之一百的情况。这种情况反映了以下问题：随着人口流动，常住户口非在籍的学生增加；非适龄人口（如未到法定入学年龄或超龄）在学人数增加；在学的超龄人口中留级生数的比例较大，如果是这样的原因，那么它或表明当地由于各种原因而导致适龄新生的入学率较低或学生的留级率较高，从而反映当地政府在组织适龄新生入学中的问题或教育资源的使用效益较低。当毛入学率低于百分之一百时，这就反映当地或未能提供充分的就学机会，或未能采取强制措施组织适龄新生入学，或未能采取有效措施提高学校的办学水平与质量等。

③ 《义务教育入学率近100%，中国为什么能?》，新华网，http://www.xinhuanet.com/politics/2019-09/25/c_1125038016.htm。

第三，中国已经形成鼓励民间创新的机制，有利于绿色科技的发展。绿色科技源于群众的社会实践，只有发挥群众的智力，才能推进绿色科技发展。首先，党向来重视民间的科技创新，并由此颁布了相关的政策与法律法规，比如《中华人民共和国知识产权法》《中华人民共和国专利法》等，以此保证科技创新者的利益所得。其次，中国民间资本过剩，需要找到增殖窗口，绿色科技的发展为民间资本提供更合适的出路。再次，中国人自古以来的家国情怀影响了民间致力于科技创新的积极性和主动性。“国家兴亡匹夫有责”，当前，我们重视传统文化发挥作用，必将影响越来越多的人参与到绿色科技发展创新中。

第四，中国的科研机制为绿色科技发展提供了保障。纵向课题与横向课题相结合，国家课题与地方课题相结合，国家力量与民间力量相结合，有利于中国绿色科技的发展。企业支持科技事业发展是很多国家和地区的重要模式，但是其缺点也很明显。首先是企业的投资有限，再就是资本会影响科学研究的效用，或者成为某些企业的私有技术，另外，一些由外资控股的企业的科技产出并不能直接为中国的发展服务。而纵向课题模式不但可以以国家的力量为重要的科技研发提供支持，而且保证了科技成果归国家所有。国家项目一般着眼于具有全国意义的大型研发项目，地方则可以关注具有地方应用性的科技，中国地域广大，随着主体功能区的规划和建设，各地的绿色科技建设将各有特点并形成风格。

四、中国发展绿色科技的对策

虽然中国已经在某些方面具备了发展绿色科技的条件，但是如果要尽快发展绿色科技，形成绿色发展的良好态势，必须以切实可行的对策促进绿色科技发展。

第一，确定绿色科技发展重点，实行重点突破，以点带面，促进绿色科技发展。虽然我国经济社会飞速发展，科技投入增长迅速，但是相对于我国对绿色科技的需要来说，缺口很大。从国际形势来看，中国作为一个大国只有自力更生才能实现独立发展。在这种情况下，如果四面出击，必然会造成财政投入，科研力量被分散被削弱。这就要求党和国家根据绿色发展的具体要求确定绿色科技的发展重点。另外，科学技术均具有提高生产效率、促进社会发展的作用，但是这并不是说所有的科学技术都可以称之为绿色科技。因此，必须要对绿色科技进行界定，避免各地盲目推进资金投入。

第二，培养高端科技人才。针对绿色科技的界定，培育高端人才及相关产业，使其健康运作发展。我国对科技人才的培养是非常重视的，但是从目前来看，不少科技人才并不能适应现代绿色科技的发展需要，尤其是高端科技人才匮乏的局面比较严重。因此高等学校应该根据现实需要调整招生计划和专业设计，培养更多的服务绿色科技发展的高科技人才。改革开放以来，高校招生专业计划一直随着形势的变化而变化，比如为了加强法治建设为依法治国服务，高校扩大法学类专业招生规模，并招考法律硕士，为依法治国储备了大量人才。为了紧跟经济全球化浪潮，中国高校的外语专业招生规模也非常庞大，并主要学习英语。当前，绿色发展理念是中国在新时代的重要发展理念，绿色科技是中国可持续发展的重要保障，进而就要求高等学校有计划、有步骤地培养绿色科技方面的高端人才。

第三，发展绿色科技要优化科技投入。首先是进一步加强财政投入，支持绿色科技发展。各级财政对科技发展的投入日益增加，但是与发达国家相比还是差距较大。在这种情况下，中央及地方要根据实际情况进一步加大对科技的财政投入，进一步缩小与发达国家之间的差距。其次，要利用财税手段促进企业甚至个人创新发展绿色科技。在当前中国，不但有大量的过剩资本而且有不少富裕起来的群体，只要引导得当，他们将成为推进绿色科技创新的重要力量。

第四，提高引进人才的力度。美国之所以能够成为科技大国、强国，就是因为它能够利用自身优势吸引各国人才。比如二战前后，德国的大批科学家移民美国，有利于美国成为超级大国。后来，美国凭借其富裕和强大成为各国各地区精英的移民目的地。今天，中国已经成为世界最活跃的经济体，中国应该利用这个优势不断吸引人才。首先是中国的快速发展为各国人才提供了实现理想抱负的机会，有利于吸引越来越多的人才来华。其次，进一步为外国科技人才提供良好的工作生活环境和经济待遇促进吸引各国人才。再次，进一步维护社会稳定，把中国建设成为世界上最安全的国家，促进招徕各国各地区高科技人才。

第七节　利用并节制资本：为贯彻绿色发展理念提供条件

资本是社会发展的必然产物，它具有暴力增殖属性，这种暴力增殖属性既在一定程度上推进经济社会的发展，又会引发诸多社会矛盾，资本的暴力增殖属性是全球性生态环境污染问题日益严重的总根源。新时代，要推进绿色发展，既要保护生态环境，又要经济持续快速发展，就要求在利用资本活跃经济属性与节制资本暴力增殖属性之间寻找平衡。

一、资本的双重属性

根据马克思主义政治经济学基本观点，资本是一种能够带来剩余价值的价值，它是一种由剩余劳动堆叠形成的社会权力，它体现了资本家对工人的剥削关系。根据马克思主义基本理论，随着社会关系日益物化，私人劳动和社会劳动分裂，人与人之间的生产关系必然表现为资本和雇佣关系。因此，资本，即是在物的掩盖下的一种人与人的特定的生产关系。我们至少可以从三个方面揭示资本的本质属性："生活本能"——增殖自身，"普照的光"——支配一切的经济权力，"社会属性"——生产关系。①

马克思说："作为资本家，他只是人格化的资本。他的灵魂就是资本的灵魂。而资本只有一种生活本能，这就是增殖自身，获取剩余价值，用自己的不变部分即生产资料吮吸尽可能多的剩余劳动。资本是死劳动，它象吸血鬼一样，只有吮吸活劳动才有生命，吮吸的活劳动越多，它的生命就越旺盛。"②"资本从一开始就不是为了使用价值，不是为了直接生存而生产。因此，剩余劳动从一开始就应大到足以使其中一部分能够重新用作资本。"③ 马克思深刻的描绘了资本在暴力增殖方面的性格。第一，资本的增殖性不受人的意识支配，相反，资本无时无刻不在控制着资本所有者的意识，将资本的增殖性格传导为资本所有者的贪婪性格，也可以说通过资本所有者的言论行为将资本的暴力增殖性格完全展现出来。第二，资本在追求自身增殖的过程中是不择手段的。首先，不顾及劳动者的生存和发展需要，"吮吸尽可能多的剩余劳动"。在当代资本主义国家的政策法律中，都在一定程度上体现出对劳动者的保护，这说明资产阶级也特别警惕资本暴力增殖属性的危害性。资本属于强势一方，极尽可能压低工资，延长劳动时间，而资本主义国家公权力则有其必要的社会管理属性，必须通过对劳动者施以一定程度的保护维护资产阶级的长期统治地位。其次，资本还会将自身增殖与社会发展割裂开来，其促进社会生产的目的是为了自身增殖而不顾这种社会生产是

---

① 李春火：《马克思对资本本质的理解》，《马克思主义哲学研究》2008 年第 1 期。

② 《马克思恩格斯全集》第二十三卷，人民出版社 1972 年版，第 260 页。

③ 《马克思恩格斯全集》第四十六卷下，人民出版社 1980 年版，第 87 页。

否具有社会效益。依照人类社会的基本发展规律，以及国家的本质属性，人类社会总是持续的向前发展，这是符合统治阶级利益的。但是国家政权或者整个人类社会一旦被资本操控便会出现不少偏离社会发展轨道的事件。比如造成世界大退步的世界大战，不管一战还是二战，都是由资本过分追求暴力增殖造成的，资本引发战争的目的为增殖，结果却是导致社会发展倒退数十年。再如遍及全世界的生态环境问题，根源在于资本操控下的人类对自然界的无度开发利用，远远超过人类发展所需，最终也导致生态危机进而严重影响了资本的增殖效率和空间。

马克思说："资本是资产阶级社会的支配一切的经济权力。"①资本的这种权力至少体现在三个方面。第一，资本的权力是一种财产权力，马克思之前的经济学家认为资本有"支配他人劳动的权力"，②马克思进一步将其解释为"无酬劳动"，说："资本不仅象亚·斯密所说的那样，是对劳动的支配权。按其本质来说，它是对无酬劳动的支配权。一切剩余价值，不论它后来在利润、利息、地租等等哪种特殊形式上结晶起来，实质上都是无酬劳动时间的物化。资本自行增殖的秘密归结为资本对别人的一定数量的无酬劳动的支配权。"③资本站在了生产链条的最高端，形成一种赢者通吃的局面。第二，资本的最高权力体现为操纵人类意识。社会存在决定社会意识，资本作为一种客观存在的生产关系必然会形成与之相适应的人类意识。首先，资本决定了人们对资本所有者身份的追求。由于资本所有者享有资本增殖的收益，因此人类在一定时期内的活动就表现为追求成为资本所有者甚至成为唯一的资本所有者。资本之间的竞争是常态，合作的根本目的是为了竞争。其次，资本决定了资本所有者的社会意识。一个人一旦成为资本所有者，其社会意识将完全

① 《马克思恩格斯全集》第四十六卷上，人民出版社 1979 年版，第 45 页。

② 《马克思恩格斯全集》第四卷，人民出版社 1958 年版，第 330 页。

③ 《马克思恩格斯全集》第二十三卷，人民出版社 1972 年版，第 584 页。

资本化，资本所有者的贪婪、不择手段等劣性是资本本质的体现。资本作为一种生产关系极大地改变了人类的性格特点。第三，资本作为生产关系还可以操控国家公权力。首先，资本通过资本所有者控制公权力，资本所有者以统治阶级的面目出现，统治阶级对被统治阶级的压迫和剥削实际上是资本对劳动者“无酬劳动”的占有权力。其次，资本通过自身增殖的属性操控国家公权力。资本增殖对社会意味着财富的增加，这就为公权力与资本勾结或者公权力为资本服务提供了可能性。

与此同时，不得不承认，资本作为一种生产关系，在今天还具有容纳生产力发展的空间。正确发挥资本的增殖属性有利于提高社会生产力并增加物质财富，马克思说：“劳动生产力的发展——首先是剩余劳动的创造——是资本的价值增加或资本的价值增殖的必要条件。因此，资本作为无止境地追求发财致富的欲望，力图无止境地提高劳动生产力并且使之成为现实。但是另一方面，劳动生产力的任何提高——我们撇开它为资本家增加使用价值这一点不谈——都是资本的生产力的提高，而且，从现在的观点来看，这种提高只有就它是资本的生产力来说，才是劳动的生产力。”①

资本的自我增殖属性客观上提高了社会生产力，我们可以从以下几个方面分析。

第一，资本的增殖属性转化为资产阶级追求剩余价值的贪婪性格，于是要求资产阶级根据生产情况积极获取利润。从资本诞生以来，每一次科技进步，社会发展都与统治阶级追求剩余价值的贪婪紧密相连。比如资产阶级要求殖民扩张将全世界联系起来，促进形成一个体系完备的资本主义世界经济体系。在这种情况下，不仅仅在某个工厂，工人对资本家有依附关系，甚至全世界的工人阶级都依附于全世界的资产阶级。

---

① 《马克思恩格斯全集》第三十卷，人民出版社1995年版，第305页。

这种强制的人身依附关系保证了资产阶级源源不断地获取剩余价值。第二，资本活跃了市场，促进了社会生产力的发展。首先，资本可以有效判断市场风险，通过规避风险实现自身增殖，进而有利于社会生产力的发展。比如资本对社会稳定与否总会形成比较准确的判断。二战时期，资本流向美国，亚洲金融危机时，资本也会向比较稳定的美国流动。其次资本一般会进入社会需要度比较高的领域进行产业布局，因为利润会更高。比如美国的资本一般集中于华尔街，因为高端的金融服务最赚钱。第三，资本还压缩了从生产到消费的时间进程，为创造社会财富创造了条件。在农业时代，由于生产效率、交通工具、信息传播等方式都比较落后，从生产到消费的时间跨度很长，因此社会财富的增长速度也比较缓慢。在资本大发展的时代，资本改变了这一切。资本创造出机器大生产和分工协作，极大地提高了劳动生产率。随着交通工具及信息化的发展，从生产到消费日益紧密起来，传统的营销模式一般会有层层代理，而今天有更多的企业采用“B2C”模式。这种改进极大地提升了资本的循环速度，无形中将资本放大，提高了其增殖能力，当然也快速增加社会财富。

二、资本的暴力增殖属性是造成生态危机并影响社会可持续发展的总根源

人类的发展，总是以开发利用自然界的各项资源为基础。由于自然资源储量及自然界自我修复能力具有有限性，因此人类不可能无限度地开发利用自然，不可能无限度地向自然排放废弃物，一旦人类对自然的开发利用排放超过必要的限度，就会造成生态问题，反而不利于人类的永续发展。在农业文明时代，由于社会生产力水平极低，人类对自然的开发利用能力亦较低，因此，总体上不会突破自然资源储量及自然环境自我修复能力的必要限度。即便出现局部的生态问题，其影响也是局部的。到工业文明时代，由于社会生产力水平呈几何级提高，人类对自然

的开发利用能力亦呈几何级提高，而且资本的暴力增殖属性也使得统治阶级对自然的开发利用超出满足自身生存发展需要的范畴，进而导致人类对自然的开发利用远远超过了必要限度，必然引发严重的生态问题，必然影响经济社会可持续发展。

（一）资本的暴力增殖属性导致资产阶级过度开发甚至掠夺自然资源

资本家对环境的掠夺主要表现在两个方面。首先是粗暴地向自然索取资源，以维持工业生产的不断扩大，以对石油的开采量为例，1870年仅80万吨，1900年达到2000万吨，1960年达到108142万吨，1970年达到232412万吨。① 可见石油消耗的快速增长与经济的快速发展是相一致的。这种无限制的石油开采最终也给人类敲响了枯竭的警钟。与此同时，对其他的不可再生能源的开发利用都经历了这样一个进程。其次是粗暴地向自然界排放污染物，严重超出了自然的自我净化能力，并严重威胁到人类的可持续发展。以英国为例，由于它是最早完成工业革命的国家，所以它也是最早被各种污染困扰的国家，尤其是因为燃煤形成的烟尘含有大量的SO_2等污染物对空气的污染非常严重。据统计1871—1881年，伦敦发生严重烟雾事件年均55次，1882—1892年，年均69次，其中1886年出现了86次，1887年出现了83次。同时，烟雾事件造成死亡率明显提高，1880年2月1—7日的烟雾直接造成1557人死于呼吸系统疾病，2月的死亡率也达到罕见的4.81%，而其他城镇的死亡率大约为2.52%。在1880、1891、1892年的烟雾事件中，死于支气管炎的人数分别比平均高出130%、160%、90%，② 但是这并没有

① 参见李河君：《中国领先一把——第三次工业革命在中国》，中信出版社2014年版，第6页。

② 陆伟芳：《19世纪英国人对伦敦烟雾的认知与态度探析》，《世界历史》2016年第5期。

遏制资本主义企业对气体污染源的排放，最终于1952年酿成最严重的伦敦烟雾事件，仅12月5日当天就向空气中排放了370吨SO_2和其他各类污染物，并在三个月至少造成12000人死亡。

（二）资本的暴力增殖属性导致发达国家通过资本输出掠夺发展中国家和地区的资源与财富

到20世纪六七十年代，发达国家对自然环境的污染尤其是对其本国环境的直接污染达到顶峰，各种污染事件层出不穷，人的非正常死亡情况越来越多，人们开始真正的关注环境问题并探索解决办法，于是资本又主导了污染转移的骗局。一方面资本所有者不断讨好本国民众，配合本国政府做了许多节能减排的承诺与实践。另一方面资本所有者又利用发展中国家和地区需要发展而缺少资本的情况，将这种对环境的破坏掠夺进一步向发展中国家和地区转移。首先，不少发展中国家和地区沦为单纯的资源输出国。以石油生产为例，美国的石油产量于1970年达到高峰——48184万吨，此后逐渐下降，到2007年生产25675万吨。与此同时，其需求则快速上升，2000年为5.47亿吨，2008年为6.67亿吨，占世界贸易量的1/4还要多。与之相适应的则是发展中国家和地区成为主要的产油国。另外再如稀土生产。美国的稀土产量曾占世界的13%，但是由于环境污染以及稀土本身的稀有性，其年产量达2万吨的芒登帕斯稀土矿却被关闭了。与此同时，中国2009年的稀土产量达到12万吨，占世界产量的97%。① 发达国家的资源和环境受到保护，而发展中国家和地区却为了发展而大量出口资源甚至酿成枯竭的危机。

其次，随着发达国家资本大肆进入发展中国家和地区，暴力开发和排放造成的环境污染在广大发展中国家和地区日益显现出来。改革开放以来，中国是吸引并利用外资最多的国家，这些资本推动中国经济快速

① 李金泽：《中国稀土贸易往来之浅析》，《当代经济》2014年第6期。

发展，同时造成的环境污染问题也日益严重。比如，1983 年全国工业废气排放 63167 亿标立方米，到 2004 年就增加到 237696 亿标立方米，2010 年进一步增加到 519168 亿标立方米，① 全国工业固体废物产生量 1980 年为 48725 万吨，2010 年增加到 240944 万吨。② 与日益严重的废气排放相一致，中国的雾霾天气日益增多，从主要在冬季暴发到一年四季都有可能暴发，从主要发生在空气自我净化能力较弱的北方扩展到长江流域甚至华南、西南地区。同时与之相关的呼吸系统疾病发病率越来越高。当然，其他发展中国家和地区也未能幸免，比如印度，据自然科研旗下期刊《科学报告》发表的研究结果，2016 年印度成为世界 SO_2 排放量最高的国家。③

（三）发达国家试图通过限制发展中国家和地区的排放权和发展权，维护其资本增殖

与严重的环境污染相适应，环境治理已经成为刻不容缓的世界议题，世界主要国家都有关于全球环境治理的倡议和对策。对于世界人民来说，全世界能够协力推进环境治理，共谋世界的可持续发展是人类之幸事。但是许多资本强大的发达国家却试图利用国际环境议题限制发展中国家和地区的发展权而由其独享发展的权利。比如美国是介入全球环境治理比较晚的国家，这说明其并不是真心想要改变发展中国家和地区严重的环境污染局面。欧盟国家虽然是环境治理的积极倡导者，但是其图谋很明显，就是谋求全球环境治理的主导权和发展的优先权，甚至提出排放总量控制而预谋由人口在世界占比 15%左右的发达国家获得近

① 《全国：工业废气排放总量》，前瞻数据库网站，https://d.qianzhan.com/xdata/details/a4d0ce6d9cc24ce3.html。

② 《全国：工业固体废物产生量》，前瞻数据库网站，https://d.qianzhan.com/xdata/details/1dd0e06536dfce43.html。

③ 《NASA 研究：印度超中国，成全球二氧化硫排放量第一大国》，南方周末网站，2017 年 11 月 11 日，http://www.infzm.com/content/130628。

一半排放量的排放权。如果按照上述方案，受到损害最严重的就是中国。中国不但自身人口众多，而且作为世界工厂为世界很多国家和地区提供了必需的工业产品。如果排放总量被严格限制在很小的范围内，则甚至不能满足本国人民的需要，如果通过碳交易购买排放量则会大幅度提高中国的制造业成本，不利于中国经济的发展。对于其他中小发展中国家和地区也会造成长期危害，虽然他们工业暂时落后，可以通过碳交易获益，但是由于自身制造业发展长期滞后，会导致这些国家在相当长的时间内摆脱不了被发达国家控制的命运。排放权就是发展权，资本尤其是发达国家的资本试图通过全球环境治理的机会进一步剥夺发展中国家和地区人民的劳动财富。对于这种情况，我们不但要坚决反对，还要深刻揭露发达国家控制发展中国家和地区的本质，团结广大发展中国家和地区提出有利于自身的全球环境治理方案。

（四）资本暴力增殖属性对中国生态环境造成重要影响

中国近代先进人士已经认识到资本的本质属性。在共产党与共产国际的帮助下，1924 年 1 月召开的国民党一大上，孙中山为其民生主义增加了节制资本的内容。孙中山还说："民生主义就是社会主义，也就是共产主义。"[①] 社会主义制度建立后，由于社会生产力水平的限制，依然要求充分发挥资本的正面作用以活跃经济。改革开放以来，我国搞活国有资本，引进发达国家资本，发展民营资本，促进经济发展方面取得举世瞩目的成就。同时，资本的负面作用也日益显露出来。首先，资本利用中国人民追求快速发展的紧迫性，超限度开发利用自然资源，造成日益严重的能源危机。其次，与工业产值的急速膨胀相适应，工业生产形成的大规模的废弃物排放，造成日益严重的生态危机。再次，发达国

① 参见刘山鹰：《"要四万万人都可以享福"——孙中山社会主义思想述论》，《中国政法大学学报》2012 年第 4 期。

家资本试图利用全球环境治理遏制中国发展。

三、中国利用并节制资本的对策

如前所述，中国既需要利用资本以最大程度促进经济发展，又需要节制资本以彰显社会主义原则，这就要求形成科学地，有效地利用并节制资本的对策。

（一）提高人民群众对资本本质属性及中国当前发展阶段的认识

马克思主义认识论认为认识与实践辩证统一。实践是认识的基础，人们不仅能够认识物质世界的现象，而且可以透过现象认识其本质。人类的认识能力是随着社会发展实践不断提高的，世界上只有尚未认识的事物，没有不可认识的事物，人类最终要认识人与自然的发展规律。马克思主义认识论强调人的认识是一个不断深化的能动的辩证发展过程。认识对社会发展实践具有反作用，正确的认识能够促进社会向前发展，错误的认识会阻碍社会发展。

资本具有抽象性，而普通群众由于职业、专业等方面的局限性，很难形成关于资本本质的正确认识。再加之资本掌握着较高的话语权，其必然侧重宣传资本的正面作用。比如，某些公司总是宣传自己为社会创造了多少就业岗位，缴了多少税，进而造成民众对资本暴力增殖属性的负面作用了解较少，甚至几乎没有了解。即便讨论现实的贫富差距问题，也有不少人将其归咎于资本所有者的个人品质或者国家的保障体系，而不会探讨深层次原因。由于人们不了解资本的本质属性，自然也就对中国的发展阶段、发展目标、发展方向欠缺了解。以上均不利于发动民众，形成利用并节制资本的科学对策。因此，提高民众关于资本的认识具有必要性。

第一，要使人民群众深刻认识到资本具有暴力增殖与活跃经济的双重属性。要通过理论与实践相结合的方式，使人民群众对较为抽象的资本问题形成较为丰富的认识。首先，要积极广泛地宣传马克思主义关于资本的相关知识，弱化资产阶级关于资本的理论在社会上的宣传，形成广泛的宣传攻势。其次，要宣传先进人士关于资本本质属性的大众化通俗化解读，以便提高人民的理解能力。比如，孙中山在 1924 年 1 月召开的国民党一大上就在共产党和共产国际的帮助下，提出了“节制资本”的主张，以此使人民深刻理解资本暴力增殖属性是近代中国被侵略，民众被掠夺的根源。

第二，要使人民群众深刻认识到中国现有生产力水平尚需要积极利用资本的正面属性，同时要节制其负面属性。生产力决定生产关系，要使民众深刻认识到，在当前生产力水平较为落后的情况下，利用资本是加快经济发展，不断提高人民生活水平，加快中华民族伟大复兴的必然选择。要用具体案例向民众深刻论述不利用资本不行，利用而不节制资本也不行。比如，改革开放前，中国曾一度经济发展较为缓慢，没有充分利用资本是重要原因，而改革开放后的经济快速发展，就与充分利用发达国家资本联系紧密。巴西、阿根廷等国家之所以陷入中等收入陷阱，就是因为不能够充分节制资本，尤其是节制发达国家资本在其本国的负面作用。通过对以上情况的具体阐释，必然能够推进民众真正认识在中国利用并节制资本的重要性。

（二）推进机制体制建设

机制体制，在事物发展中起到“逢山开路，遇水架桥”的先锋军作用。任何国家都特别重视以机制体制建设规范维护并促进社会稳定发展，维护统治阶级的利益。在发达资本主义国家，虽然资本所有者——资产阶级居于统治地位，但是为了维护自身统治，其仍然非常重视防范资本造成恶劣后果。比如，发达资本主义国家均颁布了成熟完善的反垄断法，其目的就是最大程度地发挥资本的正面作用，也在一定程度上对其节制。中国是社会主义国家，执政党的初心使命是为中国人民谋幸福，为中华民族谋复兴，这就必然要求我们从人民群众的立场利用并节制资本，这与资本主义国家的立场截然不同，当然机制体制建设路径也必然不同。

第一，要形成有利于提高民众认识的宣传机制。如前所述，提高民众的相关认识很重要，这就必然要求做好宣传工作，提高民众的相关知识储备。这要求从宣传主体、宣传路径、宣传策略等方面形成成熟完善的宣传机制。在宣传主体上，要对媒体工作人员进行相关知识的培训，使之在宣传工作中，避免出现错误的知识。要促进具有丰富资本知识的马克思主义学者成为宣传主体，推进其撰写通俗易懂的文章，促进民众提高认识。在宣传路径上，既要有传统官方媒体，又要有民营媒体（比如自媒体），既要有传统媒体宣传，也要有其他的民众喜闻乐见的形式的宣传（比如，拍摄蕴含相关知识的影视作品，举办相关报告会等）。在宣传策略上，既要有对正确知识的宣传，又要有对错误知识的批驳，更要对为谋利宣传错误知识的“水军”进行治理。

第二，要形成有利于发挥资本正面属性的引导机制。如前所述，由于中国所处发展阶段，以及发达资本主义国家的世界统治地位等原因，中国必须积极利用资本，而同时由于资本的负面作用很大，这就有必要引导资本向必要的行业领域流动，而不能随意任由资本的好恶而流动。首先，要通过财政、税收等手段引导资本向必要的产业领域流动。财政、税收是宏观调控的最基本方式。在社会发展实践中，不少行业领域关系国计民生，但是又表现为盈利期限较长、风险较高，这就阻止了不少资本进入。比如，绿色产业发展即是如此。利用财政、税收手段，就是通过一部分的让利，降低资本的风险，使之投资关于国家和人民长远利益、根本利益的行业领域，促进资本的正面作用发挥。

其次，要通过对资本所有者的教育使资本向必要的产业领域流动。资本的暴力增殖属性会影响人尤其是资本所有者过分追求利润而不顾是否具有社会效益。同时，人又是具有主观能动性的，可以通过加强教育形成正确观点。引导资本所有者将眼前利益与长远利益结合起来，形成反对资本负面作用的能动性，必然会促进资本向更重要的行业领域流动。

第三，要形成完善的监督机制。在引导的基础上，加强监督是体制机制建设中非常重要的一环。首先，要加强公权力对资本的监督。公权力拥有执法权、司法权，能够利用专业的手段对资本的行为进行监督，是最重要的监督手段。其中，由于资本操作的隐蔽性、专业性，必须壮大执法队伍，提高其专业知识。其次，要加强媒体的监督。媒体监督是最基本的监督方式。其中，要坚守媒体的独立性，使媒体避免被资本控制。再次，要加强群众监督。人民群众是历史创造者，也是监督的主要力量。任何的监督行为，只有依靠人民，才能取得胜利。要把群众监督的积极性、主动性广泛调动起来。复次，要颁布完善的政策法律法规，明确关于资本的禁止性行为。

（三）加强党的建设

中国共产党是社会主义建设的领导核心，当然也是绿色发展的领导核心，只有加强党的建设，才能提高党治理生态危机，并节制资本的能力。同时，党员干部是公权力的直接执行者，只有加强党的建设，使党员干部各方面的素质得到切实提高，切实切断个别党员干部与资本的利益关系，才能更好地利用并节制资本。

第一，切实加强党的思想建设。在利用并节制资本的过程中，加强党的思想领导，有利于将党的理论与利用并节制资本的实践相结合，使党员干部切实认识到其必要性。首先，要加强党员干部的理论学习，坚持以马克思列宁主义、毛泽东思想、邓小平理论、“三个代表”重要思想、科学发展观和习近平新时代中国特色社会主义思想为指导，使党员干部坚定为人民服务，为中华民族伟大复兴服务的信念。其次，要加强党员干部深入社会发展实践，走群众路线，不断提高自己的思想认识。理论与实践相结合，才更具有生命力。党员干部密切联系群众，能进一步深刻体会群众的需要，群众的要求，和群众的诉求，这将进一步论证马克思主义理论的正确性和科学性，促进党员干部端正思想，坚定关于资本的正确认识。

第二，切实加强党的作风建设。“党的作风是党的形象，是观察党群干群关系、人心向背的晴雨表。党的作风正，人民的心气顺，党和人民就能同甘共苦。”① 作风建设永远在路上，永远没有休止符。资本深刻认识到与执政党相勾结，才能实现其增殖最大化。在资本主义国家，资本所有者本身就是统治阶级，统治阶级的所有统治活动都是为了实现最大化的资本增殖，为了实现资本家的利润最大化。在中国，执政党代表着中国人民与中华民族的根本利益，所有的治国理政活动都是为了实现人民与国家利益的最大化，这必然要与资本暴力增殖的属性相矛盾、相冲突。在这个过程中，就必然出现资本为了实现自身增殖，对执政党中个别不坚定分子勾结拉拢，使之不但不节制资本，反而维护资本暴力增殖。加强党的作风建设，要制定有利于作风建设的政策法规。没有规矩不成方圆。要用明确的党内法规将禁止性活动罗列清楚，明确党员干部的底线。要从严从细制定政策法规，确保党员干部的先进性。习近平说：“制定这方面的规矩，指导思想就是从严要求，体现党要管党、从严治党。”② 只有从严治党，才能维护党的先进性。只有从具体进行要求，才能使党员干部明确什么是禁止性行为，什么是底线。

（四）与发达资本主义国家坚决斗争并取得胜利。

资本以各种形式存在于中国，其中对中国绿色发展危害最大的就是

① 习近平：《在庆祝中国共产党成立 95 周年大会上的讲话》，人民出版社 2016 年版，第 23 页。

② 《习近平关于全面从严治党论述摘编》，中央文献出版社 2016 年版，第 147 页。

发达国家资本。它依靠发达国家的先进生产力，强大的军事力量，话语霸权，对中国的绿色发展指手画脚，试图破坏中国产业升级，阻挠中华民族伟大复兴。如前所述，引进发达国家资本，是历史发展的必然。这就要求与发达资本主义国家坚决斗争并取得胜利，形成利用并节制发达国家资本的良好局面。

第一，要坚定人民群众与发达资本主义国家斗争到底的决心与信心。发动人民群众是党领导革命与建设取得胜利的重要法宝。面对发达资本主义国家的对华遏制政策，要进一步使人民认清发达资本主义国家纸老虎的真面目，在战略上藐视敌人，在战术上重视敌人。面对中国生产力水平较为落后的现实，要进一步推动人民群众建设社会主义的积极性和主动性，尽快提高我国综合国力，为与发达资本主义国家斗争奠定基础。面对部分群众惧怕发达国家的心态，要使其深刻认识到斗争才是实现美好生活，实现中华民族伟大复兴的唯一出路，中国近代的历史已经深刻说明了这一问题。

第二，要讲策略。由于发达资本主义国家的生产力水平远远高于中国，这就要求讲策略，才能取得根本胜利。首先，在社会发展实践中，与发达资本主义国家既斗争又合作。全球化时代，一荣俱荣，一损俱损，任何国家都不可能孤立发展。中国作为制造业产值世界遥遥领先的国家，任何国家都很难与我国完全“脱钩”。我们要通过与发达资本主义国家合作，不断增强自己的实力。其次，要与广大发展中国家和地区结成统一战线。“中国共产党关注人类前途命运，同世界上一切进步力量携手前进。”[①] 广大发展中国家和地区，深受发达资本主义国家的生态掠夺，日益严重的生态问题与发展问题，就成为广大发展中国家和地区

① 习近平：《在庆祝中国共产党成立100周年大会上的讲话》，《求是》2021年第14期。

联合起来与发达资本主义国家斗争的基础。再次，要对发达资本主义国家分化瓦解。发达资本主义国家并不是铁板一块。在环境治理中，各有自己的算盘，尤其是美国不顾盟友利益，总是本国优先，这就造成发达资本主义国家之间的矛盾日益尖锐，进而成为对其分化瓦解的前提。

结 语

得益于对马克思主义发展观、生态观的继承和发展，新中国工业化的顺利推进，以及改革开放的顺利推进，中国共产党绿色发展理念经历了由形成到丰富，再到成熟的过程。在这个过程中，全党研究国情、世情，研究社会发展规律，研究经济发展与环境治理的辩证统一关系，坚持为人民服务的宗旨，形成了富有中国特色彰显中国智慧的绿色发展理念。

一、绿色发展理念的中心是发展。虽然经济发展与环境治理是一对矛盾体，但是我们必须清醒地认识到发展是人类社会的本质属性，为了生态环境不发展是不符合人类利益的，人们只能是通过科技进步推动更有效率的发展，尤其是对于人口众多、生产力落后的中国，经济发展是全社会的共同追求，不断提高人民生活水平是党和人民的奋斗目标。1988 年，邓小平就说："科学技术是第一生产力。我们的根本问题就是要……发展生产力，改善人民生活。"[①]1992 年，邓小平在南方谈话中提出"发展才是硬道理"。同样，没有发展的绿色就是贫困和落后，就是继续沦为西方发达资本主义国家的经济殖民地。改革开放以来，中国经济迅速发展，逐渐成为世界第二大经济体，但是人均 GDP、国民实际

① 《邓小平思想年谱》，中央文献出版社 1998 年版，第 409 页。

收入、人民实际生活水平仍然比较低，城乡、区域、产业以及人的发展不平衡，贫富分化严重，科技创新乏力，经济增长趋缓。新时代，人民群众日益增长的美好生活需要与发展不平衡不充分之间的矛盾依然非常尖锐。美国重返亚洲的再平衡，欧美宣布不承认中国的市场经济地位，周边形势也日益复杂。这一系列事件既表现出中国的经济实力有待于进一步发展才能真正破局并营造真正安全稳定的发展环境，也说明中国的经济发展仍然困难重重，既有国内调结构的压力，解决环境污染问题的紧迫，又有破解发达国家的围堵，全面推进对外开放的紧迫。只有坚持发展，才能将全国人民团结起来；只有坚持发展，才能真正改变中国与世界主要国家的力量对比，形成和谐公正的国际环境，实现中华民族伟大复兴。

二、绿色发展理念的价值目标是满足人的多层次乃至高层次需要。人类不断增长的需要是推进社会发展的基本动力，社会发展从不同的角度满足人的需要。在阶级社会，社会发展主要是为统治阶级的贪婪服务的，因此当时的社会发展成果主要被统治阶级占有，而人民群众则只能获得满足生存的基本需要，即便到了资本主义大工业时代，劳动群众中的绝大多数仍然难以满足基本的物质需要。社会主义国家与资本主义国家形成鲜明对比。首先，中国共产党以全心全意为人民服务为宗旨，以推进人的全面解放全面发展为最高理想，必然要满足新时代人民群众的多层次需要。习近平在中央全面深化改革领导小组第二十三次会议上说："把以人民为中心的思想体现在经济社会发展各个环节，做到老百姓关心什么，期盼什么，改革就要抓住什么，推进什么，通过改革给人民群众带来更多的获得感。"① 绿色发展就是要解决老百姓最关心最期盼

① 《习近平主持召开中央全面深化改革领导小组第二十三次会议》，中华人民共和国中央人民政府网站，2016 年 4 月 18 日，www.gov.cn/xinwen/2016-04/18/content_5065495.htm。

的现实问题，就是要满足人民群众的多层次乃至高层次需要。其次，社会主要矛盾的历史性全局性变化决定了以贯彻绿色发展理念满足人民需要。新时代，我国社会主要矛盾已经演变为人民群众日益增长的美好生活需要与发展不平衡不充分之间的矛盾。满足人的多层次需要，即包括人民对美好生活的向往，是解决社会主要矛盾的题中之意。同时，只有满足人的多层次需要，才能推进人的体力、智力等各方面的全面发展，进而推进经济社会更平衡更充分的发展。再次，实现中华民族伟大复兴的中国梦需要以贯彻绿色发展理念满足人的多层次民生需要。实现中华民族伟大复兴不是恢复到中国古代的盛世，也不是以欧美发达国家为具体目标，而是包括经济、政治、社会、文化、生态、人自身等一揽子内容的全面进步与发展。从民生的角度来说，就是要满足每个人多层次乃至高层次的需要，推动人的全面解放全面发展。绿色发展理念包含了关于满足人多层次乃至高层次需要的一揽子解决方案，有利于"着力解决发展不平衡不充分问题和人民群众急难愁盼问题，推动人的全面发展、全球人民共同富裕取得更为明显的实质性进展"，① 为中华民族伟大复兴提供重要支撑。

三、贯彻绿色发展理念必须坚持绿色生态理念。党的十八届五中全会提出："坚持绿色发展，必须坚持节约资源和保护环境的基本国策，坚持可持续发展，坚定走生产发展、生活富裕、生态良好的文明发展道路，加快建设资源节约型、环境友好型社会，形成人与自然和谐发展现代化建设新格局，推进美丽中国建设，为全球生态安全作出新贡献。"② 深刻体现了中共中央对绿色发展的重视。首先，绿色发展理念是党根据

---

① 习近平：《在庆祝中国共产党成立100周年大会上的讲话》，《求是》2021年第14期。

② 《中国共产党第十八届中央委员会第五次全体会议公报》，人民出版社2015年版，第10页。

国情以及人类社会演进规律提出的现代发展战略。只有贯彻绿色发展理念才能根本解决日益严峻的甚至危及人民群众生命健康的污染问题。进入21世纪，中国的生态危机开始大规模集中暴发，不但水、空气等污染严重，更有殃及未来数十年的土壤污染。可以说，不严格治理就不能维护人民群众的生命健康，就不能体现党为人民服务的本质。其次，只有贯彻绿色发展理念，才能保证中国经济社会可持续发展。尤其是中华民族伟大复兴的大背景下，永续发展更有意义。人类社会的发展与对自然的开发利用是对立统一的，一旦穷尽了对自然界的索取，则是人类社会发展的终点。当下中国，不少人关注中国自然环境承受力的问题，实则是对中国社会可持续发展的担忧。贯彻绿色发展理念就是坚持经济发展与环境可承受能力，生活富裕与简朴节约相结合，坚持以人为本的新型发展道路。

四、贯彻绿色发展理念必须坚持国内绿色发展与全球环境治理相统一，坚决批判发达资本主义国家以环境治理为借口遏制中国发展的图谋。环境污染的全球化已经形成，只有将全球环境治理统筹推进，才能取得较好的成效。同时，由于中国经济体量巨大，已经在一定程度上具备了挑战发达国家的实力，炒作中国生态危机已经成为发达国家攻击中国甚至干涉中国内政的重要手段。中国必须警惕并制止影响中国发展的别有用心的言论。

新时代，我们必须仔细界定发达国家与发展中国家和地区在全球环境治理中的责任。全世界已经深刻认识到造成发展中国家和地区经济落后、污染严重的重要原因是发展中国家和地区被迫卷入世界资本主义经济体系。第二次世界大战以前，殖民地半殖民地国家是向发达国家输出原料燃料的重要一环，今天的发展中国家和地区则又多了一个角色——为发达国家生产低端的、高污染的、不可替代的工业产品。发达国家不但利用资本主义世界经济体系剥夺发展中国家和地区人民的劳动财富，而且其人均资源消耗也远远高于发展中国家和地区。基于以上认知，在全球环境治理中，发达国家应该承担更多的责任。如果不能统筹国内与国际，就不能制定出有效应对发达国家发展霸权与生态霸权的政策措施，中国将很难打破处于资本主义世界体系底端的处境，也几乎不可能实现自身的绿色发展。

同时，打好舆论战，积极应对国外舆论攻击以及国内个别不良媒体的呼应。资本主义文明依托其强大的经济实力而成为全世界的强势文明，并对发展中国家和地区民众思想造成严重误导。面对中国的经济挑战，西方强势媒体以及个别政客经常以“人权”为借口，肆意夸大中国的环境污染，甚至有意识地将其归咎于中国现行体制，国内隐藏着的代理人则转发附和。比如日本媒体对中国雾霾现象的报道以负面信息为主，尤其是强调雾霾对人类健康的危害，并与日本环境对比分析。这种行径既忽略了社会发展规律，又故意片面认识社会问题，还掩盖了日本曾经造成重大污染事件的事实。长期如此，不但会造成我国民众恐慌，而且一定程度上成为影响我国社会稳定的因素。打好舆论战必须从广大人民群众的根本利益出发，避免陷入“塔西佗陷阱”，被外国利用。还必须做好媒体监督工作，对于大肆传播谣言或者借口环境治理蛊惑民心的媒体尤其是自媒体要严格管理甚至取缔，同时也要分清正确批评与蛊惑宣传的界线。更要提高民众尤其是党媒从业人员的素质，使他们深刻理解生态与发展的关系，既能够正确评论国内外生态事件，也要能够积极宣传相关知识使人民群众认清发达国家攻击中国生态事件的本质，增强民众的爱国热情与实现人与自然和谐共生信心与决心。

以改革开放为契机，中国抓住经济发展的战略机遇期，以空间换时间，以一定的环境牺牲换取经济、技术的快速发展，而发展的成果又成为当代中国贯彻绿色发展理念，彻底推进生态治理，实现人民群众民生福祉，实现中华民族伟大复兴的强大基础。

参考文献

一、文献资料

[1]《马克思恩格斯全集》第四卷，人民出版社 1958 年版。
[2]《马克思恩格斯全集》第二十一卷，人民出版社 1965 年版。
[3]《马克思恩格斯全集》第二十三卷，人民出版社 1972 年版。
[4]《马克思恩格斯全集》第三十卷，人民出版社 1995 年版。
[5]《马克思恩格斯全集》第四十二卷，人民出版社 1999 年版。
[6]《马克思恩格斯全集》第四十六卷上，人民出版社 1979 年版。
[7]《马克思恩格斯全集》第四十六卷下，人民出版社 1980 年版。
[8]《马克思恩格斯选集》，人民出版社 1995 年版。
[9]《马克思恩格斯文集》，人民出版社 2009 年版。
[10]《列宁选集》，人民出版社 2012 年版。
[11]《列宁全集》，人民出版社 1985 年版。
[12]《毛泽东选集》，人民出版社 1991 年版。
[13]《毛泽东文集》，人民出版社 1999 年版。
[14]《建国以来毛泽东文稿》第 1 册，中央文献出版社 1987 年版。
[15]《毛泽东著作专题摘编》下，中央文献出版社 2003 年版。
[16]《毛泽东早期文稿》，湖南人民出版社 2008 年版。
[17]《毛泽东书信选集》，人民出版社 1984 年版。
[18]《邓小平文选》，人民出版社 1994 年版。
[19]《邓小平文选》第三卷，人民出版社 1993 年版。
[20]《邓小平思想年谱》，中央文献出版社 1998 年版。
[21]《江泽民文选》，人民出版社 2006 年版。
[22] 江泽民:《论有中国特色社会主义（专题摘编）》，中央文献出版社 2002

年版。

[23] 习近平:《决胜全面建成小康社会　夺取新时代中国特色社会主义伟大胜利——在中国共产党第十九次全国代表大会上的报告》，人民出版社 2017 年版。

[24]《李大钊全集》，人民出版社 2013 年版。

[25]《十四大以来重要文献选编》下，人民出版社 1999 年版。

[26]《十五大以来重要文献选编》下，人民出版社 2003 年版。

[27]《十六大以来重要文献选编》(上)，中央文献出版社 2005 年版。

[28]《十七大以来重要文献选编》上，中央文献出版社 2009 年版。

[29]《十七大以来重要文献选编》下，中央文献出版社 2013 年版。

[30]《十八大以来重要文献选编》(上)，中央文献出版社 2014 年版。

[31]《中国共产党章程》，人民出版社 2017 年版。

[32]《中国共产党中央委员会关于建国以来党的若干历史问题的决议》，人民出版社 2009 年版。

[33]《邓小平年谱（1975—1997)》(上)，中央文献出版社 2004 年版。

[34]《陈云年谱》(下)，中央文献出版社 2000 年版。

[35]《新时期环境保护重要文献选编》，中央文献出版社、中国环境科学出版社 2001 年版。

[36]《共产国际有关中国革命的文献资料》第 1 辑，中国社会科学出版社 1981 年版。

[37]《世界经济统计摘要》，人民出版社 1985 年版。

[38]《中国共产党第十一届中央委员会第三次全体会议公报》，《人民日报》1978 年 12 月 24 日。

[39]《中国共产党第八次全国代表大会关于政治报告的决议》，《人民日报》1956 年 9 月 17 日。

[40]《全面开创社会主义现代化建设的新局面——在中国共产党第十二次全国代表大会上的报告》，《人民日报》1982 年 9 月 8 日。

[41]《沿着中国特色的社会主义道路前进——在中国共产党第十三次全国代表大会上的报告》，《人民日报》1987 年 11 月 4 日。

[42]《加快改革开放和现代化建设步伐，夺取有中国特色社会主义事业的更大胜利——在中国共产党第十四次全国代表大会上的报告》，《人民日报》1992 年 10 月 21 日。

[43]《高举邓小平理论伟大旗帜，把建设有中国特色社会主义事业全面推向二十一世纪——在中国共产党第十五次全国代表大会上的报告》，《人民日报》1997 年 9 月 22 日。

[44]《全面建设小康社会，开创中国特色社会主义事业新局面——在中国共

产党第十六次全国代表大会上的报告》,《人民日报》2002 年 11 月 18 日。

[45]《高举中国特色社会主义伟大旗帜,为夺取全面建设小康社会新胜利而奋斗——在中国共产党第十七次全国代表大会上的报告》,《人民日报》2007 年 10 月 25 日。

[46]《中国共产党第十八届中央委员会第五次全体会议公报》,《求是》2015 年第 21 期。

[47]《中国共产党宣言》(节选),《新湘评论》2011 年第 1 期。

[48]《胡锦涛论人口资源环境工作》,《当代贵州》2005 年第 15 期。

[49] 习近平:《全面贯彻落实党的十八大精神要突出抓好六个方面工作》,《求是》2013 年第 1 期。

[50]《习近平总书记系列讲话重要读本(2016 年版)》,学习出版社、人民出版社 2016 年版。

[51] 周生贤:《认真贯彻落实第七次环保大会精神,以优异成绩迎接党的十八大胜利召开》,《环境保护》2012 年第 1 期。

[52]《中国统一的方策与孙吴两氏的意见》,《北京周报》(日文)第 33 号,1922 年 9 月 17 日。

二、著作类

[1] 刘思华:《当代中国的绿色道路》,湖北人民出版社 1994 年版。

[2]《马克思恩格斯论环境》,中国环境科学出版社 2003 年版。

[3] 孙道进:《马克思主义环境哲学研究》,人民出版社 2008 年版。

[4] 刘增惠:《马克思主义生态思想及实践研究》,北京师范大学出版社 2010 年版。

[5] 王雨辰:《生态批判与绿色乌托邦》,人民出版社 2009 年版。

[6] 赵杏银:《中国古代生态思想史》,东南大学出版社 2014 年版。

[7] 张进蒙:《马克思恩格斯生态哲学论纲》,中国社会科学出版社 2014 年版。

[8] 李建新等:《中国民生发展报告 2015》,北京大学出版社 2015 年版。

[9] 孙学玉:《当代中国民生问题研究》,人民出版社 2010 年版。

[10] 严耕:《中国生态文明建设发展报告 2014》,北京大学出版社 2015 年版。

[11] 严耕:《中国省域生态文明建设评价报告》,社会科学文献出版社 2015 年版。

[12] 王立胜:《毛泽东晚年的艰苦探索》,陕西人民出版社 2008 年版。

[13] 李河君:《中国领先一把——第三次工业革命在中国》,中信出版社 2014 年版。

[14] 国家经贸委可再生能源发展经济激励政策研究组:《中国可再生能源发展

经济激励政策研究》，中国环境科学出版社 1998 年版。

[15] 许庆朴：《马克思主义中国化新绎》，中国社会科学出版社 2015 年版。

[16] 王斯德：《世界现代史》，高等教育出版社 1988 年版。

[17] 吴承明、董志凯：《中华人民共和国经济史（1949—1952)》，社会科学文献出版社 2010 年版。

[18] 陈朝宗：《制度学理论与我国制度创新实践》，中共中央党校出版社 2008 年版。

[19] 王立胜：《毛泽东晚年的艰苦探索》，陕西人民出版社 2008 年版。

[20] 王增福：《经验的概念化与第二自然：麦克道尔论心灵与世界关系的文本学研究》，人民出版社 2019 年版。

[21] 史家亮：《价值哲学视域下中国特色社会主义理论体系人民性研究》，人民出版社 2020 年版。

[22] [美] 约瑟夫·奈：《软力量》，吴晓辉、钱程译，东方出版社 2005 年版，第 47 页。

[23] [印] 贾瓦哈拉尔·尼赫鲁：《印度的发现》，齐文译，世界知识出版社 1956 年版。

三、论文类

[1] 左华：《刘少奇民生理论与实践研究》，南开大学 2014 年博士学位论文。

[2] 马兵：《中国共产党“民生型现代性”中的主体建构逻辑》，《毛泽东思想研究》2013 年第 4 期。

[3] 岳文海：《试论民生问题与和谐社会》，《中州学刊》2005 年第 6 期。

[4] 高汝伟：《建国以来中国共产党民生思想的历史演进》，《求索》2009 年第 11 期。

[5] 郭云：《中国共产党的民生建设历程及其社会文化意义》，《中共中央党校学报》2013 年第 3 期。

[6] 单孝虹：《民生视阈下的中国特色社会主义生态文明建设》，《湖南社会科学》2013 年第 2 期。

[7] 孙来斌：《生态文明：民生幸福的新追求——从“美丽中国”引起热议说开去》，《湖北社会科学》2013 年第 1 期。

[8] 刘思华：《坚持和加强生态文明的马克思主义研究——我是如何构建社会主义生态文明创新理论的》，《毛泽东邓小平理论研究》2014 年第 5 期。

[9] 张治忠：《马克思主义绿色发展观的价值维度》，《求索》2014 年第 12 期。

[10] 周晓敏：《绿色发展理念：习近平对马克思生态思想的丰富与发展》，《理论与改革》2016 年第 5 期。

[11] 陈学明:《资本逻辑与生态危机》,《中国社会科学》2012 年第 11 期。

[12] 刁志萍:《经济全球化与发展中国家和地区生态危机的理论思考》,《自然辩证法研究》2003 年第 4 期。

[13] 王诺:《生态危机的思想文化根源——当代西方生态思潮的核心问题》,《南京大学学报(哲学·人文科学·社会科学版)》2006 年第 4 期。

[14] 刘红梅:《公众参与环境保护研究综述》,《甘肃社会科学》2006 年第 4 期。

[15] 王振林:《人性视域下生态危机的哲学诠释》,《理论探讨》2014 年第 5 期。

[16] 陈金清:《马克思关于人与自然关系生态思想的当代价值》,《马克思主义研究》2015 年第 11 期。

[17]《坚持绿色发展——“五大发展理念”解读之三》,《人民日报》2015 年 12 月 22 日。

[18]《准确把握绿色发展理念的要义》,《经济日报》2017 年 8 月 7 日。

[19]《从政治高度深刻认识绿色发展理念重大意义》,《光明日报》2016 年 4 月 10 日。

[20] 秦燕:《陕甘宁边区时期农业开发政策的环境效应》,《开发研究》2006 年第 4 期。

[21] 鄢帮有:《新中国 60 年来鄱阳湖的生态环境变迁与生态经济区可持续发展探析》,《鄱阳湖学刊》2009 年第 2 期。

[22]唐旭斌:《新中国成立 30 年来农村环境的污染与治理》,《江苏大学学报(社会科学版)》2011 年第 3 期。

[23] 张连辉:《新中国环境保护事业的早期探索——第一次全国环保会议前中国政府的环保努力》,《当代中国史研究》2010 年第 4 期。

[24] 曲格平:《新中国环境保护工作的开创者和奠基者——周恩来》,《党的文献》2000 年第 2 期。

[25] 刘建伟:《建国后陈云对环境问题的思考》,《西华大学学报(哲学社会科学版)》2014 年第 3 期。

[26] 孟红:《邓小平的植树情结》,《文史月刊》2004 年第 12 期。

[27] 李明华等:《邓小平林业发展观探析》,《林业经济》2001 年第 10 期。

[28] 邓晓芒:《马克思人本主义的生态主义探源》,《马克思主义与现实》2009 年第 1 期。

[29] 肖士恩:《中国环境污染损失测算及成因探析》,《中国人口·资源与环境》2011 年第 12 期。

[30] 於方:《2004 年中国大气污染造成的健康经济损失评估》,《环境与健康杂志》2007 年第 12 期。

[31] 李淑俊:《气候变化与美国贸易保护主义——以中美贸易摩擦为例》,《世

界经济与政治》2010 年第 7 期。

[32]《十八大以来我国生态环境保护取得明显成效》,《光明日报》2015 年 10 月 10 日。

[33] 孙正聿:《理论及其与实践的辩证关系》,《光明日报》2009 年 11 月 24 日。

[34] 于振汉:《工业布局与环境保护》,《环境保护》1979 年第 1 期。

[35] 常桂秋等:《北京市大气污染与儿科门急诊人次关系的研究》,《中国校医》2003 年第 4 期。

[36] 陈黎黎:《1900—1969 年间美国的尘肺病治理历程及其启示》,《鲁东大学学报(哲学社会科学版)》2014 年第 4 期。

[37] 陈黎黎:《1980 年代以来美国史学界尘肺病史研究综述》,《史学月刊》2011 年第 6 期。

[38] 杨华:《政府科技投入对企业 R&D 支出影响的实证分析》,《经济论坛》2008 年第 1 期。

[39]《我国主要矿产资源储量减少》,《农民日报》2003 年 4 月 5 日。

[40] 徐菲菲等:《空气污染物对哺乳动物生殖和胚胎发育的影响》,《国际生殖健康 / 计划生育杂志》2015 年第 3 期。

[41] 谢六玲:《中国共产党发展理念的嬗变》,《哈尔滨学院学报》2010 年第 6 期。

[42]白泉:《国外单位 GDP 能耗演变历史及启示》,《中国能源》2006 年第 12 期。

[43] 李卓明:《科学客观看待“绿色和平组织”的调查》,《中外玩具制造》2012 年第 1 期。

[44] 唐业仁:《我国社会不同阶层分析及民生需要比较》,《中国市场》2013 年第 41 期。

[45] 欧阳志远:《社会根本矛盾演变与中国绿色发展解析》,《当代世界与社会主义》2014 年第 5 期。

[46] 李志青:《绿色发展应坚持中国特色社会主义政治经济学重大原则》,《中国环境报》2016 年 2 月 17 日。

[47] 季林丹:《人类群体环境适应性进化研究进展》,《科学通报》2012 年第 2—3 期。

[48] 朱建平:《我国古代关于地理环境与人类疾病的探讨》,《中华中医药杂志》2011 年第 12 期。

[49] 屈芳:《环境气象因素对呼吸系统疾病影响的研究进展》,《气象科技进展》2013 年第 6 期。

[50] 边秀兰:《环境污染对心理健康的影响》,《现代预防医学》2008 年第 3 期。

[51] 谭华:《论中国古代的健康观》,《四川体育科学》1995 年第 2 期。

[52] 董云波:《中国古代心理健康思想研究》，内蒙古师范大学 2006 年硕士学位论文。

[53] 李芳:《试论陕甘宁边区的农业开发及对生态环境的影响》，《固原师专学报（社会科学版)》2003 年第 2 期。

[54]《陕甘宁边区为新中国林业奠基》，《科学时报》2011 年 8 月 10 日。

[55] 任俊宏:《我国第一次环境保护会议的历史地位》，《湖南行政学院学报》2015 年第 1 期。

[56] 哈尔滨医科大学卫生经济学教研室:《我国卫生支出占财政总支出的比重与世界部分国家之比较》，《中国医院管理》1985 年第 7 期。

[57] 刘元花:《我国医疗卫生事业财政投入问题研究》，《新疆农垦经济》2014 年第 8 期。

[58] 鲁小波:《中国各省人均寿命影响因素研究》，《云南地理环境研究》2007 年第 2 期。

[59] 岳婷婷:《改革开放以来的中国留美博士群体研究》，《兰州大学学报（社会科学版)》2015 年第 2 期。

[60] 杨耕:《文化的作用是什么?》，《光明日报》2015 年 10 月 14 日。

[61] 倪小敏:《我国本专科教育发展的回顾与对策展望》，《浙江社会科学》2004 年第 3 期。

[62] 刘学琼:《商用车动力传动系统优化匹配研究》，华中科技大学 2005 年硕士学位论文。

[63] 曲建平:《环境污染引发的群体性事件成因及解决路径》，《公安学刊（浙江警察学院学报)》2011 年第 5 期。

[64] 高继文:《现实社会主义的两种发展形态——对苏联模式社会主义与中国特色社会主义的比较研究》，《山东师范大学学报(人文社会科学版)》2016 年第 2 期。

[65] 李景源:《人民群众是历史的创造者新论》，《理论学刊》2015 年第 7 期。

[66]《发展绿色经济，谋求互利共赢》，《人民日报》2010 年 11 月 24 日。

[67] 石仲泉:《邓小平与中国特色社会主义制度的建立》，《毛泽东邓小平理论研究》2014 年第 7 期。

[68] 李春火:《马克思对资本本质的理解》，《马克思主义哲学研究》2008 年第 1 期。

[69] 李河君:《中国领先一把——第三次工业革命在中国》，中信出版社 2014 年版。

[70] 陆伟芳:《19 世纪英国人对伦敦烟雾的认知与态度探析》，《世界历史》2016 年第 5 期。

[71] 李金泽:《中国稀土贸易往来之浅析》，《当代经济》2014 年第 6 期。

[72] 马德坤：《习近平关于社会治理的理论创新与实践探索》，《中国高校社会科学》2017年第3期。

[73] 马德坤：《新中国成立以来社会组织治理的政策演变、成就与经验启示》，《山东师范大学学报（社会科学版）》2020年第2期。

四、网络资料

[1]《习近平在海南考察》，人民网，2013年4月10日，http://politics.people.com.cn/n/2013/0410/c1024-21090468.html。

[2]《十八大以来习近平60多次谈生态文明》，人民网，2015年3月10日，http://politics.people.com.cn/n/2015/0310/c1001-26666629.html。

[3]《习近平主持召开中央全面深化改革领导小组第二十三次会议》，中华人民共和国政府网站，2016年4月18日，http://www.gov.cn/xinwen/2016-04/18/content_5065495.htm。

[4] 李克强：《政府工作报告》，中国政府网，2018年3月5日，http://www.gov.cn/guowuyuan/2018-03/05/content_5271083.htm。

[5] 环境保护部、住房城乡建设部：关于发布《水污染防治先进技术汇编（水专项第一批）》的函，2015年3月18日，http://www.zhb.gov.cn/gkml/hbb/bh/201503/t20150324_298001.htm。

[6] 环境保护部、住房城乡建设部：关于发布《水体污染控制与治理科技重大专项第一阶段专利成果汇编》的函，2015年4月28日，http://www.zhb.gov.cn/gkml/hbb/bh/201505/t20150507_301165.htm。

[7]《充分释放环保科技红利——2015年上半年环保科技标准工作综述》，2015年8月11日，http://www.mep.gov.cn/xxgk/hjyw/201508/t20150811_307983.shtml。

[8]《2016年全国科技经费投入统计公报》，中华人民共和国财政部网站，2017年10月10日，http://www.mof.gov.cn/zhengwuxinxi/caizhengxinwen/201710/t20171010_2717531.htm。

[9]金一南：《陈独秀为什么没能找到中国革命的正确道路》，2011年5月9日，http://news.163.com/11/0509/08/73JM0LEL00014JB5.html。

[10]《调查：首尔市酷热时每上升1度，死亡率增加16%》，环球网，2016年6月28日，http://health.huanqiu.com/health_news/2016-06/9094266.html。

[11]《中国各省人均寿命排名榜》，2016年12月25日，搜狐网，http://www.sohu.com/a/122522590_481856。

[12]《〈国际人才蓝皮书〉指出——环境污染成为推动中国海外移民潮的重要原因》，2014年1月22日，人民网，http://world.people.com.cn/n/2014/0122/c1002-

24195164.html。

[13]《我国改革开放以来出国留学超300万人，留学归国140余万人》，国际在线，2015年6月29日，http://news.cri.cn/gb/42071/2015/06/29/5951s5012610.htm。

[14]《国务院扶贫办：中国尚有7000万贫困人口，6年内要全部脱贫》，观察者网，2015年10月12日，http://www.guancha.cn/Rural/2015_10_12_337238_2.shtml。

[15]《全国：工业废气排放总量》，前瞻数据库网站，https://d.qianzhan.com/xdata/details/a4d0ce6d9cc24ce3.html。

[16]《奥巴马即将卸任，民调显示2/3受访者称奥巴马未能执行承诺》，2017年1月11日，http://news.cctv.com/2017/01/11/ARTIGogdNHdZiopkDJsR8gns170111.shtml。

[17]《义务教育入学率近100%，中国为什么能?》，新华网，http://www.xinhuanet.com/politics/2019-09/25/c_1125038016.htm。

后　记

2018年，我申报的教育部人文社会科学研究专项项目《以人民为中心视域下绿色发展理念研究》获准立项（批准号：18JD710069），由此开始了对这个课题的研究，本书即为研究成果。

申请立项时，我对该课题的思考尚不完善，主要设想从以下三个方面展开：第一，厘清绿色发展理念在形成发展和实践进程中蕴含的以人民为中心的思想，揭示党发展观演变进程中着眼于为了人民、依靠人民，以及发展成果由人民共享的品质。第二，通过分析以人民为中心视域下绿色发展理念的生成机制、内涵要义和实现路径，揭示绿色发展理念有利于满足人民群众日益增长的美好生活需要，有利于解决新时代社会主要矛盾，有利于促进中华民族伟大复兴。第三，论述绿色发展理念的发展与实践前景。理论上，该理念洞察了新时代中国社会永续发展的动力、方向和规律，是需要党长期坚持并主动丰富完善的新发展观。实践上，绿色发展理念有利于促进实现人与自然和谐共生，有利于促进实现社会公平正义，有利于社会经济可持续发展，有利于“美丽中国”建设。

由于国内外形势的发展变化，党的理论的发展变化，以及自身认识水平、研究能力的提升，课题研究以及书稿撰写过程不可能完全按照既定轨道推进。课题研究以及书稿撰写是一个漫长、枯燥，而又促使自己思想向上质变的过程。在这个过程中，每每就一段话，甚至一句话、一个词，反复斟酌而不敢妄下笔墨；也时时注意将中央精神及习近平新时代中国特色社会主义思想融入书稿，对书稿重新修订整合；还屡屡因为自己的新发现、新想法或者小失误，而将书稿内容大幅调整；还常常因为同学、同事、朋友、家人以及学生给予的新启示、新火花，而对写作思路打翻重构。在课题研究以及书稿撰写过程中，越是对相关文献、理论和实践了解深入，越是感受到自己知之甚少，欠缺甚多，压力甚大，也越是推动自己创新研究思路，拓展研究视野，提升研究水平。正所谓“十月怀胎，一朝分娩”，从选题申报，到立项，再到撰写完稿，虽然充满艰辛，而又水到渠成。

在书稿付梓之际，我要特别感谢教育部社科司。教育部社科司对本课题研究的支持是本课题得以顺利推进并完稿的重要支撑。感谢人民出版社吴继平先生的指导与支持。本书在写作过程中，参考和引用了许多学者的研究成果，在此一并致以诚挚的感谢。本书的出版受到山东省立项建设一流学科（马克思主义理论）、山东省高校青创人才引育计划“当代中国马克思主义研究创新团队”和山东省高校青创科技支持计划“习近平新时代中国特色社会主义思想的内在逻辑研究”经费资助。

本书的写作，得到多方关爱与帮助，我也尽了最大努力，但是由于水平和能力有限，再加上绿色发展理念本身就是一个不断深化发展的问题，因此，本书的探讨与理论仅仅是一个阶段性的成果，而且必然会有局限性。

最后，希望本书能够对相关的研究者、读者提供一些帮助，也恳请读者朋友给予批评指正。

责任编辑：吴继平
封面设计：徐 晖

图书在版编目（CIP）数据

以人民为中心视域下绿色发展理念研究 / 刘斌 著 . — 北京：人民出版社，2021.9
ISBN 978－7－01－023313－0

I. ①以… II. ①刘… III. ①绿色经济－经济发展－研究－中国 IV. ① F124.5

中国版本图书馆 CIP 数据核字（2021）第 065944 号

以人民为中心视域下绿色发展理念研究
YI RENMIN WEI ZHONGXIN SHIYU XIA LÜSE FAZHAN LINIAN YANJIU

刘 斌 著

人民出版社 出版发行
（100706 北京市东城区隆福寺街 99 号）

河北鑫兆源印刷有限公司印刷 新华书店经销

2021 年 9 月第 1 版 2021 年 9 月北京第 1 次印刷
开本：710 毫米 ×1000 毫米 1/16 印张：20.75
字数：260 千字

ISBN 978－7－01－023313－0 定价：56.00 元

邮购地址 100706 北京市东城区隆福寺街 99 号
人民东方图书销售中心 电话（010）65250042 65289539